KW

Veritas filia temporis.
Regensburg, Proske-Bibliothek

Carlo Ginzburg

Spurensicherungen

Über verborgene Geschichte, Kunst und soziales Gedächtnis

Aus dem Italienischen
von Karl Friedrich Hauber

Verlag Klaus Wagenbach Berlin

Der Aufsatz *Spurensicherung* wurde von Gisela Bonz übersetzt.

Umschlagentwurf: Hans Peter Willberg
Gesamtherstellung: Wagner, Nördlingen
Repros: Repro-Mayr, Donauwörth
 Printed in Germany
ISBN 3 8031 3514 1

Inhalt

Arthur Conan Doyle

Geschichte und Geschichten.
Über Archive, Marlene Dietrich und die Lust an der Geschichte.

Carlo Ginzburg im Gespräch mit Adriano Sofri

Du bist bereits seit zwanzig Jahren Historiker von Beruf. Welche Themenbereiche hast Du erforscht und welche liegen Dir besonders am Herzen?

Eine Gruppe von Themen betrifft das Hexenwesen und allgemein die Volkskultur in Beziehung zur gelehrten Kultur.

Ich habe mit den Benandanti begonnen, einer friaulischen Sekte von Männern und Frauen zwischen dem Ausgang des 16. Jahrhunderts und dem Ende des 17. Jahrhunderts, die »mit dem Hemd geboren worden waren«; d. h. sie waren bei der Geburt in die Fruchtblase eingehüllt. Sie hießen etwa Olivo Caldo (zu deutsch: Oliver Warm), Paolo Gasparutto (Paul Großkaspar), Maria Panzona (Maria Schmerbauch), Anna La Rossa (Anna die Rote). Im Verhör vor der Inquisition erzählen sie, daß sie vier Mal im Jahr im Geiste ausfahren, um die Toten zu sehen oder, mit Fenchelzweigen bewaffnet, für die Fruchtbarkeit der Felder gegen Hexer und Hexen zu kämpfen, die ihrerseits mit Hirsestengeln bewaffnet sind. Ich habe diese Benandanti anhand von Prozeßakten untersucht, die im Archiv der Erzbischöflichen Kurie von Udine aufbewahrt sind.

Es gibt ein Klischee von Friaul als einer Region von frommen und versoffenen Arbeitern, das anläßlich von Erdbeben oder Terroranschlägen – und nur dann – in die Zeitungen gelangt. Friaul wartet heute noch mit Überraschungen auf – aber mehr noch vor einigen Jahrhunderten.

Aus Friaul stammt auch Menocchio. Wer war er?

Ein Müller aus einem kleinen Dorf nahe bei Pordenone, der von der Inquisition am Ende des 16. Jahrhunderts hingerichtet wurde, nachdem ihm zwei Prozesse gemacht worden waren. Ihm habe ich ein Buch mit dem Titel *Der Käse und die Würmer* gewidmet. Menocchio zufolge, der über die Bücher, die er las, »mit sei-

Das Gespräch zwischen Adriano Sofri und Carlo Ginzburg erschien unter dem Titel *Poche storie* in der italienischen Tageszeitung »Lotta continua« vom 17. Februar 1982. Ginzburg und Sofri sind Studienfreunde – beide kommen von der Scuola Normale Superiore in Pisa. Später trennten sich ihre Wege: während Ginzburg Professor für neuere Geschichte wurde, gehörte Sofri zu den Gründungsmitgliedern der 1968 entstandenen linksradikalen Organisation ›Lotta continua‹ (Der Kampf geht weiter), die später die gleichnamige Tageszeitung herausgab. Sofri war der wohl bekannteste Exponent von ›Lotta continua‹, die sich inzwischen als Organisation aufgelöst hat. – Das Gespräch ist leicht gekürzt.

nem Gehirn« nachdachte, war am Anfang eine formlose Materie, die sich im Wirbel drehte wie die Milch bei der Herstellung des Käses; und wie aus dem verdorbenen Käse die Würmer entstehen, so entstehen die Engel und der mächtigste unter ihnen, nämlich Gott. Auch deshalb wurde er zum Tod verurteilt.

Eine andere Themengruppe betrifft die Religionsgeschichte des 16. Jahrhunderts – insbesonders die Ketzergeschichte. Haben Deine Schriften etwas Irritierendes, hat sie deswegen das Schicksal eingeholt und ihre Themen – Reue und Beichte, Feigheit und Mut – aktuell werden lassen?

Tatsächlich hat Giorgio Amendola (früherer KPI-Führer, d. Ü.), als er die italienischen Intellektuellen beschuldigte, sie würden sich nicht genügend mit dem Staat identifizieren, den Ausdruck »Nikodemismus« verwandt, um sie zu verleumden. Nikodemus war im Evangelium der Würdenträger, der Christus bei Nacht besuchte, um sich nicht als dessen Anhänger zu erkennen zu geben. Nikodemiten wurden im 16. Jahrhundert vom Reformator Johann Calvin verächtlich jene Sympathisanten genannt, die sich in den katholischen Ländern auf eine innere Zustimmung zur Reformation beschränkten, um sich nicht dem Martyrium auszusetzen. Das Problem ist zum ersten Mal von Delio Cantimori[1] – sicher unter dem Einfluß der Erfahrung des inneren Widerstandes vieler italienischer Intellektuellen unter dem Faschismus – erforscht worden. In meinem Buch mit eben dem Titel *Il nicodemismo* (1970 erschienen) wurden einige Dinge belegt: daß das Phänomen des »Nikodemismus« keineswegs typisch italienisch, sondern europäisch war, daß die ersten, die die Legitimität der »Simulation« in theoretische Form gebracht hatten, es in einer nicht mehr katholischen, sondern einer bereits durch die Reformation eroberten Stadt, nämlich Straßburg, taten und daß folglich der sogenannte Nikodemismus nicht einfach aus dem Wunsch, die eigene Haut zu retten, entstand, sondern mit der »Ebbe«, die auf die Niederlage der Bauern folgte, in Verbindung stand. Er war also auch der Versuch, eine religiöse Position zu theoretisieren, die beide Konfessionen, den Protestantismus wie den Katholizismus, überwinden sollte. Wie in anderen Fällen, z. B. beim Verweis Berlinguers auf den »Linksextremismus« (»dicianovismo«)[2], war auch die Analogie Amendolas willkürlich und hatte in erster Linie einen rhetorischen Stellenwert.

In einem anderen Text, der – ebenfalls 1970 – in einer Forschungsreihe erschien[3], hatte ich die Geständnisse eines reumütigen Wiedertäuferführers, eines Priesters aus den Marken, Don Pietro Manelfi, veröffentlicht. Dieser lieferte der Inquisition ein peinlich genaues Verzeichnis seiner Sektengenossen.

Für die zukünftigen Historiker sind die heutigen »Kronzeugen«, die »Reuigen«, ein gefundenes Fressen. Bekanntlich ernähren sich die Historiker von Leichen. – Von diesen Themen insgesamt bin ich heute allerdings weiter entfernt.

Dann hast du dich – bereits vor dem Buch über Piero della Francesca – mit Themen beschäftigt, die der Kunstgeschichte näher stehen.

Ja, mit einem Aufsatz über Warburg und seine Schule und besonders über eine methodologische Frage. Wie kann man Bilder als historische Quellen benutzen?

Dann mit einem Aufsatz über die erotischen Bilder des 16. Jahrhunderts, besonders die wunderbaren mythologischen Bilder voll nackter Frauen, die von Tizian für das private Umkleidezimmer Philipps II., des Königs von Spanien, gemalt wurden.

Du bist ein fähiger Wissenschaftler – aber Du hast auch eine Händlerseele: so sind zum Beispiel Deine Titel immer attraktiver geworden. Du hattest mit glanzlosen Titeln wie I costituti di don Pietro Manelfi (Die Geständnisse des Don Pietro Manelfi) *oder* Il nicodemismo *begonnen und bist bei Leckerbissen wie* Der Käse und die Würmer, Spurensicherung, Hoch und niedrig, Il nome e il come (»Wer und wie«) *gelandet. Wer kennt den nächsten?*

Stimmt. Ich habe viele kleine Hefte voll phantastischer Titel von Büchern, die ich niemals schreiben werde.

Dann hast Du einen Artikel geschrieben, mit dem Du Dich endgültig – vielleicht zu sehr – als »Meisterdenker« etabliert hast: Spurensicherung. Der Jäger entziffert die Fährte . . . *Alle haben ihn gelesen, Diebe und Polizisten, Schüler und Eltern, Rationalisten und Irrationalisten.*

Es stimmt, daß mir von verschiedenen Seiten her verdeckt oder offen der Vorwurf gemacht wurde, ich hätte mich in den Ideologen des »Indizienparadigmas« verwandelt. Das gefiel mir nicht und so versuchte ich, ein wenig woandershin zu entkommen und begann das Buch über Piero zu schreiben.

Seit seinem Erscheinen ist genug Zeit vergangen, um die mehr improvisierten Polemiken zu sichten und eine Bilanz zuzulassen. Wie ist das Buch, gemessen an Deinen Erwartungen, verkauft worden?

Es ist gut gegangen und hat bereits zwei Auflagen gehabt, obwohl es sich mit Fragen beschäftigt, die gewöhnlich nur von Spezialisten behandelt werden, wie etwa die Datierung von Kunstwerken, ihre Bedeutung u.s.w. Ich weiß nicht, wem oder was sich dieses Ergebnis verdankt, allerdings stimmt es, daß mir an diesem Buch besonders lag. Die negativen Reaktionen sind vor allem von einem bestimmten Flügel der Kunsthistorikerzunft gekommen.

In Deiner Einleitung zu dem Buch schien es beinahe, daß Du sie Dir gesucht hast, indem Du – auf Kosten der Forschungsergebnisse – die methodologischen Aspekte deines Einfalls in fremdes Gebiet ungeheuer betont hast.

In dieser Einleitung gibt es zweifellos eine autobiographische Komponente. Ich bin mit der Absicht an die Universität gegangen, Kunsthistoriker zu werden. Aber schon bei meinen ersten Näherungsversuchen wurde ich von der Art, wie diese Disziplin betrieben wurde, abgestoßen – und umgekehrt wurde ich von den anderen historiographischen Disziplinen angezogen. Doch die ursprüngliche Neigung blieb.

Freud sagt: wenn das Geld keine Freude bereitet, dann kommt das daher, daß es in den kindlichen Träumen keine Rolle spielt. Ich war nie emotional berührt gewesen, als ich die Forschung über Piero in Angriff nahm. 1953 hatte ich die gerade restaurierte Geißelung gesehen. Es kann also sein, daß der Tonfall der Einleitung zum Buch etwas mit dem alten Wunsch zu tun hat, der sich jetzt verwirklichte.

Piero della Francesca, *Die Geißelung*. Urbino

Aber die Methodenfrage bleibt, und sie hat entscheidende Bedeutung. Es ist, um einen Vergleich zu gebrauchen, wie der Übergang von der heiligen zur profanen Geschichte. Es gibt eine heilige Geschichte der Kunst, bei der die Betrachtung der Werke samt ihrer Datierung immer von der relativen Beziehung mit den anderen Werken abhängig ist. Wenn man beweist, daß eine Datierung rein auf Basis des »Stils« ohne Verknüpfung mit äußeren chronologischen Daten unmöglich ist, beweist man damit die Unhaltbarkeit der traditionellen Kunstgeschichte und profanisiert – mit der Geschichte – die Konzeption von Kunst überhaupt. Die Reaktion vieler Kunsthistoriker, die das Buch als Torpedo gegen ihre Disziplin gelesen haben, hat mir recht gegeben.

Was mich aber betrifft, gibt es noch einen anderen Faktor. Ich spreche nicht über den Stil, da bin ich nicht kompetent. Ich befinde mich auf dem Gebiet der Kunstkritik ein wenig in der Situation der Japaner, die kein Erdöl haben, aber Transistorradios herstellen.

Offengestanden mißfallen mir Polemiken nicht. Ich habe immer ein großes Mißverhältnis zwischen dem Reichtum der Malerei und der Art und Weise, in der die Kunsthistoriker darüber reden, empfunden. Wenn der Krieg eine zu ernste Angelegenheit ist, um sie den Generälen zu überlassen, dann ist die Kunst zu wichtig, um sie ausschließlich den Professoren für Kunstgeschichte zu überlassen.

Und wenn aus meinem Tonfall zuviel Sicherheit spricht, dann ist dies paradoxerweise mit dem Wissen verbunden, in welch engen Grenzen ich mich bewege, und nicht umgekehrt.

Welches ist Deine Beziehung zum Werk Roberto Longhis?[4]

Das Grundproblem, das in diesem Buch und allgemein auf diesem Forschungsgebiet aufgeworfen wird, ist das Problem der Belege, der Beweise. Ich bedaure, daß ich Roberto Longhi nicht kennengelernt habe; Tatsache ist, daß Longhi im allgemeinen lieber aufwies als bewies. In einigen Fällen gehen beide Dinge wunderbar Hand in Hand: etwa als er in der Galerie Borghese eine Heilige mit offener Handfläche sah, die einem Anonymus des 16. Jahrhunderts zugeschrieben wurde, und sagte, daß die Hand ein späterer Zusatz sei, daß der Halsausschnitt übermalt sei etc. und daß es sich im übrigen eindeutig um einen Raffael handele. Als die Übermalungen abgelöst worden waren, bestätigte sich alles, was er vorausgesagt hatte – mit Ausnahme des Einhorns, das er sich nun wirklich nicht hatte vorstellen können. Aber es bleibt wahr, daß Longhi die »Demonstration«, mit einer gewissen Süffisanz betrachtet.

Es wäre auch interessant, die Verbindung zwischen dem wissenschaftlichen und dem gerichtlichen Beweis zu sehen. Jedenfalls ist klar, daß die Gesetze des »Aufweisens« andere sind als die des Beweises. Und daß die Aufforderung an die Kunsthistoriker, die Archive aufzusuchen, keineswegs überholt ist.

Es bleibt aber der Zweifel, ob man mit dem Beharren auf dem methodologischen Streit nicht die Aufmerksamkeit des gewöhnlichen Lesers von der begeisternden Jagd nach dem Kleinod der Forschung ablenkt – vor allem was die Identifizierung der Personen der Geißelung angeht.

Die beiden Dinge, der Gang der Forschung und die Diskussion über die Methode, sind doch miteinander verbunden. Warum soll man den Leser nicht stets die Werkstatt des Forschers betreten lassen? Das Ergebnis der Forschung zu präsentieren und nicht ihren Gang, verfälscht die Dinge entschieden.

Ich suchte die Hexen als Vorläufer des Klassenkampfes – und habe einen Fruchtbarkeitskult gefunden. Man sucht den Osten und findet den Westen. Man muß von beidem erzählen: von der Forschung und von den Ergebnissen. Die Methode, sagt Granet, ist – etymologisch gesehen – einfach der Weg, den man einmal eingeschlagen hat.

Natürlich gibt es ausgezeichnete Forscher, die keinerlei Impuls zur Kommunikation mit anderen Forschern verspüren. Ich habe ihn sehr stark, ich höre niemals auf, mir Personen vorzustellen, an die ich mich wenden könnte. Cantimori zum Beispiel hatte sich selbst als ständigen und geplagten Gesprächspartner – und seine Schriften zeigen das: mit all diesen Parenthesen, diesem Tonfall von öffentlicher Beichte; eine »Kunst der vorgestellten Unterredung«, wie Italo Calvino das genannt hat.

Viele Historiker haben noch nicht einmal gemerkt, daß sich ihr Beruf gewandelt hat; manche denken, es genüge, den Forschungsgegenstand zu wechseln. Tatsächlich aber handelt es sich um neue Themen, neue Methoden, neue Beweisverfahren und ein neues Publikum. Und auch um einen neuen Auftraggeber. Früher einmal waren die Auftraggeber klar bestimmbar: religiöse Orden, politische Parteien, bestimmte Klassen etc. Wer ist heute mein Auftraggeber? Ich habe mich das gefragt und kann sicher nicht mit der Auskunft antworten, es sei der Verlag Einaudi. Es würde mir gefallen, sagen zu können, es seien Menocchio, Maria Panzona . . .

Jemand hat Dich der publizistischen Lancierung des Buches über Piero beschuldigt. Das kann einfach Neid sein – wegen der Leichtigkeit, mit der Du von den staubigen Blättern der Archive zum Glanzpapier des *Rotationstiefdruckes springst. Lag aber in diesem Rummel nicht die Gefahr, sich ein schlechtes Leserpublikum zu verschaffen? Und schließlich: was macht Dir der Erfolg aus?*

Zwischen Leser und Schreiber stellt sich immer eine abenteuerliche Beziehung her. Du mußt auf die Fähigkeit zur Rezeption, aber auch zum Mißverständnis bei deinen Lesern vertrauen. Der Erfolg bereitet mir Vergnügen. Mir gefällt es, zu so vielen Leuten zu reden. Natürlich bin ich eitel. Aber es muß nicht notwendig so sein, daß dich der Erfolg befleckt. Die wirkliche Gefahr ist die, in eine Spirale zu geraten und sich dazu verleiten zu lassen, das zu wiederholen, was einmal den Erfolg gebracht hat.

Im Grunde erwartete ich mir viel früher Erfolg und habe mich gewundert, daß ich ihn nicht genügend hatte, als das Buch über die Benandanti herauskam. Ganz sicher war es ein Buch, das viel vorwegnahm; schade, daß noch nicht das richtige Publikum da war.

Spaß beiseite, diejenigen meiner Schriften, die mehr Erfolg hatten, waren auch die besseren. Die Bücher, die für ein beschränktes Publikum bestimmt waren, sind auch innerhalb dieser Grenzen geblieben. Das Buch über den Nikodemismus zum Beispiel, das mir heute verfehlt erscheint, weil es, wahrscheinlich aus dem Bemühen heraus, mit Delio Cantimori abzurechnen (man merkt es auch an *Giochi di pazienza [Geduldsspiele]*, ein Seminar in Buchform, das ich mit Adriano Prosperi geschrieben habe), verengt ist. Ich wollte zeigen, daß ich auf Cantimoris eigenem Gebiet so gut wie er und noch besser als er war. Vielleicht mit einigen Narben.

Und wie ist es dann mit Cantimoris großem Schatten ausgegangen?

Cantimori sagte einmal: »Ich habe gewußt, daß der Jargon der englischen Kinder voll von Wörtern aus dem 18. Jahrhundert ist.« Keiner der Historiker, die ich sonst kannte, hätte einen solchen Satz sagen können. Cantimori hatte eine ungewöhnliche Weite, die nur zum Teil in die Dinge einfloß, die er schrieb. Nicht daß sich Cantimori erdrücken ließ – wie etwa das Pferd bei Sereni[5] von der stalinistischen Doktrin und ihrer peinlich genauen Beachtung erdrückt wurde. Aber es war da ein wenig Hemmung, wohl die Folge eines tiefen Bedürfnisses nach positiver Pädagogik.

Es war kürzlich, als Cantimori die fehlende Nietzsche-Publikation zur Last gelegt wurde, davon die Rede, dies wäre für den ungewappneten Leser »gefährlich« gewesen. Eine zu einfache Anklage. Ich habe Nietzsche eben mit Cantimori in einem Seminar 1961-62, das dem Werk über den *Nutzen und Nachteil der Historie* gewidmet war, gelesen. Es stimmt allerdings, daß es bei Cantimori eine Unterscheidung der verschiedenen Ebenen gab. Er erklärte sich besorgt darüber, was in Canicatti (kleine Stadt in Sizilien, d. Ü.) passiert wäre, wenn sie dort Hobsbawms Buch *Sozialrebellen* gelesen hätten.

Für mich ist es umgekehrt, ich habe ein großes Verlangen, Leser in Canicatti zu finden. Wenn man mich einlädt, in der Öffentlichkeit zu reden (früher lud mich niemand ein), gehe ich hin und es gefällt mir sehr gut, Leute zu treffen, die mich gelesen haben, mit ihnen zu reden, mir darüber Rechenschaft abzulegen, wie sie mich verstanden und mißverstanden haben, da wird auch der Narzißmus mit hineinspielen, aber mir gefällt es so; es ist so, als ob man den Text rekonstruiert und ihn dabei anreichert. Und man erfährt konkret, wie unberechenbar die »*traditio*« des Textes ist, auch wenn es ein von mir selbst geschriebenes Buch ist, das von Zeitgenossen gelesen wird.

Du kannst auch den Einfluß meines schlechten sozialen Gewissens hinzufügen. Ich neige stark dazu, unangenehme Dinge zu verdrängen. Und ich habe ein Schuldgefühl, das mit meinem sozialen Privileg verbunden ist, was ich erst sehr spät entdeckt habe: nämlich die Summe von Privilegien, die mit meiner Familie, den Bedingungen, unter denen ich studiert habe und so weiter, zusammenhängen. Paradoxerweise hat mich der Erfolg in größeren Frieden mit mir selbst versetzt, da er mir erlaubt, mit Personen zu kommunizieren, die nicht die gleichen Privilegien genießen.

Du hast auch bei Arsenio Frugoni studiert und auch Frugoni war ein Intellektueller mit ziemlich vielseitigen Interessen; und es ist seltsam, daß man ihn so wenig erwähnt.

Stimmt. Frugoni war viel reichhaltiger, als die Dinge, die er geschrieben hat, erkennen lassen. (Man muß das von vielen Personen sagen; für mich würde das leider nicht gelten.) Frugoni lehrte, man müsse die Quellen gegen den Strich lesen, er betonte, daß die Zeugnisse vor allem von sich selbst Zeugnis ablegen. Eine Empfehlung, die sich *in praxi* als weniger selbstverständlich erweist – die französische Historiographie eingeschlossen –, als man glauben könnte. Es war Croces Lektion in *Theorie und Geschichte der Historiographie*, die zwei sehr große Ergebnisse, Cantimori und Momigliano, gezeitigt hat. Frugoni jedoch dehnte diese Lektion auch auf nicht spezifisch historiographische Texte aus. Heute sind wir alle gewohnt, auf diese Weise zu lesen – zum Beispiel Flugblätter. Bei Frugoni gab es ein Moment von Unbefangenheit, die einen stören konnte, eine Mischung aus Ästhetizismus und Hedonismus, die ansonsten durch die katholische Erziehung gezügelt werden.

Ich gehöre zu den relativ wenigen Italienern, die das Glück hatten, keine katholische Erziehung genossen zu haben und daher eine hedonistische Neigung zu besitzen, ohne deswegen Schuldgefühle zu verspüren.

Es wurde einmal gesagt, an den Historikern seien Politiker verlorengegangen.

Pieter Brueghel, *Der düstere Tag*

Kann man für die neue Geschichtsschreibung und besonders in Deinem Fall sagen, an den Historikern seien Romanciers verlorengegangen?

Das stimmt, ich wollte einmal Romane schreiben. Für die *Recherche* von Proust würde ich jedes beliebige Geschichtsbuch drangeben. Aber das kommt nicht von ungefähr. Für die Geschichtsschreibung ist die Akkumulation des »historischen Sinns« wichtig: nicht die Meisterwerke zählen, sondern die Ablagerungen, die Blätter, welche Komposterde, d. h. Kultur werden. Eine gute Ausrüstung, um sich in der Welt zu orientieren. Das gilt nicht für den »literarischen Sinn«, hier zählen die einzelnen Werke.

Was mich betrifft habe ich mit sechzehn Jahren begriffen, daß ich nicht Romanschriftsteller werden würde. Aber ich beherzige weiterhin, daß sich mir das Problem des Erzählens stellt. Sieh, da habe ich aus Eurer Zeitung eine Fotographie einer lateinamerikanischen Landschaft ausgeschnitten, es muß Cuzco (in Peru) sein, dort sind eine Frau und ein Kind in der Landschaft verloren abgebildet, und ich habe den Eindruck gehabt, daß es etwas mit dem Buch über den Hexensabbat, das ich gerade schreibe, zu tun hat. Es ist der gleiche Eindruck, den gewisse Bilder von Brueghel in Wien machen, zum Beispiel das mit dem Titel »Der düstere Tag« – ein kleiner Wald, ein Gewitter im Hintergrund, Leute, die sehr beschäftigt sind, ein Mann, der an ein Haus pinkelt, ein Tier – alles von der Vogelperspektive aus. Mir gefällt die Entfernung, der Höhenunterschied zwischen der Landschaft und den Menschen, der sie wieder in die richtigen Proportionen versetzt. Auch in der letzten Szene in dem Film *Paisà* (von Rossellini, Italien 1945; d. Ü.), am Ende des Kampfes mit dem Partisanen, der getötet wird, während das Automobil sich entfernt.

Wenn man beim Geschriebenen einen Höhenunterschied zwischen Menschen und Landschaft einführt, dann stellt sich ein typisch literarisches Problem, das den Historiker angeht. Man muß in der Erzählung jene Distanz, jenen Höhenunterschied spüren. Wenn du Dinge mitteilen willst, stellt sich dir jenes Stilproblem, aber auch jenes Bewußtseinsproblem, vor dem du stehst. Die normalen Historiker ignorieren das; auch dann, wenn sie sich anstrengen, das Problem der Erzählung zu berücksichtigen, behandeln sie es als rein rhetorische Angelegenheit.

Du bist Jude. Was bedeutet das für Dich?

Viel. Es ist die Kehrseite des Privilegs, von dem ich vorher sprach: das frühzeitige Gefühl der Verfolgung, die mit der Existenz als Jude verbunden war.

Die Verbindung mit der Arbeit als Historiker habe ich schlicht und einfach negiert. Eines Tages bemerkte Paolo Fossati mit größter Selbstverständlichkeit, es sei nicht seltsam, daß ein Jude wie ich Ketzer und Hexen untersuche; daran hatte ich nie gedacht. Aber auch heute weiß ich nicht, was ein derartiger Zusammenhang wirklich bedeutete. Transponierte Biographie, das Bedürfnis, mit mir selber ins reine zu kommen? Vielleicht, aber es überzeugt mich nicht.

Bleibt die Tatsache, daß die Zugehörigkeit zur jüdischen intellektuellen Bourgeoisie mir jene frühzeitige Wahrnehmung des Verfolgtseins und eine späte Wahrnehmung des Privilegiertseins eingebracht hat. Kürzlich habe ich eine Reise nach Israel gemacht – mit sehr widersprüchlichen aber intensiven Gefühlen. Ich bin von den kleinen Kindern, die mich auf hebräisch fragten, obwohl ich offenkundig Tourist war, gerührt gewesen. Sie hatten Gesichter wie aus dem Familienalbum. Der Stadtteil der orthodoxen Orientalen trägt am Eingang eine Aufforderung an die Frauen, sich geziemend zu kleiden; wenn am Sabbat ein Auto durchfährt, bewerfen sie es mit Steinen. Man sieht nur ganz bleiche Männer und Kinder in der Dämmerung – mit den rituellen Zöpfchen. Man kommt für ihren Lebensunterhalt auf, sie sind zum Studium hier. Ich ging mit Luisa und plötzlich sehe ich einen und sage zu ihr: »Sieh mal den da« – und ich war's, der da mit den Händen auf dem Rücken ging, genau in der Weise, in der ich den Kopf hochhalte. Unvermeidlich spürte ich meinen jüdischen orientalischen Anteil, wußte, daß ich nur wegen einer historischen Episode, wegen ein paar Generationen keiner der ihren bin. Und gleichzeitig kam mir der Satz von Isaak Babel in den Sinn, den ich zur Zeit des Sechs-Tage-Krieges zitiert gelesen hatte: Wenn ich einen Juden aufrecht auf einem Pferd sehe, der Peitschenhiebe austeilt, dann ist es kein Jude, sondern ein Kosake.

Vor der Klagemauer habe ich mehr Schwierigkeiten gehabt –, eine emotionale Regung, aber auch Unbehaglichkeit. Man fühlt sich dort immer wohler mit den Religionen der anderen.

Mit dem Judentum muß ich noch ins reine kommen. Im übrigen bin ich erstaunlich integriert. Lediglich, daß ich als Kind die Verfolgung erlebt habe. Ich habe eine klare Erinnerung. Ich war mit der Mutter meiner Mutter Natalia unterwegs, der einzigen nicht-jüdischen Person in der ganzen Familie; sie hieß mit dem Mädchennamen Tanzi. Ich hatte das Buch von Carola Prosperi *Il bambino più felice del mondo (Das glücklichste Kind der Welt)* bei mir; vor der Grenze schrieb die Großmutter meinen Namen neu – und andersartig auf den Buchdeckel und bat mich: »Sag, daß du Carlo Tanzi heißt«.

Sind die erwachsenen Gestalten Deiner Jugend nur Frauen?

Nein, ich habe eine lebhafte Erinnerung an meinen Vater. Und dann an meinen Großvater, von dem meine Mutter ausführlich in ihren Büchern erzählt. Ich dachte immer an die Geschichte meines Großvaters als jungem Mann: da er Proben von Walgewebe brauchte, um sie zu untersuchen, ging er nach Spitzbergen; dort war ein gestrandeter Wal, die Fischer standen drum herum, und er bahnte sich mit Säbelhieben einen Weg im Körper des Wals.

Wann hast Du dich entschlossen, die Hexen zu erforschen?

Ganz plötzlich eines Tages in der Scuola Normale [Superiore von Pisa]. Wir waren beim Mittagessen und fünf Minuten vorher war mir in den Sinn gekommen, daß ich mich mit dem Hexenwesen beschäftigen und einige Jahre meines Lebens damit verbringen würde. Ich sagte es Cantimori und er dämpfte mich: »Du auch noch!«

Natürlich kann man diese Wahl auf eine Menge von Gründen zurückführen. Ich hatte den Film *Dies irae* von Dreyer gesehen. Darin kommt der Prozeß gegen die Mutter der Hauptfigur, die dicke Hexe, vor; aber Dreyer stellt die Richter nicht als Ungeheuer dar: im Gegenteil sind sie in betrübter und abgeklärter Stimmung, wie Leute, die dabei sind, die Wahrheit zu finden. Hexen und Richter erscheinen als Personen, die – jede mit ihrem eigenen guten Glauben – aufeinanderprallen.

Und von Einfluß war sicher der *Mondo magico* von Ernesto De Martino, den ich ein Jahr zuvor gelesen hatte. Noch früher *Christus kam nur bis Eboli* von Carlo Levi. In diesem Fall ist die Verbindung verwickelter. Von 1940 bis 1943 sind wir in Pizzoli, einem kleinen Dorf in den Abruzzen, in Verbannung gewesen. Davon habe ich eine sehr lebhafte Erinnerung bewahrt; im übrigen ist der Dialekt von Pizzoli der einzige, den ich und mein Bruder Andrea je gesprochen haben. Und schließlich die Analogie zwischen den beiden Dörfern und die Verbannung und die enge Freundschaft zwischen Carlo Levi und meinem Vater. Und auch die zentrale Frage der kulturellen Kluft. Hier habe ich viel von meiner Mutter gelernt. Es fällt mir nicht leicht, von meiner Mutter zu sprechen, ohne ihr ungerecht zu werden, jedenfalls sie ist eine zugleich sehr gebildete und ungebildete Intellektuelle, in ihrer Beziehung zu den Büchern ganz anders als die andern Intellektuellen. Daß die Kultur im anthropologischen Sinn viel wichtiger ist als die der Bücher, auch wenn dies nicht ihre Worte wären, das habe ich von ihr gelernt. Schließlich, daß nicht nur die menschliche Qualität der Personen, sondern auch ihre Lebensintelligenz nichts mit Bildung und hoher Kultur zu tun haben – ja manchmal sogar in umgekehrtem Verhältnis zueinander stehen. Für meine Mutter ist die größere oder

Marlene Dietrich in *Die blonde Venus*

geringere Beherrschung der schriftlichen Kultur nie zu einem Wertmaßstab geworden.

In ihrer Familie nahm die Intelligenz die erste Stelle ein – und dann kam die Schönheit. Meine Mutter hat immer in einem intellektuellen und großbürgerlichen Milieu gelebt – mit jener Ausnahme der Verbannung, die sie daher nachhaltig geprägt hat. Mir wurde das bewußt, als ich im Jahre 1960 das erste Mal mit ihr nach Pizzoli zurückkehrte, wo ein meinem Vater gewidmeter Stein enthüllt wurde.

Heute scheint mir klar: wenn man die Reden der Hexen (und mit größerem Recht die des Müllers Menocchio, der nicht eine Glaubensform, sondern eine persönliche Interpretation der Wirklichkeit zum Ausdruck bringt) ernst nimmt, dann lehnt man damit auch die gelehrte Hierarchie, die Identifikation von Intelligenz und schriftlicher Kultur ab. Meine Mutter empfindet sich wahrscheinlich als Christin, im Sinne von Tolstois *Krieg und Frieden* – daß dann der alte Tolstoi die Felder mit dem Champagner und dem Eiskübel daneben pflügen würde, das ist eine andere Frage.

Du hast von Dreyer gesprochen. Welche anderen Filme magst Du besonders?

Entehrt [deutsch auch: *X 27*] von Sternberg mit Marlene Dietrich, der schönste Film in der Geschichte des Kinos. Schöner noch als *Die blonde Venus.*

Ganz allgemein ist die Beziehung zu den Bildern für mich ebenso wichtig wie die schriftliche Kultur. Die geradezu manische Lektüre der Bedeutungen der Bilder zielt darauf ab, eine Zeitform des Sehens zu rekonstruieren, die wir nicht mehr gewohnt sind. Der Zug der Brüder Lumière und das Kinopublikum, das sich entsetzt unter die Sitze warf. Oder der ungemeine Bruch, den die Einführung der ersten Nahaufnahmen markierte. Aber außergewöhnlich ist auch die Schnelligkeit, mit der die Leute die Bedeutungen zu entziffern lernten. Denk nur an die vielfältigen Mittel, mit denen in einem Film auf die Darstellung eines Traumes hingewiesen wird: wie schnell hat das Kinopublikum das begriffen! Die Zeit, die ein Gemälde wie die Geißelung von Piero zur Entschlüsselung verlangt, weist zurück in eine andere Welt.

Weil das Kino und seine Zeitform naturalistischer sind?

Ich weiß nicht, ob das stimmt. Ich denke an einen Freund, einen Arzt aus Lukanien [Süditalien], der sehr gut erzählen kann: er tut das sehr langsam und mit großen Pausen – plötzlich aber blinzelt er mit den Augen und fährt in einem sehr kondensierten Rhythmus fort. Was ist »natürlich«? Das Kino ist vollkommen irreal. Und das fasziniert mich beim gedruckten Text wie auf der Leinwand, diese Manipulation der Zeit, diese Abfolge von Kontraktion und Überdehnung.

Aber welches Schicksal hat das gedruckte Wort in einer Zeit, die so sehr durch die Bilder beherrscht wird?

Ja, auch die Hochkultur bevorzugt heute das Bild (und die Musik; aber ich bin tendenziell taub und völlig taub, wenn ich vergleiche, welche Rolle die Musik für meine Töchter spielt). Allerdings stimmt es, daß die Beziehung zwischen geschriebenem Wort und Bildern kompliziert ist. Das hat auch für die Beziehung zwischen Malerei und Photographie gegolten. Die Malerei hatte eine Menge Verwendungsformen; die Photographie hat einen Teil davon, aber nicht alles abgedeckt. Im allgemeinen gibt es nicht *den* Fortschritt; es gibt einige Fortschritte. Das Problem ist das ihres Preises, die Frage, was sie zerstören. Das Buch, das die Kathedrale vernichtet, wovon Victor Hugo sprach. Ein neues Faktum ist in den letzten Jahren das Auftauchen von Tendenzen, die dem technologischen Fortschritt entgegenlaufen. Die Regionalismen zum Beispiel. Die katalanische Bewegung in Spanien: es

Die Ankunft eines Zuges, 1895. Von Auguste und Louis Lumière

gibt einen Verleger, der an der Veröffentlichung der hundert wichtigsten Bücher der Menschheitsgeschichte in katalanischer Übersetzung arbeitet. So wie wenn Plato ins Sardische übersetzt würde. Es gibt da eine doppelte Entwicklung: das Englische wird Weltsprache und gleichzeitig treten die Dialekte wieder ans Tageslicht. Ein bißchen wie im mittelalterlichen Modell mit seinem universellen Latein und den gesprochenen Volkssprachen.

Tatsächlich verursachen die Fortschritte niemals verbrannte Erde, wo sie sich einnisten. Es wäre nicht nur verheerend, wenn das passierte, sondern in Wirklichkeit passiert es nicht. Daher wird das geschriebene Wort seinen eigenen Platz bewahren. Ich meine damit, einen lebensnotwendigen Platz: das Überleben der Bücher gleich den Wisenten in den polnischen Reservaten wäre sehr traurig. Die unumkehrbare Richtung beim Ablauf des Filmstreifens unterscheidet ihn vom Buch, wo man vorwärts und rückwärts gehen und irgendwo auch verweilen kann.

Aber auch das Kino erlaubt heute die Umkehrbarkeit, wie ein normales bespieltes Band.

Umso besser. Für mich war die Entdeckung der nicht-verbalen Kultur eine der wichtigsten Errungenschaften. Ich bin in einem Übermaß an verbaler Kommunikation aufgewachsen – einem Übermaß nicht nur im Verhältnis zur manuellen Kultur, sondern auch zur Musik oder anderen Ausdrucksformen. Das Wort im

Zentrum von allem; jetzt aber bin ich nicht mehr davon überzeugt. Ich denke an eine Beherrschung der vokalen Kommunikation, die die Pausen des Schweigens und ihre Bedeutung miteinschließt. Die Kultur des Wortes ist der des Schweigens technisch überlegen – aber eben nur technisch. Es wäre sehr schwerwiegend, wenn die Kultur des Schweigens weggefegt würde. Wichtig wäre die Verflechtung von beidem, von Schweigen und Ton – auch für den, der annimmt, man könne alles sagen und verbalisieren. Es bleibt in meinem Fall der Widerspruch: ich versuche in meiner Arbeit, auch die Ruhepausen in Worte zu übersetzen – etwa wenn Menocchio während der Verhöre schweigt.

Welchen direkten Umgang hast Du als jemand, der sich mit anderen Kulturen befaßt, mit Heilmitteln, Drogen, exotischen Riten gehabt?

Keinen. Wie bei Martial: »lasciva nobis pagina, sed vita proba« (»Unzüchtig ist uns das Geschriebene, aber rechtschaffen das Leben«). Ich habe einen starken Widerwillen gegen die Verquickung von Kunst und Leben (und auch Berufsleben).

Wenn man der Politisierung der Kunst mißtrauen muß, muß man es mit noch größerem Recht der Ästhetisierung des Lebens. Natürlich sind auch hier die Dinge kompliziert. Nimm eine Geschichte wie die von Aby Warburg, dem Sprößling einer großen Bankiersfamilie; er verzichtet auf das Erstgeburtsrecht im Tausch gegen ein offenes Konto, um Bücher zu erwerben; dann geht er weg, um unter einheimischen Völkern in Amerika zu leben, er taucht darin vollständig unter, bleibt dabei allerdings anders, kehrt nach Europa zurück und beginnt, Botticelli zu studieren.

Es ist vielleicht ein Element von psychologischem »Panzer« in mir, das mich daran hindert, die Grenze zwischen meiner Forschung und meinem persönlichen Leben zu überspringen. Mir gefällt nicht, was man einmal Irrationalismus nannte. Zwar hat die Vernunft allen möglichen Mystifikationen und Schändlichkeiten ihr Plazet gegeben. Aber es gibt eine Form von parasitärer und dummer Ausflucht. »In den deutschen Konzertsälen ist *mitsingen* verboten«, erwähnte Croce gegen die Idee des Kritikers als Künstler. Die Kritik als bloßer Sessel, die Nachahmung der Krise als Mittel, um sie zu beherrschen – was zudem im geschriebenen Text groteske Wirkungen zeitigt. Ich halte mir das vom Leibe – sozusagen zugunsten einer Art von aufklärerischem gesundem Menschenverstand.

Als ich auf die Person von Morelli gestoßen war, habe ich über meinen Großvater, Giuseppe Levi, nachgedacht. Er gehörte der gleichen Triestiner Kultur an, kam aus der Wiener Schule und war Positivist. Kürzlich hat Musatti erwähnt, daß er während des Krieges mit dem Professor Levi, dem Adriano Olivetti eine Übersetzung von Jung anvertraut hatte, in die Nähe von Ivrea geflüchtet war; und mitten in der Lektüre des Buches bat er Musatti, *er* solle weiterlesen, weil er selber nichts verstünde. Ich verstehe ihn sehr gut und habe Sympathie für den Positivismus des ausgehenden 19. Jahrhunderts.

In meiner Jugend habe ich viele Studien von Croce gelesen, sie befanden sich zu Hause mit der Widmung an meinen Vater: von ihnen war ich zugleich angezogen und abgestoßen. Als ich dann mit siebzehn Jahren Lukács gelesen habe, und zwar die Aufsätze über den kritischen Realismus, fühlte ich mich tief verletzt durch die Art, wie er Kafka und Dostojewski behandelte. Ich hatte damals ein etwas umständliches Studienprojekt, nämlich die Idee, in nicht irrationalistischer Weise Probleme und Phänomene anzupacken, die vom Rationalismus in seinen verschiedenen Formen nicht beachtet worden waren. Heute wurde daraus das Bemühen, eine kritische Klarheit rationaler Einsicht auszubilden, mit der ich die irrationalen Dinge begreifen und verstehen würde, ohne sie zu verraten und ohne *mitzusingen* (im Original deutsch, d. Ü.).

In den Vereinigten Staaten habe ich in Williamsburgh ein kleines Bild von Goya gesehen. Es ist darauf eine Riesenpuppe, und eine kleine Person kniet mit zusammengepreßten Händen vor ihr auf der Erde: eine Denunzierung des Aberglaubens, aber man nimmt gleichzeitig eine außergewöhnliche Achtung vor der kleinen betenden Person wahr. Im Grunde ist das der Gehalt des großen Buches von Marc Bloch, *Les rois thaumaturges*: der demaskierte Betrug, aber ein tiefer Respekt vor den skrofulösen Betrogenen (Ich bin zu sagen geneigt, daß sich heute ein analoges Problem beim Heroin stellt). Und es ist nicht einmal gesagt, daß deren Verständnis der Realität tieferstehend sei. Das also ist das Motivationspaar: entmystifizieren und begreifen.

Was untersuchst Du jetzt gerade?

Den Hexensabbat. Es ist ein Buch, das die Fäden aller Forschungen über das Hexenwesen und über Fruchtbarkeitskulte wiederaufnimmt – mit einigen Überraschungen. Ich schreibe gerade das Vorwort. Ich gehe immer so vor. Zuerst schreibe ich das Titelblatt, wende die Seite und schreibe die Widmung, wenn es eine gibt, dann das Vorwort, das erste Kapitel und so weiter. Ich glaube nicht, daß es die richtige Art ist, die Bücher zu schreiben.

Während der Zeit der Abfassung der *Benandanti* hatte ich das Gefühl gehabt, einen Schachtdeckel hochzuheben und bis zum Zentrum der Erde zu sehen. Ich habe den Schachtdeckel wieder geschlossen: ich war von dem Problem völlig überfordert. Im wesentlichen handelt es sich um die Verflechtung von Strukturen von sehr langer Dauer und dem »Komplott« – das Problem, das bereits im Zentrum von *Les rois thaumaturges* stand.

Lange Zeit war in den letzten Jahren eine Zweigleisigkeit am Werk: auf der einen Seite denkt man in langen Zeiträumen, auf der anderen hängt man einer »Theorie des Komplotts« an. Es ist eine nicht-reflexive, nicht durchdachte Trennung. Die Krise der Revolutionsidee bringt die langen Zeiträume, die Zähigkeit der sozialen Struktur in den Vordergrund; aber Komplott, Konspiration, Revolution und eben auch die politische Aktion bleiben außerhalb dieser Konzeption der langen Zeiträume. Das Komplott stellt jedoch nur eine verschärfte Form der politischen Aktion dar – und es gibt sie wirklich: wir leben inmitten von Komplotten. Wäre es nicht der Mühe wert, wenn die Historiker der langen Zeiträume und die »Superpolitischen« einen Dialog aufnähmen? Was wäre geschehen, wenn Ali Agca den Papst getötet hätte? Man fragt sich das nie wirklich: wann Komplotte gelingen, welche Konsequenzen ihr Erfolg nach sich zieht und welche Beziehungen sie zu den langen Zeiträumen haben.

Es ist das Problem, das sich politisch in der Gegenüberstellung von Evolution und Revolution gestellt hat – und wissenschaftlich in der von Zufall und Notwendigkeit. Paradoxerweise stoßen die Kenntnis des langen Zeitraums, der Trägheit der sozialen und mentalen Strukturen in unserer Gesellschaft mit der entgegengesetzten Kenntnis einer Zufälligkeit aufeinander, die über der Menschheit schwebt, um sie schließlich mit ihrer Ausrottung zu bedrohen: mit der nuklearen Katastrophe.

Es handelt sich nicht so sehr darum, ein moralisches Urteil über die Eventualität der politischen Aktion auszusprechen, als die Bedingungen ihrer Verwirklichung, ihrer Folgen und ihrer Verträglichkeiten zu sehen. Es ist lehrreich, daß eine politische Aktion wie die von Solidarność, die mehr als jede andere versucht hatte, die Veränderung an die Verträglichkeiten anzupassen, heute von den Militärs und der UdSSR zerschlagen ist und des »Komplotts« beschuldigt wird!

Was würdest Du Jugendlichen raten, die sich der Vielfalt der Geschichte zuwenden wollen?

Romane, sehr viele Romane zu lesen. Weil die moralische Einbildungskraft die grundlegendste Sache ist, und über die Romane besteht die Möglichkeit, sein Leben zu vervielfachen, entweder der Fürst Andrej aus *Krieg und Frieden* oder der Mörder der alten Wucherin aus *Schuld und Sühne* zu sein. Tatsächlich aber findet die moralische Einbildungskraft immer weniger Nahrung. Auch die Zeitungen nehmen sie eher als etwas Selbstverständliches, als daß sie ihr einen Anreiz geben würden – und das im günstigsten aller angenommenen Fälle. Es besteht die Gefahr einer wechselseitigen Aufhebung der Nachrichten oder umgekehrt, daß eine Prädisposition zur moralischen Einbildungskraft einfach vorausgesetzt wird. Viele Historiker neigen ihrerseits dazu, sich die andern als *alter ego* vorzustellen – d. h. als äußerst langweilige Personen.

Die moralische Vorstellungskraft hat nichts mit der Träumerei zu tun, die vom Objekt absieht und narzißtisch ist – und selbstverständlich sehr gut sein kann. Das heißt im Gegenteil, man sollte den Mörder der Wucherin oder Nataša oder eine Katze mehr aus der Nähe betrachten: das Gegenteil von Narzißmus.

Und ist das nur mit Individuen möglich?

Keineswegs. In Kulas Studien über die feudale Gesellschaft oder Polanyis über die antiken Wirtschaftsformen gibt es nicht Individuen, sondern es ist die Vorstellungskraft, die triumphiert. Das grundsätzliche Instrument ist das der Entfremdung, der Fremdmachung, die Fähigkeit, bekannte Dinge als unbegreifbar anzusehen – und nicht umgekehrt, wie es die Historiker machen. Gerade das erläutert Šklovskij bei Tolstoj. (Das größte Unglück in meinem Leben als Leser war, wie sich Nataša im Theater in Anatol verliebt.) Gerade das hat es Polanyi erlaubt, in nicht trivialer Weise über ein Thema wie die Industrialisierung zu schreiben. Die Filme und die historischen Romane, in denen sich alle bewegen, als seien es Personen von heute, sind unerträglich langweilig.

Oft wendet man sich der Vergangenheit mit einer rein retrospektiven Projektion zu, die keine Rückkehr kennt und nicht das Unterschiedliche sucht und sieht – exzessive Identifikation! Das alte Konzept von Stokeley Carmichael: Adam war Neger. Im Gegenteil, man muß auf das Unähnliche achten. Das ist nicht leicht. Man müßte eine Maschine erfinden, die unangenehme Dinge denken kann.

Das Problem ist nicht das Individuum. Vielmehr die Verflechtung von Individualität und einer Reihe von Dingen, die allen gemeinsam sind.

An Neujahr mußten wir eine Titelzeile für unsere Zeitung finden. Wir wollten vermeiden, wieder einmal als »die mit dem Kloß im Hals« rüberzurutschen, wollten aber auch nicht die Gelassenen spielen, die so tun, als sei nichts geschehen. Wir nahmen die Überschrift: »Es werden finstere Jahre sein, aber es sind unsere Jahre, alles Gute im Neuen Jahr«. Welche Beziehung hast Du zu unserer Zeit?

In jedem Moment kannst Du unendlich viele Gründe dafür finden, daß wir in der schlechtesten der möglichen Welten leben. Nimm die Fotos, die Ihr von Iran oder El Salvador oder über die Straßen von Danzig veröffentlicht habt: auch wenn ich beständig mit Fotos wie jenen bombardiert würde, müßte ich eine umso größere Anstrengung aufbringen, um sie wieder beiseite zu schaffen – aber ich würde sie beiseite schaffen! Die Leute wollen, daß es ihnen so gut wie nur irgend möglich geht. In dieser Beseitigung ist auch ein heilsamer Impuls. Man kann das Glück nicht als Einzelner erlangen, aber es gibt in jedem – unter dem doppelten Druck von Zynismus auf der einen und Altruismus auf der anderen Seite – den Willen, glücklich zu sein. Wer jeden Moment in dem Bewußtsein lebte, welche Unglücksschläge es in der Welt gibt, wäre erledigt.

Ich habe nie das Verlangen, in anderen Geschichtsepochen zu leben. Vielleicht deshalb nicht, weil in der heutigen Welt jedes Unglück und jede Gewalttat seine Zeugen und Berichterstatter hat. Und dies ist das Mindeste an Erlösung, was die durchgemachten Leiden erfahren können. Aber zugleich zwingt diese Verbreitung von schmerzlichen und schrecklichen Nachrichten den Empfänger dazu, sich zu verteidigen. Gerade so, als wäre der atmosphärische Druck so stark, daß er dich zum Platzen bringt. Man muß sich vor Moralismus hüten, denn wenn sich in der Psyche der bombardierten Personen nicht Anti-Körper bildeten, könnten sie nicht weiter leben. Es ist wie mit der Kälte: man erträgt sie lange – bis man daran stirbt.

Es gibt für jeden eine andere Schwelle. Zum Beispiel für jene Frau aus Treviso, die sich vor wenig mehr als einem Monat auf der Piazza angezündet hat, nachdem sie die Photographien von Kindern, die im Iran hingerichtet wurden, gesehen hatte.

Allgemein gibt es das Problem, mit welchen Mitteln in unserer Gesellschaft von Schuld entlastet werden kann. Es gibt eine Untersuchung über die Hexen von Salem, die zwei amerikanische Forscher in der Zeit des Vietnam-Krieges geschrieben haben: die Autoren bemühen sich, zu beschreiben, wie in jener Gemeinde Personen in gutem Glauben ungeheuerliche Entscheidungen treffen konnten. Abgesehen von der enormen Frage nach der Ursächlichkeit ist die Verbindung von analytischer Reflexion und Entlastung von Schuld wichtig. Stimmt es, daß die Analyse die Entlastung von Schuld zum Ergebnis hat? Und wenn es stimmt, ist das wünschenswert? In der Vergangenheit gab es Rituale zur Entlastung von Schuld, heute verschwinden sie. Die Gefahr besteht in einer Gesellschaft, die eine unablässige Anhäufung von Schuld kennt, während sie über keine Mittel zur Entlastung von Schuld verfügt. Und auch das Umgekehrte gilt: die Entlastung von Verantwortung und die Entlastung von Schuld gehen Hand in Hand.

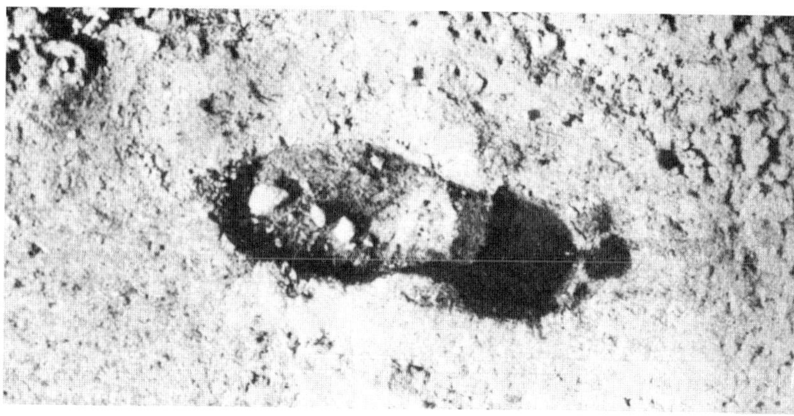

Anmerkungen des Übersetzers

[1] Delio Cantimori (1904-1966), bedeutender italienischer Historiker. Studierte an der Universität und an der Scuola Normale Superiore in Pisa; seit 1929 Forschungen zur italienischen Ketzerbewegung des 16. Jahrhunderts. Lehrte an den Universitäten Pisa und Florenz. Cantimori war Lehrer Carlo Ginzburgs. Er veröffentlichte u. a.: *Eretici italiani del Cinquecento* (1939); *Riformatori e utopisti 1750-1850* (1943); *Studi di storia* (1959); *Storici e storia* (1971). U. a. übersetzte er auch das erste Buch des *Kapital* von Karl Marx ins Italienische.

[2] Der Ausdruck »dicianovismo« wurde von den Sozialisten zur Kennzeichnung und Kritik der sozialen Bewegungen von 1919 verwendet (und 1924 auch von Mussolini gegen die Fundamentalisten in der faschistischen Bewegung). 1977 gebrauchte ihn der PCI-Vorsitzende Berlinguer gegen die Autonomisten und die damalige autonome Bewegung. Berlinguer zufolge erzeuge eine linksradikale Politik einen Rechtsrutsch.

[3] *I costituti di don Pietro Manelfi*, »Biblioteca del Corpus Reformatorum italicorum«, Florenz und Chicago 1970.

[4] Roberto Longhi (1980–1970); seit 1934 Professor für Kunstgeschichte in Bologna und Florenz. Seit 1950 Direktor und Mitarbeiter der kunsthistorischen Zeitschrift *Paragone*. Bedeutende Arbeiten zu Piero della Francesca, Masolino und Massaccio.

[5] Es handelt sich um den Aufsatz *La circolazione etnica e culturale nella steppa eurasiatica. Le tecniche e la nomenclatura del cavallo*, jetzt in: E. Sereni, *Terra nuova e buoi rossi e altri saggi per una storia dell'agricoltura europea*, Turin 1981, S. 215-291.

Hexenwesen und Volksfrömmigkeit.
Anmerkung zu einem Prozeß in Modena im Jahre 1519

1

Bei der Untersuchung der Serien von Inquisitionsprozessen, die im Staatsarchiv von Modena aufbewahrt sind (insbesondere der ersten Gruppe von Prozessen, die vom Ende des 15. Jahrhunderts bis zur Mitte des 16. Jahrhunderts reicht)[1], bemerkt man, daß in den drei Jahren von 1518-1520 die Prozesse und Anzeigen, die Fälle von Hexerei, Magie und Aberglauben betreffen, dichter werden. In diesem kurzen Zyklus von Jahren zählt man 22 Prozesse und Anzeigen (die auch auf die Einstellung der Inquisitoren hinweisen, weil sie mit aller Wahrscheinlichkeit selten spontan erfolgten), während es in den 5 Jahren von 1495 bis 1499 zum Beispiel nur 15 und in dem Jahrzehnt von 1530 bis 1539 nicht mehr als 12 gibt.[2] Leider bewirken der fragmentarische Zustand, in dem das Material auf uns gekommen ist, und vor allem die Lücken (sogar von mehreren Jahrfünften), die die Reihe der Prozesse vor zirka 1550 unterbrechen, daß die Gründe für diese Intensivierung der Verfolgung und Unterdrückung des Hexenwesens durch die Inquisition von Modena nur schwer genau angegeben werden können. Es ist dennoch wahrscheinlich, daß dieses Phänomen sehr wohl etwas mit der Anwesenheit eines Vikars der Inquisition, nämlich des Fra Bartolomeo von Pisa in Modena zu jener Zeit zu tun hat. Seinen Eifer bewies er dadurch, daß er beinahe alle Fälle von Hexerei persönlich abwickelte (nur in einigen Fällen erfolgte ein nachträglicher Eingriff des Herrn Inquisitor, des Fra Antonio aus Ferrara). Die Hypothese bekommt größere Plausibilität, wenn man, wie es mehr als wahrscheinlich ist, Fra Bartolomeo aus Pisa mit dem Pisaner Fra Bartolomeo Spina zu identifizieren hat, der eben in jenen Jahren den berühmten Traktat *Quaestio de strigibus* verfaßte. Dieser spiegelt in sehr großem Maße die Erfahrung des Hexenwesens in der Emilia Romagna wieder – sei es, daß man bei Spina ein ohnehin schon vorhandenes Interesse für das Problem des Hexenwesens annehmen möchte, das ihn in der Zeit seiner Tätigkeit in Modena dazu gebracht hatte, die Untersuchung und Unterdrückung der »secta maleficarum« zu verschär-

Erschienen unter dem Titel *Stregoneria e pietà popolare. Note a proposito di un processo modenese del 1519*, in: »Annali della Scuola Normale Superiore di Pisa. Lettere, Storia e filosofia«, Serie II, Band XXX, 1961, S. 269-287.

fen, sei es, daß man umgekehrt den Schluß ziehen möchte, eben die Erfahrung des Hexenwesens in seiner Gegend habe Spinas Aufmerksamkeit auf dieses Problem gelenkt und ihn zuerst zur praktischen Unterdrückung und danach zur theoretischen Reflexion bewogen.[3] Nur eine vertiefte Untersuchung dieser in vieler Hinsicht bedeutsamen Inquisitorenpersönlichkeit könnte diese abstrakte Alternative entscheiden. Und wenn die vorgeschlagene Identifizierung des Provinzialvikars mit Spina zutrifft, stellen die Prozesse von Modena ein wertvolles Material dar, um die so wenig erforschte Verbindung zwischen der Praxis der Inquisition und der Ausarbeitung der Lehre in den Dämonologentraktaten zu untersuchen. Aber auch wenn man vom Problem der Identität des Herrn Vikar absieht, bleiben diese Prozesse von einigem Interesse: vor allem scheint jener Schlag gegen eine Bäuerin aus Modena, Chiara Signorini, die der Hexerei angeklagt worden war, eine genaue Untersuchung wert zu sein. Denn hier sind einige Probleme, die im allgemeinen auf der Grundlage von Induktionen und plausiblen Assoziationen angegangen werden, welche aber rein psychologischen Charakter haben (wie zum Beispiel die Beziehungen zwischen Hexenwesen und Volksfrömmigkeit, die gesellschaftlichen Motivationen für das Hexenwesen selbst, die Überlagerung von Mustern der Inquisition auf die Realität der volkstümlichen Hexerei), mit besonderer Klarheit aufgeworfen.

2

Die ersten Anklagen gegen Chiara Signorini werden im Laufe eines Prozesses gegen einen Servitenmönch, Bernardino da Castel Martino geäußert.[4] Am 9. Dezember 1518 erscheint vor Fra Bartolomeo aus Pisa, dem Vikar des Inquisitors in Modena, Bartolomeo Guidoni und erklärt, daß eine Schwester von ihm, Margherita Pazzani, seit ungefähr fünf Jahren Opfer eines Malefiz' sei. Er hat den Verdacht, daß die Urheber der Verzauberung die beiden Eheleute Bartolomeo und Chiara Signorini sind, die früher als Bauern »auf einem . . . kleinen Landgut oder Besitz« der Margherita gewohnt haben.[5] Es stellt sich heraus, daß sie »deswegen einen sehr schlechten Leumund haben und hatten« und Chiara mehrmals öffentlich erklärt hat, Margherita könne nur dann geheilt werden, »wenn sie, Chiara, es wolle und sie und ihr Mann wieder auf den Besitz zurückgebracht würden, von dem sie die Frau Margherita vertrieben hatte.«[6] Einige Verwandte der Kranken haben sich darauf an Chiara Signorini gewandt; diese behauptete, sie könne ihre alte Herrin heilen unter der Bedingung, daß sie mit dem Ehemann auf den Hof zurückkehren könne, von dem sie verjagt worden waren. Sie hat nicht verhohlen, daß sie das Malefiz über die Pazzani ausgeschleudert hat (»wegen der Blasphemien der Chiara wurde die Frau Margherita irgendwie an Armen und Schienbeinen zusammengebunden . . . und wegen solcher Blasphemien hatte sie sie von besagtem Gut vertrieben; und sie behauptete, wenn die Frau Margherita sie nicht vertrieben hätte, sie nicht solcher Krankheit verfallen wäre«[7]), aber sie verpflichtete sich, sie

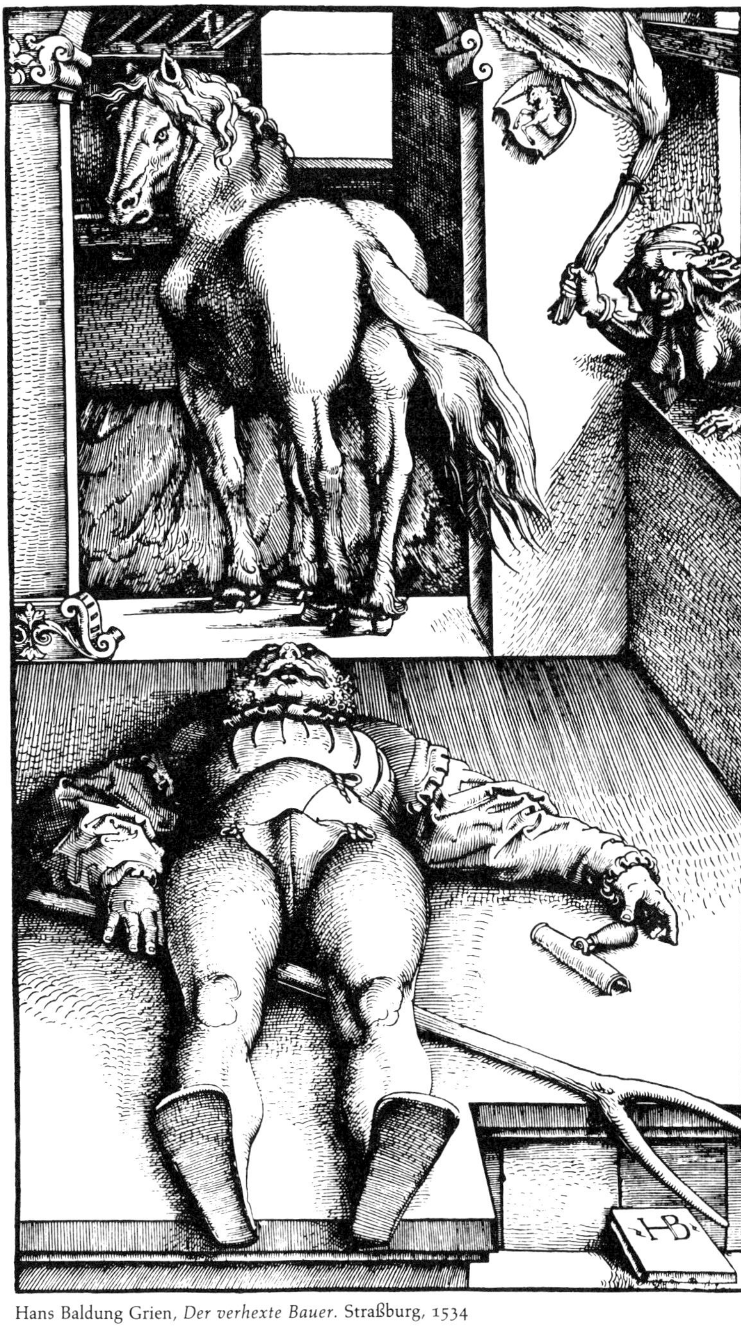
Hans Baldung Grien, *Der verhexte Bauer*. Straßburg, 1534

innerhalb eines Monats »unter ihren und ihrer Kinder Gebeten« wieder zu heilen.[8] Es hat also ein regelrechtes Versprechen vor verschiedenen Zeugen »unter Schwur auf die Schrift« gegeben: neben der besagten Verpflichtung erhielt Chiara ein Kleid, eine Summe Geld und »anderes nützliches Linnenzeug«.[9] Binnen kurzer Zeit ist Margherita Pazzani geheilt. Aber kaum hat Chiara erfahren, daß eine Magd, »herumsprach, diese Chiara müsse, weil sie die Frau Margherita verzaubert hätte, beim Inquisitor angezeigt werden und man müsse dafür sorgen, daß die Chiara verbrannt wird«[10], ist die Frau wieder ihrer Krankheit verfallen, und die dauert jetzt schon ein Jahr lang an.

Dies sind die Fakten, die Bartolomeo Guidoni erzählt; ihnen schließt sich die Erzählung über die Versuche an, die Margherita Pazzani unternahm, um ihre Krankheit zu heilen. Unter anderem hat sie Zuflucht bei den magischen Künsten eines Servitenmönchs, Bernardino da Castel Martino, gesucht. Dieser exorzierte sie zusammen mit einer Gruppe bekanntermaßen vom Teufel besessener Frauen und außerdem scheute er sich nicht, auf die Hilfe kleiner Wachsstandbilder zurückzugreifen, die zu therapeutischen Zwecken hergestellt worden waren.[11] Die Zeugenaussagen gegen den Mönch gehen bis zum 3. Februar 1519 weiter; dennoch gibt es keine Spur von einem Verhör gegen ihn. Dagegen hatte vom 5. Januar an der Prozeß gegen Chiara Signorini begonnen.[12] Die Geister, die den Leib einer der besessenen und zusammen mit Margherita Pazzani exorzierten Frauen bewohnten, hatten auch gegen Chiara Anschuldigungen ausgeschleudert.[13] Außerdem lasteten auf ihr die schwerwiegenden Verdachtsgründe, die in der Aussage von Bartolomeo Guidoni enthalten waren: ihre Lage vor dem Gericht der Inquisition war daher ziemlich ernst.

3

Am 5. Januar wird Chiara Signorini dem Pater Vikar und Tommaso Forni, Bischof von Hierapolis und Vizevikar des Bischofs von Modena vorgeführt[14] und zum ersten Mal verhört. Bei ihrer Gefangennahme war es bewegt hergegangen: sie hatte zu fliehen versucht, hatte sich unter einem Bett versteckt und Widerstand geleistet. Für all das (was in den Augen der Richter ein starkes Indiz für ihre Schuld darstellte) gibt sie verwirrte und verlegene Rechtfertigungen ab (». . . sie antwortet, daß sie fürchtete, von ihnen getötet zu werden; und danach sagte sie, sie fürchtete sich, in den Kerker des Inquisitors gebracht zu werden . . . und wieder darauf, sie fürchtete, auf die Burg zum Statthalter und dort ins Gefängnis gebracht zu werden«: »obgleich niemand gesagt hatte, daß sie eingesperrt werden würde«, kommentiert der Notar[15]).

Von Anfang an versucht sie sich zu verteidigen – und zwar nicht etwa, indem sie die Taten bestritt, sondern indem sie leugnete, sie mit Hilfe irgend welcher diabolischer Kräfte begangen zu haben; implizit gibt sie zu, besondere Kräfte zu besitzen wie die, das Malefiz zu bannen oder es über bestimmte Personen auszuschleudern:

aber diese Kraft erhält sie von Gott, »durch ihr und ihrer Kinder Gebet«.[16] Es ist Gott, der ihr zu Hilfe kommt, und so die Ungerechtigkeiten wiedergutmacht, die ihr angetan worden sind. Sie weiß gut, daß sie »von anderen Personen [für] gottlos und böse« gehalten wird. Aber der Grund liegt hierin: da sie »von einem kleinen Hofgut, das in dem Dorf Maiagali lag« und im Besitz von Margherita Pazzani war, vertrieben wurde (»gegen Recht und entgegen den von besagter Frau Margherita gemachten Versprechungen«, betont sie), »verfluchte sie im Zorn besagte Frau Margherita und hinterher war besagte Frau Margherita krank. Daher sind die Leute der Ansicht, daß Chiara die Ursache für die obengenannte Krankheit war, denn sie meinten, Chiara habe besagte Frau Margherita Pazzani verzaubert.«[17] Als deren Verwandte sie baten, die Kranke zu heilen, hat Chiara eingewilligt und sich verpflichtet, es innerhalb eines Zeitraums von zwanzig Tagen zu tun – »mit Hilfe ihres und ihrer Kinder Gebet, wofern Gott sie erhören wollte«. Aber sie hat dafür »Kühe aus einer guten Herde und andere Arten von Tieren . . ., ein mit Spitze besetztes Kleid«, Samen auf Borg und die Zusicherung, nicht von Margheritas Besitz verjagt zu werden, verlangt.[18] Nach fünfzehn Tagen war letztere wieder geheilt; aber dann hatte sie das Versprechen nicht halten wollen, »deshalb begann Chiara wieder gegen sie zu beten und sie zu verfluchen. Dabei bat sie Gott, daß besagte Frau Margherita niemals geheilt werden könne und deshalb wurde Frau Margherita wieder krank und es ging ihr immer schlechter«. Und obwohl die Pazzani sie seither mehrmals gebeten hat, ihr die Gesundheit wieder zurückzugeben, wobei sie ihre Versprechen erneuerte, »meint Chiara deshalb, weil sie zu Gott niemals von Herzen für sie gebeten hat, besagte Frau Margherita könne nicht geheilt werden«.[19]

So endet das erste Verhör. Chiara leugnete weiterhin entschieden, sie habe Malefizien benutzt oder sich anderer diabolischer Künste bedient[20]; und da die Richter »sehen . . . , daß sie durch einfaches Verhör nicht die Wahrheit über die Anzeigen erfahren könnten«, schicken sie sie in den Kerker.[21]

4

Aber eine Gruppe von Zeugnissen soll die bereits schwerwiegenden Indizien gegen die Beschuldigte weiter anschwellen lassen. Vor allem stellt sich heraus, daß Chiara ihrer alten Herrin mit folgenden Worten gedroht hat: »Glücklich wärt ihr, wenn ihr mich nie von eurem Besitz vertrieben hättet, so habt ihr diese Krankheit, die ihr nicht hattet«[22], d. h. ohne auf die Vermittlung des Gebetes zu Gott (was an sich auch schon verdächtig wäre) auch nur hinzuweisen, so als ob Margheritas Krankheit oder Heilung allein von ihr abhängig sei. Außerdem hat Nina, ein kleines Mädchen, das in Margheritas Haus aufgezogen wurde, eines Tages bemerkt, wie Chiara Signorini nahe der Haustür ihrer Wohnung »irgendein Zauberzeug« hinlegte, das aus »abgebrochenen Olivenzweigen in Form eines Kreuzes, wilden Wikken, einem Stück von einem Totenknochen . . . und weißer Seide, die ihrer Meinung nach in Salböl getaucht war«[23], bestand. Als sie Chiara (die weiterhin die Tatsache leugnete) gegenübergestellt wird, bleibt Nina entschieden (»audacter«, kommentiert der Notar) bei ihren Behauptungen.[24] Des weiteren berichtet ein Zeuge, der sich zusammen mit anderen zu Chiara begeben hatte, um sie um Margheritas erneute Heilung zu bitten, die Erzählung der angeblichen Hexe über die Art und Weise, wie sie ihre alte Herrin verzaubert hat – eine Erzählung, aus der ohne den geringsten Zweifel ein ganzer Komplex von Praktiken schwarzer Magie hervorgeht.[25] Ein anderer Zeuge erklärt, er habe von mehreren Personen sagen hören, die Signorini sei eine Hexe, und deswegen habe er sie und ihren Ehemann »von seinem Hof« vertrieben.[26]

Letztere Aussage läßt bereits ahnen, welches die Lage der beiden Eheleute ist. Andere Aussagen vervollständigen im Laufe des Prozesses das Bild. Eine alte Herrin von Chiara, Orsolina Malgazali, erzählt, nachdem sie behauptet hat, sowohl die Beschuldigte wie ihr Mann hätten »wegen ihrer magischen Kunst und ihrer Malefizien einen schlechten Leumund«, daß Francesca, die Tochter des Angelo Mignori, »nicht wollte, . . . daß Chiara und ihr Mann auf ihren Besitz als Bauersfrau gebracht würden, weil sie fürchtete, sie würde ihre Tochter verzaubern«.[27] Sie selbst sei, nachdem sie Chiara von ihrem Hof entlassen hatte (»was jene sehr verdroß«), von so starken Schmerzen befallen worden, daß sie steif und ans Bett gefesselt war. Dennoch hatte sie die Ursache für ihre Krankheit nicht der Signorini zugeschrieben, bis ein Jahr danach (als die beiden Eheleute gerade von Gentile Guidoni, genannt die Gaunerin, aufgenommen wurden, um ein Gut zu bestellen, das »in der Gemarkung Saliceti de Panara« lag) Bartolomeo Signorini bei ihr vorgesprochen hatte, der sie sehr bestürzt gebeten hatte, »niemandem zu sagen, daß Chiara sie verzaubert hatte, damit sie nicht daran gehindert würden, sich besagtes Gut anzueigenen«. Aber Gentile Guidoni hatte ihrerseits Chiara entlassen, die ihr »in der Erregung« gesagt hatte: »Und ich hab's der Pazzani und der Malgazale heimgezahlt, ich werd's auch dir noch heimzahlen.«[28]

Zwei Bauersleute, unliebsam, weil verdächtig, Sortilegien und Zaubereien auszuführen, die von den Herren (padroni) gefürchtet und ständig entlassen werden, die sich (nicht nur an den Herren, die sie vertrieben haben, sondern auch an den Nachfolgern auf ihrer Stelle[29]) für die Schikanen, deren Opfer sie sind, rächen, indem sie auf Mächte zurückgreifen, die sich am Ende gegen sie selbst kehren[30]: dies ist das Bild, das sich aus den Bezeugungen, die wir untersucht haben, abzeichnet. In diesem Fall kann das Hexenwesen ganz eindeutig als Angriffs- und Verteidigungswaffe in sozialen Auseinandersetzungen angesehen werden.[31] Aber wenn der Ruf oder der Verdacht auf Hexerei zu wahren Formen von sozialer Isolierung führen können (ein Zeuge behauptet – wahrscheinlich übertreibend –, daß »auch die Leute aus dem Dorf Maiagali weggingen, weil Chiara und ihr Mann Bartolomeo dort wohnen – aus Angst vor ihnen«[32]), ziehen auf der anderen Seite besondere und auffällige Gewohnheiten oder Verhaltensweisen leicht den Verdacht und dann die Anklage auf Hexerei nach sich. So hatte eine Magd von Orsolina Malgazali, die eine Zeitlang bei den beiden Eheleuten gewohnt hat, behauptet, »sie habe niemals gesehen oder in Erfahrung gebracht, daß sie zur Messe gingen«; Chiara – erzählt sie – vertraute ihr an, sie habe von einer Nachbarin, »die sie irgendwann einmal unterrichten wollte, weil sie sie vielmals, bis ans Ende ihres Lebens hin gebeten hatte«, gewisse abergläubische Rezepte gelernt, um das Vieh zu heilen. Und dabei habe sie den Verdacht geschöpft, daß »jene lehrende Frau eine Hexe gewesen sei und Chiara testamentarisch die Nachfolge ihrer Hexerei vermacht habe; denn sie habe von anderen gehört, daß es andere derlei Leute zu tun pflegten«.[33] Mit anderen Worten, es ist schwierig – vielleicht unmöglich – festzustellen, inwieweit die isolierte Situation wie die Chiara und Bartolomeo Signorinis durch den Ruf, Verhexungen und Verzauberungen auszuführen, verursacht war und inwieweit umgekehrt die Teufelsanbeter sich nicht meistens gerade unter isolierten und an den Rand der gewöhnlichen Gemeinschaft gedrängter Individuen befanden.

Schließlich ist – bis hierhin – noch nicht klar, ob sich die beiden Eheleute bewußt des Rufes, der sie umgab, bedienten und gleichwohl nicht an die Kräfte glaubten, die ihnen zugeschrieben wurden oder ob sie umgekehrt tatsächlich jenen Praktiken und Verzauberungen Glauben schenkten. Offensichtlich kein Randproblem, und auch keines, das leicht zu lösen wäre. Die einzigen Dokumente, über die wir verfügen, sind die Verhöre von Chiara Signorini: Dokumente, deren Interpretation durch die Existenz zweier verwirrender Elemente noch zusätzlich erschwert wird – die Folter und die Technik des Verhörs. Bei ihnen werden wir uns in Kürze aufhalten.

5

Aber kehren wir zu den Verhören zurück. Am 6. Februar wird Chiara Signorini zum zweiten Mal vor den Pater Vikar geladen. Sie leugnet, je behauptet zu haben, Ursache für die Krankheit von Margherita Pazzani zu sein; und auf die Frage des Pater Vikar, ob sie zu letzterer je gesagt habe: »Glücklich wärt ihr, wenn ihr mich nie von eurem Besitz vertrieben hättet, so habt ihr diese Krankheit, die ihr nicht hattet«, antwortet sie, sie habe das gesagt, jedoch in unbestimmter Form: »Glücklich wärt ihr etc. etc., denn vielleicht habt ihr diese Krankheit, die ihr nicht gehabt habt.« Das Verhör hat mit ähnlichen Streitfragen seinen Fortgang, als plötzlich eine völlig unerwartete Wende eintritt. Auch in dem Bericht des Notars, der gewöhnlich ganz unpersönlich bleibt, scheint eine Regung des Befremdens durchzuschimmern:

». . . Als sie aber das sagte, kam die Rede auf ihren Mann und ihre Tochter, und als der Pater Vikar sie tadelte, daß sie ihre Tochter so schlechte Dinge lehrte und daß dies der Vikar wohl wisse, antwortete Chiara: ›Ich weiß gut, daß meine Tochter nicht im Gefängnis ist.‹ Und auf die Frage: ›Woher weißt du das?‹, sprach Chiara und erwiderte, daß an diesem Tag nach dem Mittagessen ihr Unsere liebe Frau erschien, freilich ohne daß sie sie sah, sondern Unsere liebe Frau sagte folgendes und sprach: ›Bleib nur stark, meine Tochter, und hab nicht soviel Angst, denn sie haben nicht soviel Macht, daß sie dir Verdruß bereiten könnten‹; und Unsere liebe Frau sagte zu ihr, daß ihre Tochter nicht im Gefängnis sei.«[34]

Angesichts dieses überraschenden und unbefangenen Verteidigungsversuchs der Hexe wechselt der Pater Inquisitor zunächst das Thema. Die Fragen über den Prozeß, über die der Margherita Pazzani verabreichten abergläubischen Kuren und Chiaras Aufenthalt in Lorenzo Malgazalis Haus setzen wieder ein. Dann fragt der Vikar die Frau, ob die Jungfrau ihr andere Male erschienen sei oder mit ihr gesprochen habe; und da kommt die Antwort: »Einmal, als sie offenbar für Frau Margherita betete, erschien ihr die Heilige Jungfrau in weißen Kleidern und sprach zu ihr und sagte: ›Meine Tochter, mach' dir keine Gedanken, er wird sie heilen, wenn sie dir mit dem aufwartet, was sie dir versprochen hat; mache ruhig gerade so weiter und bete fröhlich‹.«[35]

Chiara antwortet auf die inständige Frage von Fra Bartolomeo, ob ihr die Vision in wachem Zustand erschienen sei, – und an ihren Worten sehen wir, wie sich die Gestalt einer irdischen und bäuerlichen Jungfrau abzeichnet, die ihren Schützling zu einer zärtlichen und beinahe sinnlichen Verehrung inspiriert:

». . . sie antwortet, daß sie wach war und auf den Knien betete und daß die Heilige Jungfrau sie aufforderte, sie anzubeten. Dies tat Chiara und betete sie an. Sie küßte dabei die Erde und verneigte sich – auch wegen ihrer Schönheit, denn die Heilige Jungfrau war schön, von zarter Röte und jung; die Arme hatten sie zum Hals erhoben, und sie küßte sie in großer Verehrung und mit zartem Herzen, und sie fühlte, daß sie weich wie Seide und warm war.«[36]

Der Prozeß wird am folgenden Tag fortgesetzt (7. Februar). Dieses dritte Verhör dreht sich um die Ermittlung der Visionen der Signorini. Aber sowohl die Haltung des Pater Vikar wie die der Beschuldigten hat sich im Vergleich zum Vortag versteift: ersterer versucht offen, Chiara ihre Erzählungen abzupressen – völlig davon überzeugt, daß die angeblichen Erscheinungen der Gottesmutter in Wirklichkeit diabolische Halluzinationen sind; die Frau verfolgt ihrerseits die Richtung, in der sie einen rettenden Ausweg zu erkennen glaubt, und erweitert und vervollständigt ihren ursprünglichen Ansatz.

Wir sehen, wie hier ganz offen die typisch suggestive Technik der Befragung am Werk ist – nur darauf aus, die Antworten der Beschuldigten in eine vorher festgelegte Bahn zu lenken. Pater Bartolomeo schlägt mit seinen Fragen den Inhalt der Antworten implizit schon vor: und Chiara läßt sich fügsam auf diese Vorgaben ein, indem sie sie entweder übernimmt oder weiterentwickelt.

Der Pater Vikar fragt sofort, »ob sie Offenbarungen hatte und ob ihr Unsere liebe Frau in sichtbarer Gestalt erschienen sei«; und Chiara antwortet, daß die Gottesmutter ihr »mehrmals, mehr als hundertmal in Gestalt eines sichtbaren Weibes, angetan mit weißen Kleidern und von schönem Aussehen«, erschienen sei. Und »auf die Frage, ob Unsere liebe Frau sie, Chiara, immer erhörte, antwortet sie, daß sie sie immer in allem, um was sie bat, erhörte«. »Auf die Frage, ob sie, als sie

Unsere liebe Frau bat, daß sie sie und die Ihren verteidige und sie und die Ihren an den Missetätern räche, . . . antwortet sie, daß sie ihr, Chiara, damals erschien und ihr versprach, sie zu rächen, und tatsächlich rächte sie sie an mehreren Missetätern und sagte ihr in einer späteren Erscheinung diese oder ähnliche Worte: ›Ich kann dir sagen, daß ich sie gezüchtigt habe‹; und sie fügte hinzu, daß sie, Chiara, Unsere liebe Frau bat, daß die Kranken gesund werden könnten.«[37]

Die Fragen des Pater Vikar wurden nach und nach hinterhältiger: »Auf die Frage, ob sie Unsere liebe Frau von Beginn an, als sie ihr, Chiara, zu erscheinen begann . . ., bat, daß sie, Chiara, ihr ihre Seele und ihren Leib übergeben und darbringe, antwortet sie, daß sie, Chiara, fünfzehn Jahre alt gewesen sein mochte, als ihr Unsere liebe Frau zum ersten Mal erschien, als sie bei sich zu Hause war, und von ihr, Chiara, verlangte, ihr . . . ihre Seele und ihren Leib zu übergebe und darzubringen und viel Gutes versprach, unter anderem auch, daß Unsere liebe Frau sie, Chiara, niemals verlasse: das tat Chiara auch und übergab ihre Seele und ihren Leib Unserer lieben Frau und küsste sie zärtlich. Chiara fiel nieder und betete Unsere liebe Frau auf ihr Verlangen an.« Und »auf die Frage, ob auch ihr Mann, nachdem sie ihn angenommen hatte, Offenbarungen hatte und Unsere liebe Frau sah und seine Seele und seinen Leib übergab, antwortete sie, daß auch ihr Mann Bartolomeo bisweilen Unsere liebe Frau sah und ihr huldigte, wie sie es selbst getan hatte. Und er übergab und überreichte ihr, Unserer lieben Frau, seine Seele und seinen Leib, wie sie es auch getan hatte«; und »das wußte sie aus dem Bericht ihres Mannes, kurz nachdem sie ihn angenommen hatte; das geschah auf Veranlassung Chiaras, die ihn dazu gebracht hatte, sich so wie sie sich selbst Unserer lieben Frau zu übergeben, wie sie es selbst getan hatte.«[38] So behauptet Chiara auf eine dahingehende präzise Frage, daß »Unsere liebe Frau ihr, nachdem sie ihren ersten Sohn zur Welt gebracht hatte, so schön und mit weißen Kleidern angetan erschien, wie sie ihr sonst mehrmals erschienen war; und sie verlangte von ihr, daß sie ihr ihren erstgeborenen Sohn darbringe; das tat sie auch und hob ihren Sohn auf die Arme und brachte ihn Unserer lieben Frau dar und übergab ihr dessen Seele und dessen Leib; und so machte sie es mit allen Kindern«.[39] Sie schloß damit, daß »niemand außer ihr, Chiara, sie, Unsere liebe Frau, sehen konnte«.[40]

Die Technik und die Ziele des Verhörs sind klar. Der Richter schlägt der Beschuldigten eine Reihe von bezeichnenden Umständen vor – die Rache an den Feinden, die Übergabe von Seele und Leib und so weiter. Sie sind dem Anschein nach zweideutig, haben aber in Wirklichkeit für den Fragenden bereits ein negatives Vorzeichen: sie charakterisieren die »Jungfrau«, die Chiara erschienen ist, als teuflische Gestalt. Ebenso ist klar, daß sich jedes Element in Chiaras Antworten dazu eignet, mit Nebenbedeutungen diabolischen Charakters aufgeladen zu werden (die Huldigung, das Opfer des Erstgeborenen und so weiter); so ist es nicht schwierig, hinter den Worten der Angeschuldigten die spezifische Resonanz zu entdecken, die sie im Kopf des Richters auslösen mußten. Aber die komplexe Beziehung, die sich im Laufe des Verhörs entwickelt, erschöpft sich nicht hierin. Es war zu sehen, wie sich Chiara den Fragen des Paters Vikar anpaßt und fügsam dessen Spuren folgt – sicher auch in dem Bestreben, sich zu retten; aber der positive Anklang, den die Vorgaben des Richters im Gemüt der Beschuldigten finden, ist doch bemerkenswert – ein Anklang, der gerade wegen der naiven Spontaneität gewisser Antworten in die Augen springt (die Jungfrau, die mit den Worten erscheint: »Ich kann dir sagen, daß ich sie gezüchtigt habe«). Weit davon entfernt, ein bloßes Mittel der Rettung zu sein, erweist sich diese Jungfrau, sei sie nun eine göttliche oder teuflische Erscheinung, als tief in Chiaras Gemüt verwurzelt. Auch wenn sie das nicht wäre, hätte die Aussage offenkundig (insofern als sie »erfunden«, d. h. unecht ist) ihr eigenes Gewicht, denn sie liefert indirekte, aber wertvolle Hinweise über weite Bereiche der Volksfrömmigkeit dieser Zeit: dennoch steckt in dem dramatischen Dialog oder der Auseinandersetzung zwischen der Hexe und dem Inquisitor nicht nur das. Denn es ist schwierig, in der Erzählung Chiara Signorinis das, was sie in der Hoffnung, irgendeinen Ausweg zu finden, »erfindet«, von dem zu trennen, woran sie glaubt oder glauben möchte – wie an die schützende Jungfrau in menschlicher Gestalt; diese kann sie als Gestalt begreifen und fassen, die zur Wiedergutmachung und Rache für das Unrecht, das ihr angetan wurde, kommt und sie ihrem trostlosen und elenden Leben enthebt.

6

Am 9. Februar werden die Verhöre der Beschuldigten fortgesetzt. Offensichtlich ist für Fra Bartolomeo das Wesen der wunderwirkenden Eingriffe der Gottesmutter jetzt vollständig geklärt, denn es werden keine diesbezüglichen Fragen mehr gestellt. Nach einer sehr kurzen Auseinandersetzung, in deren Verlauf Chiara jede Anschuldigung bestreitet, beschließt man, zur Folter überzugehen. Aber sobald sie »vor die Folterwerkzeuge gebracht und am Seil festgebunden wird«[41], gesteht sie: sie gibt zu gesagt zu haben, daß die Heilung der Pazzani in ihren Händen liege, und – »vom Seil losgebunden« – erzählt sie weiter von dem Malefiz, dessen sie sich gegen ihre alte Herrin bedient hat.[42] Aber der Pater Vikar will mehr wissen: »auf die Frage, ob sie dem Teufel hinsichtlich der Verzauberung und Verhexung der Frau Margherita Pazzani eine Antwort gegeben habe, erwidert sie, daß der Teufel ihr in Gestalt eines Jünglings erschien, nachdem sie besagte Verschwörung eingegangen sei; und der forderte sie, Chiara, auf, ihm zu sagen, was sie wolle, da sie sich ihm, dem Teufel, verschworen hatte; und Chiara antwortet dem Teufel, sie wolle, daß er Frau Margherita Pazzani verzaubere, weil Frau Pazzani sie, Chiara, von ihrem Besitze verstoßen hatte.«[43] So folgen die Fragen aufeinander entsprechend der bereits bekannten Technik, d. h. indem der Beschuldigten der Inhalt der Antwort implizit vorgesagt wird: »Auf die Frage, ob der Teufel ihr das zu tun versprach, solange sie, Chiara, ihn anbetete, und ob sie, Chiara, ihn anbetete und ob der Teufel es auch verlangt hatte, antwortet sie, der Teufel habe von ihr, Chiara, verlangt, ihn anzubeten; das tat sie auch und fiel vor ihm auf die Knie zur Erde und sagte, sie würde alles tun, solange er sein Vorhaben bezüglich besagten Malefizes an Frau Margherita verfolge. Auf die Frage, ob der Teufel zu ihr zurückgekehrt sei und gesagt habe, daß er besagte Frau Margherita geschlagen und sie verzaubert habe, antwortete sie, daß der Teufel ihr, Chiara, sagte, was er getan hatte, daß er besagte Frau Margherita verwünscht und verzaubert hatte, und besonders sagte er ihr, daß er die Frau Margherita an Armen und Schienbeinen gebunden habe.«[44] So endet die Sitzung; wegen der späten Stunde wird das weitere Verhör auf den nächsten Tag verlegt.[45]

Aber sobald der Pater Vikar am folgenden Tag, dem 10. Februar, Chiara dazu anhält, das Geständnis vom Abend zuvor zu bestätigen, leugnet die Frau alles und behauptet, »daß nichts von dem, was sie sagte, wahr ist, sondern sie alles aus Furcht vor den Folterungen sagte«.[46] Als die Richter »daran erkennen, daß sie unbußfertig ist«, unterziehen sie sie erneut der Folter. Und als Chiara »vier Ellen von der Erde emporgezogen wird und vor Schmerzen schrie«, leugnet sie dennoch weiterhin, das Malefiz an die Haustür von Margherita Pazzani gelegt zu haben. Aber sie gibt zu, »daß sie sich mit den Dämonen in der Weise verschwor wie im nicht peinlichen Teil des Prozesses gehabt; ebenso, daß ihr der Teufel damals in Gestalt eines Knaben erschien, der von ihr verlangte, daß sie ihn anbete. Das tat Chiara auch und hieß den Teufel, . . . zu Frau Margherita Pazzani zu gehen, um sie zu verzaubern«.[47] »Sie wurde von der Folter herabgelassen« und in einen neben der Folterkammer liegenden Raum gebracht. Dort bestätigt Chiara alles, was sie »am Seil« gestanden hat und fügt hinzu: »Als sie den Teufel bat, der ihr zu der Zeit erschien, als sie sich mit ihm verschwor, daß er käme und Frau Margherita heile, wie er es versprochen hatte, erschien der Teufel ihr, Chiara, und sagte folgende Worte zu ihr: ›Bete mich an, daß ich Frau Margherita heile und dir recht viel Gutes tue‹.«[48]

7

Es könnte unangebracht erscheinen, sich so minutiös bei dieser monotonen Abfolge von Geständnissen aufzuhalten, die von der Furcht vor der Folter abgepreßt worden sind und denen ebensoviele entsprechende Widerrufe gefolgt sind. Aber die Folter nimmt nur in verschärfter Form das wesentliche Merkmal des Hexenprozesses wieder auf. Obwohl es offensichtlich ist, mag es ganz sinnvoll sein, daran zu erinnern, daß ein sehr großer Teil der Inquisitoren an die Realität des Hexenwesens glaubte, ebenso wie sehr viele Hexen an das glaubten, was sie vor der Inquisition gestanden. Mit anderen Worten: man findet im Prozeß eine Begegnung auf verschiedenen Ebenen zwischen Inquisitoren und Hexen vor, insofern sie an einer gemeinsamen Sicht der Realität (die die tagtägliche Anwesenheit des Dämons, die Möglichkeit, Beziehungen zu ihm zu unterhalten und so weiter, implizierte) teilhaben. Aber eben weil diese Begegnung auf verschiedenen Ebenen stattfindet, gibt es immer (auch wenn die Beschuldigte – wie es öfter vorkommt als gemeinhin angenommen wird – wirklich eine Hexe ist, die mit ihren Zauberformeln den

Francisco Goya, *Was ein Schneider vermag.* Prado

Dämon anruft) eine Art Hiatus zwischen den Glaubensformen der Beschuldigten und denen des Richters – ein Hiatus, den letzterer im allgemeinen in gutem Glauben zu schließen versucht und dabei auch, wenn nötig, auf das Mittel der Folter zurückgreift. Das gleiche Ziel verfolgt die hinterhältige Verhörtechnik, die wir am Werk sahen – eine Technik, die bestrebt ist, dem Beschuldigten das abzupressen, wovon der Inquisitor fest glaubt, es sei die Wahrheit.

So bilden sich in den Geständnissen der Hexen sehr oft Überlagerungen durch bestimmte – theologische, begriffliche etc. – Schemata der Richter: und diese Überlagerungen muß man in Rechnung stellen, wenn man die wirkliche Physiognomie des volkstümlichen Hexenwesens (im Unterschied zum »kultivierten« Hexenwesen der dämonologischen Abhandlungen) zu klären versucht.[49]

Auch im Fall von Chiara Signorini ist sehr deutlich zu sehen, wie der Richter versucht, das Geständnis der Beschuldigten mit der Wahrheit, die er bereits besitzt, in eins zu bringen. Da es keinen anderen Weg gibt, greift man auf die Folter zurück, und die Hexe gesteht, um am nächsten Tag zu widerrufen und dann erneut zur ursprünglichen Fassung zurückzukehren. Der gleiche Wechsel von Geständnissen und Widerrufen findet auch im folgenden Verhör (15. Februar) statt. Zu Beginn bestätigt Chiara, was sie in den zwei vorangegangenen Verhören zugegeben hat, »als sie . . . der Folter ausgesetzt worden war«; aber dann leugnet sie alles »und sagt, daß sie alles, was sie an jenen beiden Prozeßtagen gesagt hatte, vom Teufel dazu aufgereizt sagte, und nicht, weil es die Wahrheit sei«.[50] Als sie aber noch einmal der Folter unterzogen wurde, »leugnete sie indes beständig, sie habe etwas getan oder gesagt, was sie vorher gestanden hatte«. Schließlich, von Tommaso Forni befragt, »ob der Teufel ihr erschienen sei und sie ihn angebetet habe, antwortete sie mit ja«; es kehren dann in erweiterter Form die vorangegangenen Zugeständnisse wieder.

Die Geständnisse der Beschuldigten verdankten sich also offensichtlich einzig und allein der Folter; und dennoch würde man fehlgehen, sie aus diesem Grunde nicht berücksichtigen zu wollen. Vor allem stellen sie ein wertvolles indirektes Dokument für volkstümliche Glaubensformen und Überlieferungen dar (man denke zum Beispiel an das – weder zufällige noch beliebige, weil in allen drei Geständnissen wiederkehrende – Detail, daß der Teufel in Gestalt eines Knaben oder Kindes erscheint). Aber darüber hinaus bemerkt man bezeichnende Übereinstimmungen, wenn man Chiaras Antworten über die wundersamen Erscheinungen der Gottesmutter neben die Antworten über die Erscheinungen des Teufels stellt. Beide Erzählungen sind sozusagen aus den gleichen (übrigens sehr einfachen) Elementen aufgebaut, auch wenn das Schlußergebnis ein umgekehrtes Vorzeichen tragen wird. Man stelle die folgenden Abschnitte einander gegenüber:

»Einmal, als sie offenbar für Frau Margherita betete, erschien ihr die Heilige Jungfrau . . . und sprach zu ihr und sagte: ›Meine Tochter, mach dir keine Gedanken, er wird sie heilen, . . . mache ruhig grade so weiter und bete fröhlich‹«[51]; ». . . als sie den Teufel bat, der ihr zu der Zeit erschien, als sie sich mit ihm verschwor, daß er käme und Frau Margherita heile, . . . erschien der Teufel ihr, Chiara, und sagte folgende Worte zu ihr: ›Bete mich an, daß ich Frau Margherita heile und dir recht viel Gutes tue‹.«[52]

»(Unsere liebe Frau) erschien ihr, Chiara, . . . und versprach ihr, sie zu rächen, und tatsächlich rächte sie sie an mehreren Missetätern und sagte ihr in einer späteren Erscheinung diese oder ähnliche Worte: ›Ich kann dir sagen, daß ich sie gezüchtigt habe‹; und sie fügte hinzu, daß sie, Chiara, Unsere liebe Frau bat, daß die Kranken gesund werden könnten.«[53] ». . . und . . . der Teufel erschien ihr in Gestalt eines kleinen Jungen und sagte: ›Was willst du denn von mir? Weshalb hast du mich gerufen?‹, worauf sie zu ihm: ›Ich will, daß du meine Unbill an Frau Margherita Pazzani rächst‹ . . . Darauf . . . kehrte der Teufel zu ihr zurück und sagte zu ihr, daß er besagte Frau Margherita verzaubert hatte. Da er aber versprach, er wolle sie heilen, rief sie wiederum die Dämonen an und der Teufel erschien ihr in obengenannter Gestalt und sagte zu ihr: ›Was willst du von mir?‹, worauf Chiara zu ihm sagte: ›Ich will, daß du Frau Margherita heilst, weil sie mir versprochen hat, was ich wollte‹; und der Teufel sagte: ›Ich bin's zufrieden und werde auch recht viel Gutes tun‹ oder ähnliche Worte, und versprach, sie zu heilen, wie es tatsächlich geschah.«[54]

». . . und . . . die Heilige Jungfrau forderte sie auf, sie anzubeten. Dies tat Chiara und betete sie an. Sie küßte dabei die Erde und verneigte sich . . .«[55]; ». . . und jener (der Teufel) antwortete: ›. . . Ich will, daß du mich anbetest‹; das tat Chiara auch sofort und sie fiel vor ihm auf den Boden und küßte die Erde.«[56]

Bei der Untersuchung dieser Übereinstimmungen ist es zweifellos nötig, die Art und Weise zu berücksichtigen, in der die Verhöre geführt worden sind: die Identität der beiden Erscheinungen Chiaras, der Gottesmutter und des Teufels, ist dem Verhörenden ständig deutlich vor Augen, und er sucht durch geeignete Fragen darauf hinzuwirken, daß die beiden Bilder übereinander passen. Bezeichnenderweise fragt er im Verhör am 15. Februar, »ob sie die Seele und ihren Leib, sowie die Seele der Kinder und ihres Mannes dem Teufel übergab« (man erinnere sich, daß Chiara behauptet hatte, sie habe Seele und Leib der Jungfrau übergeben und den Ehemann und die Kinder veranlaßt, das gleiche zu tun); aber diesmal kommt nicht die erwünschte Antwort (»sie antwortet, daß sie ihre Seele und die Seele der Kinder und des Ehemannes dem Teufel übergab, aber nicht ihren Körper«[57]). Dennoch wiegt über die Koinzidenz spezieller Elemente in den Erzählungen über die beiden Erscheinungen hinaus mehr noch eine Identität im Substantiellen, die sich nur daraus erklärt, daß Chiara mit dem, was sie erzählt, einverstanden ist. Die Jungfrau, die Chiara erschienen ist, ist real identisch mit dem Teufel; aber was sich für den Pater Vikar durch den Pakt erklärt, der die Hexe für immer an den Dämon gebunden hatte, hat für uns eine andere und tiefere Bedeutung. Die Gottheit, wie sie Chiara begreifen und verehren kann, zeichnet sich dadurch aus, daß sie eingreift, um sie aus ihren Bedrängnissen herauszuziehen, indem sie einmal ein Malefiz über die Herren (padroni), die sie verstoßen haben, ausschleudert, das andere

Mal sie wieder heilt, damit sie wieder auf ihr Hofgut zurückkehren kann: und es ist dabei gleichgültig, ob es sich um eine himmlische oder diabolische Gottheit handelt. Das Zusammenfallen von orthodoxer und diabolischer Religion auf einer Ebene elementarer Religiosität zeigt geradezu schlagend, wie eng beides für die Gläubigen nebeneinanderliegen konnte – besonders in ländlichen Gebieten, wo die religiöse Glaubensform sich sehr oft mit Elementen des Aberglauben oder unmittelbar mit vorchristlichen Überresten vermischte.[58] In einer Situation der Isolation, extremer Entbehrung und absoluten Elends konnte sich die Anrufung des Dämons als einziger rettender Ausweg anbieten. Chiara Signorinis letztes Geständnis, das die früheren zusammenfaßt und erweitert, zeigt das alles in beinahe paradigmatischer Klarheit.

8

Es ist der 20. Februar. Chiara erscheint »von sich aus« und behauptet, sie wolle »alles, was sie zeit ihres Lebens mit Malefizien zu tun gehabt habe und alles, was in den Bereich des diabolischen Aberglaubens fällt«, gestehen. Hier ihre Erzählung:

»Und zuerst sagt sie, daß sie, als sie einmal beinahe verzweifelt war, weil sie vom Besitz der Frau Margherita Pazzani verstoßen wurde und sie deswegen ihre sehr große Armut schwer ankam, täglich und stündlich den Teufel anrief. Einmal also, als sie im Feld Gräser schnitt und verzweifelt den Teufel anrief, erstand in dessen Gegenwart ein Junge von etwa zwölf Jahren, wie sie meint; und er fragte sie, Chiara, weshalb sie so verzweifelt sei, und als er den Grund von ihr gehört hatte, flüsterte er ihr ein: ›Übergib dich dem Teufel, weil er es dich heißt‹. Chiara antwortet, daß sie sich dem Teufel übergab und tat, was er wollte, während er sie an Margherita Pazzani rächte; und der Teufel in Gestalt des Jungen sagte zu ihr, Chiara: ›Ich bin der Teufel, den du bittest. Wenn du willst, daß ich tue, worum du gebeten hast, dann bete mich an‹; darauf fiel Chiara auf die Erde und betete ihn auf den Knien an. Und der Teufel flüsterte ihr auch ein: ›Ich will, daß du mir deine Seele gibst; und Chiara antwortet: ›Ich bin einverstanden, dir meine Seele nach dem Tod zu geben, wenn du tust, was ich verlange.‹ Und der Teufel geht weg, wie Chiara sagt; und innerhalb eines Monats etwa kehrte der Teufel in derselben Gestalt zurück und sagte zu ihr: ›Ich habe deinen Wunsch erfüllt und Frau Margherita Pazzani verzaubert, indem ich ihr Füße und Schienbeine zusammengebunden habe; darauf antwortet Chiara: ›Ich danke dir, weil du Gutes getan hast‹; und wiederum betete sie ihn auf des Teufels Verlangen an. Und darauf ließ Chiara vor mehreren und mehrmals verlauten, Frau Margherita könne niemals geheilt werden, außer wenn sie es wolle (Chiara sagte nämlich beim Verhör in der Gerichtsverhandlung, daß es ihr der Teufel versprochen hatte); deswegen und wegen anderer Worte kamen die Verwandten der Frau Margherita zusammen und baten sie,

Geiler von Kaysersberg, *»von gespenst des teufels . . .«*. Straßburg

Chiara, daß sie sie für würdig hielte, sie zu heilen, und versprachen ihr vieles; und einmal trafen sie sie im Hause der Frau Margherita und versprachen ihr in dem von Bernardino Cantù aufgesetzten Schriftstück, sie auf obengenannten Besitz hinzubringen und ihr viel zu geben, falls sie sie vor Weihnachten heile, wie aus jenem vor Zeugen abgefaßten Schriftstück hervorgeht. Das versprach Chiara sicher zu tun, wie aus jenem Schriftstück hervorgeht. Und Chiara sagt, daß sie bei der Rückkehr nach Hause den Teufel wieder anrief, der ihr erschien und sagte: ›Was willst du?‹ und Chiara antwortet: ›Ich will, daß du Frau Margherita Pazzani heilst‹; und der Teufel sagte: ›Ich werde sie im Laufe von fünfzehn Tagen heilen, wenn du mich anbetest und deine Seele gibst‹; das tat Chiara auch. Zwischendrin sagt sie, bevor jene vom Teufel geheilt worden sei, sei Paolo Magnano zu ihr, Chiara, gekommen und habe sie im Namen der Frau Margherita gebeten, sie möge sie schnell heilen, weil sie sich schlecht fühle; und Chiara antwortet besagtem Paolo Magnano folgendes: ›Geh' ruhig, am Donnerstag wird sie völlig gesund sein und ich werd' sie tanzen lassen‹. Chiara nämlich sagt, sie habe das durch die Offenbarung des Teufels vorhergesehen; und so geschah es. Frau Margherita stand nämlich auf und wandelte, wie Chiara sagen hörte, so wie sie es ihr versprochen hatte. Danach sagt Chiara, daß sie, weil Frau Margherita die ihr versprochenen Verträge nicht halten wollte, noch verzweifelter als früher war und den Teufel anrief, der ihr, Chiara, im Hause des Ludovico Denna in ihrer Kammer in Gestalt eines kleinen Knaben erschien und zu ihr sagte: ›Was willst du von mir?‹ und sie antwortet folgendes: ›Ich will, daß du Frau Margherita Pazzani in den Zustand zurückverwandelst, in dem sie war, bevor du sie heiltest, und ich werde die gemachte Versprechung einhalten (eben die Übergabe ihrer Seele); da sagte der Teufel zu ihr:

›Bete mich an‹; und so betete Chiara ihn an und sagt, daß Frau Margherita sofort der früheren Krankheit wieder anheimfiel, wie der Teufel es zu tun versprochen hatte.«[59]

9

Mit diesem Geständnis scheint das Bild nunmehr vollständig. Dennoch gelang es dem Pater Vikar in zwei Punkten – beide von beachtlicher Bedeutung – nicht, daß Chiaras Geständnis seiner ideologisch-doktrinären Konstruktion folgte. Vor allem ist in dem eben zitierten Geständnis kein Hinweis auf die wundersamen Erscheinungen der Jungfrau. Nun, auch wenn Fra Bartolomeo keinen Zweifel über ihre diabolische Natur haben konnte, stellten sie, da ein ausdrückliches Geständnis von Seiten Chiaras ausblieb, dennoch immer ein widersprüchliches Element innerhalb des Prozesses dar. Zweitens: wenn in dem Geständnis der Beschuldigten auch die Anrufungen des Teufels und die Übergabe ihrer Seele auftauchen, fehlt dennoch das, was als Krönung des Hexenwesens galt, der Hexensabbat, mit allem, was er impliziert: Beischlaf mit dem Teufel, Profanierung der Sakramente, Abfall vom Glauben und von der Taufe. Zu diesem zweiten Punkt hat Chiara bereits in Antwort auf die Frage, »ob sie auf die Fahrt ging und mit dem Teufel schlief und ihm ein Tier zum Opfer brachte, und ob sie ein Sakrament auf Verlangen des Teufels mißbrauchte und den Glauben und die Taufe leugnete«, gesagt, daß sie »nichts davon tat, sondern das, was sie oben gesagt hatte« (Verhör vom 15. Februar).[60] Aber auch in der Frage der Erscheinungen der Madonna gelang es dem Pater Vikar nicht, die gewünschten Antworten zu bekommen. Auf die Frage, »ob ihr der Teufel im Kerker erschien«, antwortet Chiara zunächst, daß ihr der Teufel eines Morgens »in Gestalt eines kleinen Jungen in schwarzen Kleidern« erschienen sei und sie aufforderte, sich zu töten, »weil sie sonst vom Inquisitor verbrannt würde«.[61] Der Richter dringt weiter in sie und will wissen, »ob ihr ein anderes Mal der Teufel im Kerker erschienen sei«; und schließlich antwortet Chiara, daß sie »am Anfang eine Stimme zu sich sagen hörte: ›Bleib' doch stark, ich werde es wohl machen, daß sie dir keinen Verdruß bereiten‹«. Sie fügt hinzu, daß sie »glaubte, es sei Unsere liebe Frau«, und daß »ihr mehrmals Unsere liebe Frau in weißen Kleidern erschienen sei«.[62] Es ist nun eindeutig, die Hexe ist besiegt – aber auch diesmal kommt nicht die erwünschte Antwort.

Das alles soll unterstrichen werden, insofern es das einschränkt, was über den Einfluß, den der Richter auf die Antworten der Beschuldigten mit Hilfe der Technik des Verhörs und der Folter ausübt, gesagt wurde. Dieser Einfluß besteht, und es wäre naiv, dessen Tragweite zu leugnen; dennoch kann er in einigen Fällen wie hier nicht bewirken, daß sich die Hexe völlig dem Willen des Richters beugt; so daß man sagen kann, daß das Geständnis am Ende eine Art Kompromiß zwischen der Beschuldigten selbst und dem Richter darstellt. Daran stellen wir in der Tat fest, daß es ebensoviele Überlagerungen, die der Richter einbringt (was wir nach und nach hervorgehoben haben), wie Elemente gibt, die eine lokale Situation wiederspiegeln (wie das Fehlen des Hexensabbats, was bei der großen Überzahl der Prozesse in Modena in jener Zeit festgestellt werden kann) und deswegen der lehrmäßigen Systematisierung in den Dämonologie-Traktaten entgehen.

Chiaras Geständnis endet mit einer Reueerklärung. Sie bittet um Vergebung und erklärt sich bereit, die Bußen, die ihr die Richter auferlegen werden, zu akzeptieren; sie behauptet, daß sie, »wiewohl sie, ehe sie in den Händen der Inquisitoren ist, den Teufel noch einmal angerufen hat, daß er besagte Frauen heile, wenn sie täten, was sie wünschte; dennoch sagt sie, daß sie fortan um nichts in der Welt den Dämon anrufen wird noch irgendwie Zeit auf derlei Malefizien verwenden wird«.[63] Diese »wenngleich späte« Reue rettet Chiara Signorini das Leben. Die versammelten Richter vertreten die Ansicht, daß sie als »Ketzerin, Götzendienerin und Glaubensabtrünnige . . . gemäß den Gesetzen mit Feuer zu verbrennen sei«; dennoch »wird ihr das Leben geschenkt, da sie, wenngleich spät, bußfertig gewesen ist«; und sie entscheiden, sie müsse ihre Tage im Kerker beschließen.[64] Am 24. Februar 1519 verurteilen sie sie »zu dauerndem Gefängnis und als besagtes Gefängnis weisen sie ihr den ganzen Kerker des Hospizes der Gnade Gottes [hospidale della Cha de Dio] in der Stadt zu Modena zum Dienst an den Armen des Hospizes zu«.[65] So endet der Prozeß von Chiara Signorini.

10

Wie bereits angedeutet scheint der hier untersuchte Prozeß eine – wenngleich partielle und beschränkte – Bestätigung dafür zuzulassen, daß es einige Probleme und Zusammenhänge gibt, die sicher nicht unbekannt sind, bisher aber auf sehr schwache Fundamente gestellt wurden. Allgemeiner gesagt, kann er vielleicht manches Licht auf den Charakter der Beziehung zwischen Hexen und Inquisitoren werfen, wie sie sich im Prozeß dramatisch konkretisierte – und kann so einen Hinweis darauf geben, wie diese Art von Quelle zu lesen sei. Auch unter diesem Gesichtspunkt kann der Fall von Chiara Signorini – trotz seiner auf immer individuellen Momente – eine in mancher Hinsicht paradigmatische Bedeutung annehmen.

Anmerkungen

[1] Der Bestand an Inquisitionsprozessen, der im Staatsarchiv von Modena unter der Aufschrift »Inquisizione di Modena e Reggio. Processi« aufbewahrt ist, wurde im Zuge der Unterdrückung der Inquisition nach und nach dem Geheimen Archiv der Este eingegliedert (vgl. *Archivio Segreto Estense, sezione »Casa e Stato«. Inventario* (Ministero dell'Interno, Pubblicazioni degli Archivi di Stato, XIII), Rom 1953, Einf. von F. Valenti, S. XXXIX). Er umfaßt 117 Kuverts, die von 2 bis 118 numeriert und chronologisch geordnet sind (von 1489 bis 1784; so die Auszeichnung des Archivs; aber unter den Dokumenten befindet sich auch die Transkription eines Prozesses, der 1458 in Bologna stattfand). Auf dieses Material ist, obwohl im Wesentlichen unveröffentlicht, mehrmals, gerade wegen des uns interessierenden Aspekts verwiesen worden. Der erste, der es erwähnt, war ein lokaler Gelehrter, T. San-

donnini, der einige Abschnitte abdruckte, die er aus den am meisten pittoresken dieser Hexenprozesse ausgewählt hat (vgl. T(ommaso) S(andonnini), *Streghe e superstizioni*, »Il Panaro (Gazetta di Modena)«, Jg. XXVI, Nr. 111, 24. April 1887). P. Riccardi nahm in einem Kapitel mit der Überschrift *Superstizioni e stregonerie in Modena nei secoli XIV e XV [Aberglaube und Hexenwesen in Modena im 14. und 15. Jahrhundert] (sic!* in Wirklichkeit gehen die im Staatsarchiv von Modena aufbewahrten Prozesse wie gesagt nicht weiter als bis zum Ende des 15. Jahrhunderts zurück) seiner Monographie *Pregiudizi e superstizioni del popolo modenese [Vorurteile und Aberglaube bei der Bevölkerung von Modena]* (Modena 1890) die von Sandonnini beigebrachten Notizen auf. Kurze Passagen aus einigen Prozessen sind in exemplifizierender Absicht von N. Corradini, *I processi delle streghe a Modena nella prima metà del sec. XVI [Die Hexenprozesse in Modena in der ersten Hälfte des 16. Jahrhunderts]*, in: *Folklore Modenese, Atti e Memorie del I Congresso del Folklore Modenese* . . ., Modena 1959, S. 44 ff. veröffentlicht worden. Die Bedeutung dieses Archivbestands ist von D. Cantimori (vgl. die Rezension zu L. Febvre, *Au coeur religieux du XVIe siècle* in: »Annales E.S.C.«, Jg. XV, Nr. 3, Mai-Juni 1960, S. 567) unterstrichen worden.

Der hier untersuchte Prozeß ist dem Kuvert Nr. 2 entnommen, das die ältesten Prozesse (von 1458 bis 1549) enthält. Die Prozesse sind nach der alten Gliederung in »Bücher« (vom »liber tertius« an; die beiden ersten sind verlorengegangen) geordnet; der Prozeß gegen die Signorini gehört zum »liber quartus«. Die Numerierung der Blätter ist neueren Datums.

2 Es ist nicht möglich, einen Vergleich mit der Tätigkeit der Inquisition von Modena in den Jahren, die den hier untersuchten am nächsten stehen, anzustellen, weil die Prozeßreihe zwischen 1499 und 1517 (mit Ausnahme eines Prozesses im Jahr 1503) und zwischen 1520 und 1530 (mit zwei Ausnahmen) unterbrochen ist. Anzumerken ist freilich, daß sowohl im Zeitraum 1495-1499 als auch im Zeitraum 1530-1539 beinahe alle Prozesse Fälle von Hexerei, Magie und ähnliches betreffen; insofern ist es möglich, einen Vergleich mit den Daten der drei Jahre 1518 bis 1520 anzustellen.

3 Es war mir bis jetzt nicht möglich, zu voller Gewißheit über die Identität der beiden Personen zu kommen. Mit anderen Worten habe ich keinen einzigen Beleg aus Modena gefunden, der auf den Vikar der Inquisition in jenen Jahren als den auf »Bartholomeus de Spina« anspielt: alle beschränken sich – wie es Gewohnheit war – darauf, den Herkunftsort zu verzeichnen (»Bartholomeus de Pisis«). Auf der anderen Seite übergehen die Biographien Spinas (vgl. Quétif – Echard, *Scriptores Ordinis Praedicatorum* . . ., B. II, Lutetiae Parisiorum 1721, S. 126 ff.; *Memorie Istoriche di più Uomini Illustri Pisani*, Pisa, bei Ranieri Prosperi, 1790-1792, B. III, S. 269-287 (die Würdigung Spinas verdankt sich S. Canovai)) den Zeitraum, der von seinem frühen Eintritt in den Orden (1494) bis zu seiner Ernennung zum Professor der Theologie in Bologna (1530) reicht. Dennoch geht aus der einleitenden Bemerkung »ad Lectorem«, die der *Quaestio de strigibus* (Romae, in Aedibus Populi Romani, 1576) vorausgeschickt wird, hervor, daß Spina in den Jahren der Abfassung des Traktats ein Amt als Vikar der Inquisition hatte (». . . duplici et utraque gravissima lectura, tam inquam naturalis, quam sacrae Theologiae, simul ac Inquisitionis vice alterius onere praegravatus . . .«). Nun bringt die *Quaestio de strigibus* die Angabe »herausgegeben a. D. 1523«; aber aus einem Hinweis am Beginn des *Tractatus de Praeeminentia sacrae Theologiae super alias omnes scientias, et praecipue humanarum legum* (der zitierten Ausgabe der *Quaestio* von 1576 beigefügt) ergibt sich, daß seine Abfassung einige Jahre früher liegt (»Perfecto de strigibus opere, cum eius impressio per plures annos praeter spem petentium sit dilata . . ., op. cit., S. 91). Die Abfassung der *Quaestio de strigibus* scheint also gerade in die Jahre zu fallen, in denen ein nicht näher identifizierter Fra Bartolomeo »de Pisis« Vikar der Inquisition in Modena war (wie Spina). Schließlich gibt es sehr zahlreiche Hinweise auf Prozesse, die an nicht weit entfernten Orten (Mirandola, Ferrara etc.) stattfanden, auch wenn in der *Quaestio* ausdrückliche Hinweise auf Modena fehlen.

Zu Angaben über die spätere Tätigkeit Spinas vgl. A. Walz, O. P., *Die Dominikaner und Trient*, in: G. Schreiber, *Das Weltkonzil von Trient*, II, Freiburg im Br., 1951, S. 489 ff. (jetzt in ausgearbeiteter Form in A. Walz, O. P., *I Domenicani di Trento*, Rom 1961, S. 92 ff.). Ein Verzeichnis seiner Werke in: Quétif-Echard, op.cit.; einige Ergänzungen in den *Memorie Istoriche* . . . op.cit. (dort wird Spina fälschlicherweise auch eine *Cronica Pisana* MS. zugeschrieben; die falsche Zuschreibung geht auf ein Versehen von R. Roncioni zurück (vgl. *Delle istorie pisane libri XVI*, Florenz 1844, Bd. I, S. 549 und Anm. 4), der von Dal Borgo und von da ab in der *Bibliografia storico-ragionata della Toscana* . . . von *Moreni* übernommen wurde; es handelt sich in Wirklichkeit um eine Chronik, die von Muratori mit vielen Zweifeln dem domenikanischen Theologen Bartolomeo »de Sancto Concordio« zugeschrieben wurde, der wiederum Pisaner war – daher die Verwechslung zwischen den beiden (vgl. L. A. Muratori, *Scriptores Rerum Italicarum*, Bd. VI, Mediolani 1725, S. 98). [Später hat A. Rotondò nachgewiesen, daß Fra Bartolomeo »de Pisis« und Fra Bartolomeo Spina identisch sind, in: »Rivista storica italiana«, LXXIV (1962), S. 841-842.]

4 Archivio di Stato di Modena (Staatsarchiv Modena) (von jetzt ab ASM abgekürzt), Inquisition von Modena und Reggio, Kuvert 2, Buch 4; der Prozeß gegen Fra Bernardino nimmt die Bl. 97*r*-111*v* ein.

5 ASM, Inquisition . . ., Kuvert 2, Buch 4, Bl. 98*r*.

6 ASM, Inquisition . . ., Kuvert 2, Buch 4, Bl. 98*v*.

7 ASM, Inquisition . . ., Kuvert 2, Buch 4, Bl. 99*r*.

8 Ebd.

9 Ebd.

10 ASM, Inquisition . . ., Kuvert 2, Buch 4, Bl. 99*v*.

11 ASM, Inquisition . . ., Kuvert 2, Buch 4, Bl. 100*v*.

12 ASM, Inquisition . . ., Kuvert 2, Buch 4; der Prozeß gegen Chiara Signorini nimmt die Bl. 221*r*-260*r* ein. Man beachte, daß die Abfolge der Blätter nicht die chronologische Ordnung der Sitzungen des Prozesses berücksichtigt.

13 ». . . der Geist sprach aus dem Mund Gotollas [eine der Besessenen], daß die Zeugin [Margherita] von einer Frau, die Chiara, Frau des Bartolomeo Signorini genannt wurde, verzaubert worden ist und daß Chiara dazu ein Wachsbild machte, das Chiara außerhalb ihres, auf dem Land gelegenen Hauses versteckte . . .« (ASM, Inquisition . . ., Kuvert 2, Buch 4, Bl. 108*v*).

14 Zu Angaben über Forni vgl. die von A. Mercati zitierte Bibliographie, *Il sommario del processo di Giordano Bruno, con appendice di documenti sull'eresia e l'inquisizione a Modena nel secolo XVI* (»Studi e testi«, 101), Vatikanstadt 1942, S. 129, Nr. 5.

15 ASM, Inquisition . . . Kuvert 2, Buch 4, Bl. 230*r*.

16 Vgl. oben S. 28.

17 ASM, Inquisition . . ., Kuvert 2, Buch 4, Bl. 228*r*-228*v*.

18 ASM, Inquisition . . ., Kuvert 2, Buch 4, Bl. 228*v*.

19 ASM, Inquisition . . ., Kuvert 2, Buch 4, Bl. 228*v*-229*r*.

20 ASM, Inquisition . . ., Kuvert 2, Buch 4, Bl. 229*r*.

21 ASM, Inquisition . . ., Kuvert 2, Buch 4, Bl. 229*v*-230*r*.

22 ASM, Inquisition . . ., Kuvert 2, Buch 4, Bl. 225*v* (Aussage Margherita Pazzanis am 1. Februar 1519).

23 ASM, Inquisition . . ., Kuvert 2, Buch 4, Bl. 256*r* (diess.).

24 ASM, Inquisition . . ., Kuvert 2, Buch 4, Bl. 237*v* (11. Februar 1519).

25 »(Chiara) fluchte der Frau Margherita und allen, die sie vom Besitz verstoßen hatten und sagte folgendes oder so ähnlich: ›Verflucht sei Frau Margherita Pazzani, und alle auf ihrer Seite, die mich aus diesem Besitz vertrieben haben, und sie soll weder etwas Gutes noch Ruhe haben, weder sie noch ihre Kinder‹ . . . als sie auf besagte Weise fluchte . . ., hielt sie eine Kerze in der Hand, und zugleich beteten ihr Mann und ihre Kinder mit gebeugten Knien, und sie sagte dies oder ähnliches: ›So wie diese Kerze möge das Leben der Frau Margherita verzehrt werden‹; und darauf warf sie ein Kraut in Waldessitte über das Feuer und fluchte wie oben« (ASM, Inquisition . . ., Kuvert 2, Buch 4, Bl. 225*r*) (Aussage des Paolo Magnano, Januar – *sic!* – anstatt wahrscheinlich Februar 1519; der Tag ist nicht angegeben).

26 ASM, Inquisition . . ., Kuvert 2, Buch 4, Bl. 224*r* (Aussage des Ludovico Dienna am 6. 2. 1519).

27 ASM, Inquisition . . ., Kuvert 2, Buch 4, Bl. 258*r* (Aussage vom 12. Februar 1519).

28 Ebd.

29 Vgl. die Aussage der Stella Canova (18. Februar 1519) (ASM, Inquisition . . ., Kuvert 2, Buch 4, Bl. 254*r*). Diese beschuldigt Chiara, sie habe einen Schadenszauber über ihrem Kind ausgeschleudert, »nachdem besagte Zeugin mit ihrem Mann in das Haus der Frau Gentile eingetreten war; sie war nämlich auf den Besitz gebracht worden, den zuvor Chiara und ihr Mann bebauten«.

30 Die Frage der magischen Kräfte interessiert an dieser Stelle nicht und deshalb ist sie nicht einmal gestreift worden. Zu einer eindrucksvollen Darstellung des Problems vgl. E. De Martino, *Il mondo magico*, Turin 1948.

31 Den Charakter einer versteckten sozialen Revolte, den das Hexenwesen in vielen Fällen angenommen hatte, ist bereits von Michelet (*La sorcière*, Paris 1862; deutsch: *Die Hexe*, München 1974) erahnt worden. Dieser Ausgangspunkt ist kürzlich in einem popularisierenden Bändchen wiederaufgenommen worden (J. Palou, *La sorcellerie*, in: »Que-sais-je?«, Nr. 756, Paris 1957); dennoch wird er hier als original vorgestellt (». . . ici nous voulons soutenir par de multiples exemples, une thèse qui, à notre connaissance, n'a jamais été encore soutenue. *La Sorcellerie est fille de la Misère.* Elle est l'espoir des Révoltés« (S. 5)), auch wenn der Autor auf S. 18 anerkennt, daß er bei Michelet in der Schuld steht. Einige Texte, die Palou wiederabdruckt, sind bedeutsam, besonders ein Abschnitt aus der französischen

Bearbeitung des *Sermo* (oder *Tractatus*) *de secta Vaudensium*, der von Jehan Taincture (Johann Tinctoris) aus Anlaß der Vauderie von Arras (1459-1461) geschrieben wurde. Dort wird behauptet, daß der Sieg der Vauderie (d. h. des Hexenwesens), einem allgemeinen Gesellschaftsumsturz Platz machte; der gleiche Abschnitt war bereits von J. Hansen in einer leicht verschiedenen und zuverlässigeren Lesart zitiert worden: »Lors guerres, murtres, debas, sedicions forsenneront es royaumes, es citez et es champs, les gens sentretueront et cherront mors lun sur lautre. Amis et prochains se feront mal, les enfans se esleveront contre les anciens et sages gens et les villains entreprendront sur les nobles« (vgl. J. Hansen, *Quellen und Untersuchungen zur Geschichte des Hexenwahns und der Hexenverfolgung im Mittelalter*, Bonn 1901, S. 186 f.). Aber sicher noch bedeutsamer sind die Äußerungen über die gesellschaftliche Aggressivität des Hexenwesens, die in den Geständnissen der Hexen selbst enthalten sind. Ein schönes Beispiel findet sich in den Dokumenten, die A. Panizza, *I processi contro le streghe nel Trentino*, in: »Archivio Trentino«, 7 (1888), S. 227 veröffentlicht hat; in einem Prozeß von 1505 erzählt eine Hexe, wie sie, als sie mit zwei Gefährtinnen durch die Felder ging, »dort schönes Getreide und Korn auf den Feldern wachsen sahen; und weil die drei arm waren und nicht solches Getreide und Besitztümer hatten, sannen sie darauf, aus Neid an dem Tag ein Unwetter zu machen. Und so ging besagte Ursula an jenem Sonntag mit ihren zwei anderen Teufelsgefährtinnen, und als sie in das Tal zum Ru, welcher ein Bach ist, . . . zu jenem Ru, oder Bächlein kamen, schnitten sie Erlenzweige ab und schlugen ins Wasser und riefen den Teufel mit den Worten: Komm, komm Teufel der Hölle und mach das Unwetter. Und so kam es, daß tatsächlich ein derartiges Gewitter kam . . .« Bereits 1444 ließ Felix Haemmerlin in seinem *De nobilitate et rusticitate dialogus* (Straßburg (?) 1490(?)) den Adligen alle Schuld am Hexenwesen auf die Bauern schieben (vgl. Kap. XXXII: »De Rusticorum presentium enormitatibus«).

32 ASM, Inquisition . . ., Kuvert 2, Buch 4, Bl. 221*r* (Aussage von Giovan Gerolamo Pazzani am 6. 2. 1519).

33 ASM, Inquisition . . ., Kuvert 2, Buch 4, Bl. 260*r* (Aussage von Caterina Bongandi, 12. Februar 1519). Der Glaube, daß die Hexen vor ihrem Tod an irgend jemanden ihren Sektenplatz überlassen mußten und ihm gleichzeitig das eigene Erbe an Formeln, Sortilegien und so weiter übergeben mußten, war weit verbreitet. Ein seltsamer Fall wurde von einer Hexe aus Colle Vecchio (Perugia) berichtet, der Mitte des 16. Jahrhunderts der Prozeß gemacht wurde: eine alte und kranke Hexe, die allein auf der Welt ist, holt ihr Huhn, um ihm die »Kunst der Hexerei« zu Erbe zu lassen, und sie spuckt ihm auf den Schnabel und sagt: »Komm, sei du mein Erbe, und so übergebe ich dir alle meine Hexenregeln und Hexenformeln und scher dich weg, mach's mir nach!« (Vgl. A. Bertolotti, *Streghe, sortiere e maliardi nel secolo XVI in Roma*, in: »Rivista Europa – Rivista internazionale«, N. R., Jg. XIV (1883), Bd. XXXIII, S. 606). Dem Pater Vikar antwortet Caterina Bongandi auf die Frage, »ob Chiara für albern gehalten wurde: nein, sondern sie war eine sehr kluge, sehr weise Frau, selbst bei ihrer äußeren Lage« (Buch 4, Bl. 260*r*).

34 ASM, Inquisition . . ., Kuvert 2, Buch 4, Bl. 231*r*.

35 ASM, Inquisition . . ., Kuvert 2, Buch 4, Bl. 231*v*-232*r*.

36 ASM, Inquisition . . ., Kuvert 2, Buch 4, Bl. 232*r*.

37 ASM, Inquisition . . ., Kuvert 2, Buch 4, Bl. 232*v*.

38 ASM, Inquisition . . ., Kuvert 2, Buch 4, Bl. 232*v*-233*r*. In seinem Traktat *Quaestio de strigibus* (darüber siehe oben, Anm. 3) behauptet Spina, daß die Hexen »mit ihrer Seele und ihrem Leib dem Teufel huldigen und manchmal mit dem ihrer Kinder . . .« (op. cit., S. 19).

39 ASM, Inquisition . . ., Kuvert 2, Buch 4, Bl. 233*r*.

40 ASM, Inquisition . . ., Kuvert 2, Buch 4, Bl. 233*v*.

41 ASM, Inquisition . . ., Kuvert 2, Buch 4, Bl. 234*v*.

42 ». . . sie antwortet . . ., Chiara habe dieses Malefiz aus Worten und Taten benutzt, indem sie fünf Finger in die Wand steckte und folgende Worte sprach: fünf Finger steck' ich in die Wand, fünf Teufel rufe und beschwöre ich, neun Tropfen Blut nehmen sie dir, sechs geben sie weg und drei behalten sie für ihre Mühe; und sie (sie meinte damit Frau Margherita Pazzani, wie Chiara selbst sagte) soll niemals Wohlergehen noch Ruhe haben, noch schlafen, noch Hab und Gut haben, noch liegen, noch gehen können, noch auf dem Acker stehen, solange sie nicht bei mir vorsprechen kommt« (ASM, Inquisition . . ., Kuvert 2, Buch 4, Bl. 234*v*-235*r*).

43 ASM, Inquisition . . ., Kuvert 2, Buch 4, Bl. 235*r*.

44 ASM, Inquisition . . ., Kuvert 2, Buch 4, Bl. 235*r*-235*v*.

45 ASM, Inquisition . . ., Kuvert 2, Buch 4, Bl. 235*v*.

46 ASM, Inquisition . . ., Kuvert 2, Buch 4, Bl. 236*r*.

47 ASM, Inquisition . . ., Kuvert 2, Buch 4, Bl. 236*r*-236*v*.

48 ASM, Inquisition . . ., Kuvert 2, Buch 4, Bl. 236*v*.

[49] Für solche interpretativen Überlagerungen existieren sehr bemerkenswerte Dokumente. Nachdem in der *inquisitio*, die im Laufe eines Prozesses in Modena im Jahre 1519 (vgl. ASM, Inquisition . . ., Kuvert 2, Buch 4, Bl. 212*v*; die gleiche Formel kehrt in einem Prozeß von 1523 wieder) verfaßt wurde, eine Reihe von Geständnissen der Beschuldigten, die sich alle auf Zaubertränke, Gifte und Zaubereien bezogen, aufgezählt worden sind, wurde unter anderem gesagt: ». . . da sie soviele und so große abergläubische Dinge im Namen des Teufels tat . . . und jene götzendienerischen Handlungen tat, besteht der große Verdacht, daß sie ausdrückliche Pakte mit dem Teufel abschloß, wobei sie ausdrücklich vom katholischen Glauben und diesen [sc. den Teufel] zu ihrem Herrn annahm, vor allem weil alle anderen geständigen Personen jener Sekte es gewöhnlich so machen. Ebenso daß sie das Kreuz zertrat und andere gottlosen Dinge tat, die jene sündhaften Personen zu tun gewohnt sind.« Das Vorgehen ist deutlich: die abergläubischen Riten, die »im Namen des Teufels« oder »im Namen des großen Teufels« ausgeführt werden, wie beliebte eingefügte Kennzeichnungen lauten, werden als »götzendienerische Handlungen« bezeichnet, die ihrerseits annehmen lassen (»magna suspitio est«), die Beschuldigte habe schlimmere Verbrechen begangen, die mit dem eigentlichen Hexenwesen in Verbindung stehen, wie es in den dämonologischen Traktaten beschrieben wird. Daß diese Verzerrung nicht eine vereinzelte Vorgehensweise in den Hexenprozessen ist, geht klar aus einem Abschnitt des sehr weit verbreiteten *Sacro Arsenale* von Fra Eliseo Masini hervor, in dem er, nachdem er die Inquisitoren zur Mäßigung und zur Vorsicht bei der Behandlung solcher Fälle aufgefordert hatte (entsprechend den vom Heiligen Offizium bereits 1613 ausgegebenen Instruktionen), empfiehlt: »Weiter sollen die Richter beachten, daß sobald eine Frau überzeugt oder geständig ist, Verzauberungen und Sortilegien *ad amorem* oder *ad sanandam maleficia* oder mit jeder beliebigen anderen Wirkung vorgenommen zu haben, deshalb noch nicht notwendigerweise folgt, daß sie förmlich eine Hexe ist, denn das Sortileg begehen kann sie, ohne förmlich zum Teufel abzufallen. Das alles würde sie dessen leicht oder schwer verdächtig machen. Und förmlich für eine Hexe muß die gehalten werden, die einen Pakt mit dem Teufel geschlossen hat, vom Glauben abgefallen ist, mit ihren Malefizien oder Sortilegien einer oder mehreren Personen geschadet hat, so daß wegen solcher Malefizien oder Sortilegien der Tod die Folge ist – oder wenn nicht der Tod, so zumindest Krankheit, Ehescheidung, Zeugungsunfähigkeit oder beträchtlicher Schaden an Vieh, Getreide oder anderen Früchten der Erde . . .« (Inquisitor F. Eliseo Masini da Bologna, *Sacro Arsenale, overo Prattica dell'Officio della S. Inquisitione ampliata*, Roma, appresso gl'Heredi del Corbelletti, 1639, S. 178). Nur wenn man den verwickelten Komplex von Glaubensformen, die unter dem Namen »Hexenwesen« liefen (das einfache abergläubische Handlungen wie auch Hexensabbat und Teufelsanbetung einschloß), einer Analyse unterzieht, wird es möglich sein, nach und nach die interpretativen Verzerrungen der Inquisitoren von den genuinen volkstümlichen Glaubensformen zu unterscheiden.

[50] ASM, Inquisition . . ., Kuvert 2, Buch 4, Bl. 238*r*.

[51] Vgl. Anm. 35.

[52] Vgl. Anm. 48.

[53] Vgl. Anm. 37.

[54] ASM, Inquisition . . ., Kuvert 2, Buch 4, Bl. 239*r*-239*v*.

[55] Vgl. Anm. 36.

[56] ASM, Inquisition . . ., Kuvert 2, Buch 4, Bl. 239*r*.

[57] ASM, Inquisition . . ., Kuvert 2, Buch 4, Bl. 239*v*.

[58] Man denke besonders an das Phänomen des volkstümlichen Dianakults, der sehr eng mit dem Hexenwesen verbunden ist. Zu dem Problem, das im einzelnen untersucht werden sollte, vgl. E. Verga, *Intorno a due inediti documenti di stregheria milanese del secolo XIV*, in: »Rendiconti del R. Istituto lombardo di scienze e lettere«, R. 2, Bd. 32 (1899), S. 165 ff. und den Band von G. Bonomo, *Caccia alle streghe*, Palermo 1959 (speziell die Kap. 3, 4, 6). Der Versuch, »Diana« als verderbte Lesart von »daemonium meridianum« zu interpretieren (vgl. R. L. Wagner, *»Sorcier« et »Magicien«*, Paris 1939, S. 40, Anm. 3 mit Bibliographie), scheint unhaltbar, schon allein deswegen, weil er nicht angemessen die außergewöhnlich weite Verbreitung des volkstümlichen Kultes der Göttin, der noch im ganzen 16. Jahrhundert lebendig war, erklären kann.

[59] ASM, Inquisition . . ., Kuvert 2, Buch 4, Bl. 240*v*-241*v*.

[60] ASM, Inquisition . . ., Kuvert 2, Buch 4, Bl. 240*r* (vgl. auch Anm. 49).

[61] ASM, Inquisition . . ., Kuvert 2, Buch 4, Bl. 241*v*.

[62] Ebd.

[63] ASM, Inquisition . . ., Kuvert 2, Buch 4, Bl. 242*v*.

[64] ASM, Inquisition . . ., Kuvert 2, Buch 4, Bl. 243*r*.

[65] ASM, Inquisition . . ., Kuvert 2, Buch 4, Bl. 247*r*.

Charivari, Jugendbünde und Wilde Jagd.
Über die Gegenwart der Toten

1

Es ist zurecht betont worden, daß das *Charivari* Fragen allgemeinen Charakters aufwirft, die von beträchtlichem Interesse sind.[1] Es wird zweckmäßig sein, sie ausgehend von den jüngsten Diskussionen kurz wieder ins Gedächtnis zu rufen.

Lévi-Strauss' These ist bekannt. Unter Berufung auf eine von Fortier-Beaulieu durchgeführte Erhebung betrachtet er das *Charivari* als in seinem inneren Wesen (und ausschließlich) gegen den Abschluß von Ehen gerichtet, die sich der Norm entziehen. Deshalb stellt er den rituellen Lärm, der das *Charivari* kennzeichnet, auf dieselbe Ebene wie den ebenfalls rituellen Lärm, der in vielen Gesellschaften beim Eintreten von Mond- oder Sonnenfinsternissen veranstaltet wird. In beiden Fällen signalisiert der Lärm »eine Anomalie im Ablauf einer syntagmatischen Kette«. Die implizite Parallele zwischen Gesellschaft und Kosmos, zwischen Eheschließungen und Sternenkonstellationen bringt die latente Funktion des *Charivari* ans Tageslicht.[2]

Gegen diese These hat E. P. Thompson eine Reihe von – sowohl theoretischen wie auch materialen – Einwänden vorgebracht. Während die materialen Einwände völlig gerechtfertigt erscheinen (angefangen bei denen, die sich auf die Interpretation der von Fortier-Beaulieu gesammelten Daten beziehen), erweisen sich die theoretischen als weit diskutierenswerter. Lévi-Strauss – so Thompson – stellt eine formale Analyse an, aus der sich *die* Funktion des *Charivari* herleitet, die ein für alle Mal festliege. Aber im England des 18. und 19. Jahrhunderts variieren zum Beispiel die Formen der »rough music« oder des *Charivari* stark von Landstrich zu Landstrich. Seine Funktionen variieren womöglich noch mehr. Das *Charivari* richtete sich nicht nur gegen die Protagonisten anomaler Ehen, sondern gegen alle, die sich aus dem oder jenem Grund gegen die Gemeinschaft stellten und deren ungeschriebene Gesetze brachen. Im England des 18. und 19. Jahrhunderts war das *Charivari* tatsächlich eine symbolische Volksjustiz geworden. Aufgabe des Forschers ist es, zu erklären, wie und weshalb die Funktionen des *Charivari* je nach den

Erstmals erschienen unter dem Titel *Charivari, associazioni giovanili, caccia selvaggia* in: »Quaderni storici«, 49, Jg. XVII, Nr. 1, April 1982, S. 164-177. Der Beitrag ist die leicht überarbeitete Fassung eines Vortrages, den der Autor im April 1977 auf einem internationalen Kolloquium über Charivari in Paris hielt.

sozialen Situationen sich ändern. Dazu muß man von den Bedeutungen ausgehen, die dem *Charivari* von seinen Beteiligten (Akteuren, Zuschauern und Opfern) bewußt oder unbewußt beigemessen wird. Thompson warnt, eine tiefere Bedeutung zu suchen, denn das würde bedeuten, die Rationalität und den moralischen Status der ins *Charivari* einbezogenen Individuen zu unterschätzen, nur weil es sich um Ungebildete handelt.[3]

Der Kontrast ist exemplarisch, weil sich dabei zwei Positionen gegenüberstehen, die gleichermaßen in sich stimmig sind. Lévi-Strauss bevorzugt die Analyse der Formen, Thompson die der Funktionen. Lévi-Strauss geht deduktiv von der Ebene der Formen zu der der Funktionen (oder besser gesagt von einer einzigen Form zu einer einzigen Funktion) über, während Thompson – empirisch und induktiv vorgehend – sich weigert, die umgekehrte Operation vorzunehmen. Für Lévi-Strauss bestimmt die Form des Ritus die Funktion – unabhängig vom sozialen Kontext, in dem sich der Ritus abspielt, während für Thompson der soziale Kontext nicht nur die Funktion, sondern großenteils auch die Form des Ritus selbst bestimmt. Zwar ist für beide das *Charivari* eine Art »gesellschaftlicher Hieroglyphe«[4]; aber an dieser Stelle gehen die Positionen erneut auseinander, weil das *Charivari* für Lévi-Strauss eine Reihe logischer und metaphorischer Gegensätze enthüllt, die scheinbar unbeweglich sind, während für Thompson der Wandel der Funktionen, den das *Charivari* mitmacht, das Indiz eines tiefen Wandels ist, der im Wertesystem einer bestimmten Gesellschaft eingetreten ist.[5]

Man könnte an dieser Stelle den Schluß ziehen, daß die beiden Positionen unversöhnbar sind – aber dies wäre voreilig. Tatsächlich müßten auch im Fall des *Charivari* Analyse der Form und Analyse der Funktion gegenseitigen Aufschluß bringen. Es geht nicht an, das zweite aus dem ersten abzuleiten; und hier hat Thompson gegen Lévi-Strauss recht. Aber es geht auch nicht an, die Bedeutungen, die aus der formalen Analyse kommen, beiseite zu schieben; und hier hat Lévi-Strauss gegen Thompson recht. Die gesellschaftlich wirksamen Bedeutungen auf die bloß bewußten Bedeutungen zu beschränken, erscheint prinzipiell unhaltbar; dies umso mehr, weil ein so karges und deformiertes Quellenmaterial wie das den *Charivari* betreffende keine Entscheidung darüber zuläßt, was jeweils – und in welcher Form jeweils – dem Bewußtsein der Protagonisten präsent ist. In der »Hirschjagd« von Devonshire entdeckt Thompson z. B. Spuren »der rituellen Jagd, der diabolischen Untertöne des gehörnten und gejagten Tiers.«[6] Es handelte sich also um Formen, die auf viel ältere Zeitepochen zurückgehen. Und es ist möglich, daß ihre Bedeutung den Beteiligten teilweise entging. Müssen wir sie deshalb für irrelevant halten?

Das Problem wird offensichtlich durch den Umstand kompliziert, daß in einer Gesellschaft wie der von Thompson beschriebenen – das England des 18. und 19. Jahrhunderts – die Entsprechung zwischen den Formen und den Funktionen, die im *Charivari* aufgenommen wurden, unvollständig war. Gewisse Aspekte des Ritus waren, wie im Falle der »Hirschjagd« von Devonshire, von anderer Herkunft und gingen weit über die Funktion hinaus, die sich im Ritus selbst entwickelt hatte. Wie in einem Palimpsest, der in zwei Kolumnen geschrieben ist, hatten sich verschiedene Schichten – entweder auf der Seite der Formen oder der der Funktionen – langsam – doch in nicht symmetrischer Form – übereinandergelegt. Diese Asymmetrie verweist auf ein wohlbekanntes Phänomen: die Formen ändern sich langsam, langsamer als die entsprechenden Funktionen.[7] Bei dieser Lage kann es der Mühe wert sein, auf die älteste Schicht, auf die ersten Zeugnisse über den Ritus zurückzugehen. Nicht um die »wahre« Form oder die »wahre« Funktion des *Charivari* zu rekonstruieren – das wäre ein sinnloses Unterfangen. Sondern einfach um vielleicht zu einer Phase zu gelangen, in der es zwischen Formen und Funktionen eine tiefgehende Übereinstimmung gegeben haben muß, die in der Folge verloren gegangen ist.

Bis jetzt war die Rede von »Formen« und »Funktionen«, wobei die von Thompson formulierte Gegenüberstellung wiederaufgenommen wurde. Es handelt sich natürlich um eine vom Beobachter eingeführte Unterscheidung: für die am Ritus Beteiligten waren Formen und Funktionen ein und dasselbe. Es existierte allein der Ritus in seinem Reichtum und seiner Komplexität. Deshalb werde ich auf den folgenden Seiten nicht zögern, statt einer zweifachen eine dreifache Unterscheidung zu benutzen, die mir angemessener erscheint: die Unterscheidung zwischen »Mythos«, »Ritus« und »Funktion«. Keiner dieser drei Begriffe führt eine unangefochtene Existenz – außer vielleicht dem letzten. Alle über das *Charivari* Forschenden stimmen heute darin überein, ihm irgendeine soziale, mehr oder weniger symbolische Funktion zuzuschreiben – auch wenn über den Charakter dieser Funktion (oder Funktionen) die Diskussion offen ist. Nicht alle sind bereit, das *Charivari* als Ritus zu bezeichnen, und nur eine Minderheit würde, vielleicht, anerkennen, daß im *Charivari* mythische Formen in striktem Sinne enthalten sind.

2

Das älteste Zeugnis über das *Charivari* ist, wenn ich nicht irre, im *Roman de Fauvel* enthalten. Genauer: in einer Interpolation, die in den *Roman de Fauvel* von »Chaillou de Pesstain« (sehr wahrscheinlich Raoul Chaillou, gestorben 1336 oder 1337) eingefügt worden ist; handschriftlich ist sie zu lesen im Fonds fr. 146 (anc. 6812), der in der Bibliothèque Nationale aufbewahrt ist.[8] Diese Interpolation ist mit guter Annäherung auf das Jahr 1316 oder die darauf unmittelbar folgenden Jahre zurückdatiert worden. Der Text ist bekannt.[9] Als der niederträchtige Fauvel sich gerade zurechtmacht, um die Hochzeit mit Vaine Gloire zu feiern, wird er von einem lärmenden Umzug – einem »*chalivali*« – unterbrochen:

»Niemals wurde solch ein Chalivali	(»Mès onques tel chalivali
Von schlimmen Lotterbuben gemacht,	Ne fu fait de ribaus de fours
Wie man es in den Winkeln der Stadt	com l'en fait par les quarrefours
Zwischen den Straßen macht.«	De la ville par mi les rues.«)[10]

Die Merkmale dieses *chalivali* sollten dann in die Tradition eingehen: Schreien, obszöne Gesten, Lärm, der auf ungewöhnlichen Instrumenten wie Pfannen, Bratrosten, Haken, Stampfern und so weiter erzeugt wurde. In der anonymen schreienden und lärmenden Menge wird nur eine Person näher beschrieben und identifiziert:

»Da war ein großer Riese,	(»Il y ravoit un grant jaiant,
Der gar zu laut brüllend daherkam;	Qui aloit trop forment braiant;
Bekleidet war er mit gutem Broisskinstoff;	Vestu ert de bon broissequin;
Ich glaube, es war Hellequin,	Je croi que c'estoit Hellequin,
Und die anderen im Gefolge:	Et tuit li autre de sa mesnie,
seine Leute – völlig aus dem Häuschen.«	Qui le suivent toute enragie.«)[11]

Driesen, der als erster diesen Einschub vollständig veröffentlichte, erkannte in dem Hinweis auf die »mesnie Hellequin« ein Kettenglied der viel älteren Tradition, die um den Dämon Herlechinus (den weit entfernten Ahnherrn der Harlekinsmaske) und seine Schar kreiste.[12] Diese Tradition ist zum ersten Mal in einem Kapitel der *Historia ecclesiastica* des Ordericus Vitalis, die gegen das Jahr 1140 verfaßt worden ist, belegt. Darin ist die Rede von einem Priester aus Saint-Aubin de Bonneval mit Namen Gualchelme, der im Januar 1091 plötzlich, als er bei Nacht einen Pfad entlang ging, ein Getöse ähnlich dem eines marschierenden Heeres gehört hatte. Es war ihm ein mit einer Keule bewaffneter Riese und in dessen Gefolge eine Menge Männer und Frauen erschienen, die auf verschiedene Weise gepeinigt wurden. In ihrer Mitte hatte er außer einigen Äthiopiern wollüstige Frauen, Kleriker und Soldaten erblickt. Da hatte er verstanden, daß er sich den Seelen der »familia Herlechini« gegenüber befand. In diesem Text wird in zumindest teilweise christlichen Begriffen ein in der Volkskultur des mittelalterlichen Europa weitverbreiteter Mythos übersetzt: der Mythos von der »Wilden Jagd« oder dem »Wütenden Heer«. Es handelt sich um die Schar der friedlosen, weil vorzeitig gestorbenen Toten, die nachts – umgeben von entsetzlichem Lärm und angeführt von einer weiblichen Gottheit (Perchta, Holda, Diana, Hekate . . .) oder in diesem Fall hier einer männlichen Gottheit – dahinzieht.[13] In der Beschreibung des Ordericus nehmen die friedlosen Toten die weniger furchterregenden Züge der sich läuternden Seelen an – also ein Zeugnis dafür, daß die Idee des Fegefeuers zu jener Zeit im Entstehen war. Auf die läuternden Kräfte des »ignis purgatorius« weist Ordericus ausdrücklich hin[14]; außerdem beschreibt er die Gespräche zwischen dem Priester Gualchelme und einigen Personen, die er unter der »familia Herlechini« wiedererkannt hat. Die Seelen zählen ihre Sünden auf und flehen darum, daß die von ihnen begangenen Übeltaten von den auf der Erde gebliebenen Verwandten wiedergutgemacht würden. Ein Soldat behauptet, daß seine Qual erleichtert worden ist, als Gualchelme (der, wie sich herausstellt, sein Bruder ist) zum Priester ordiniert worden ist und zum ersten Mal Messe gelesen hat.[15] Die Mittel, mit denen die

Das Charivari. Illustration im »Roman de Fauvel«.

Qualen hervorgerufen werden, sind die gleichen wie die, mit denen die Seelen im Leben ihre Sünden begangen haben. So erklärt ein Truchseß des Vaters des Grafen von Herford, daß er, da er durch eine wucherische Anleihe eine Mühle erhalten hat, jetzt dazu verdammt ist, ein glühendes Mühleneisen im Mund zu tragen. Der Soldat, Bruder von Gualchelme, der gewöhnlich dem Pferd in der Schlacht die Sporen gab, um ein Gemetzel unter den Feinden anzurichten, wird jetzt von unsäglich schweren Sporen, die von Feuer umgeben sind, gequält.[16]

Ein Jahrhundert später, um die Mitte des 13. Jahrhunderts, wird die »familia

Herlechini« in etwas anderer Weise beschrieben. In einem der Kapitel, die in die *Libri tres de miraculis* von Herbertus Turritanus, die im Codex Runensis, HS 59 erhalten sind, eingeschaltet sind, wird das furchterregende Traumbild, das einem jungen Mann in einer Sommernacht erschienen ist, erzählt. Auch hier beginnt alles mit einem unglaublichen Lärm: »Es ließ sich der Tumult und der Jammerruf vieler mit großem Getöse dahinziehender Leute vernehmen.« Eine Frau erklärt dem entsetzten jungen Mann, daß es sich um die Schar der Gespenster (»fantastica«) handle, die im Volk »familia Herlechini« genannt wird. Sie treten hier mitten in der Luft fliegend in Erscheinung. Aber der erste Eindruck ist auch hier vom Gehör bestimmt: in dieser lärmenden und ungeordneten (»turbulenta atque confusa«) Menge nimmt man den Lärm von Schmieden, Bergleuten, Schreinern und Steinmetzen wahr, die alle mit Beilen und Hämmern schlagen wollen; dazu Schneider, Gerber, Weber, Walker und jede Art von Handwerkern (»ceterarumque mechanicarum artium sectatores«). Jeder widmet sich mit Beharrlichkeit seiner Arbeit, als ob er sich in der Werkstatt und nicht mitten in der Luft befände. Nur einer, der einen Widder auf den Schultern trägt, wendet sich an den jungen Mann. Als er auf der Erde war, erklärt er, hat er den Widder einer armen Witwe gestohlen; damit er von der Qual befreit werde, muß jemand das unrecht angeeignete Gut zurückerstatten. Das Traumbild verschwindet und der junge Mann schickt sich an, Mönch in der Abtei von Vauluisant an der Yonne zu werden.[17]

Drei Texte haben wir bisher analysiert; das Kapitel aus der *Historia ecclesiastica* des Ordericus Vitalis (Mitte des 12. Jahrhunderts); den Zusatz zu den *Libri tres de miraculis* des Herbertus Turritanus (Mitte des 13. Jahrhunderts); den Einschub im *Roman de Fauvel* (Anfang des 14. Jahrhunderts). In allen dreien ist die Rede von der »familia Herlechini« oder der *mesnie Hellequin*; und in allen drei wird sie von fürchterlichem Lärm angekündigt. Beginnen wir mit dem Vergleich der ersten beiden. Sie sind offensichtlich sehr eng verwandt. Beide zeugen vom Versuch, den folkloristischen Mythos von der umherstreifenden Schar der vorzeitig Gestorbenen (»Wilde Jagd«) in die Begriffe des christlichen Fegefeuers zu übertragen. Dennoch liefert die Schar der sich läuternden Seelen, die Ordericus Vitalis beschreibt, das Bild einer relativ ausgeglichenen Gesellschaft: da sind wollüstige Frauen (von denen einige adlig sind); da sind Kleriker und Mönche, Bischöfe und Äbte, Richter und Grafen; da sind Wucherer und Soldaten. Das in den Zusatz zu den *Libri de miraculis* eingefügte Verzeichnis fällt dagegen durch seine Einseitigkeit auf. Es umfaßt nur Handwerker. Es ist ein recht ausdrückliches Dokument für die Feindschaft der Mönche gegen die »mechanicae artes« und diejenigen, die sie ausüben.

Aber kehren wir zum *Charivari* zurück und stellen den zweiten neben den dritten Text. Im zweiten erscheint die »familia Herlechini«, aber »Herlechinus« wird nicht erwähnt; im dritten taucht die »mesnie Hellequin« auf – aber ohne Anspielung auf das Fegefeuer. Dennoch gibt es eine bemerkenswerte Parallele zwischen den beiden Texten. Im Zusatz zu den *Libri de miraculis* ist das militärische Getöse der »familia Herlechini« des Ordericus Vitalis zum Lärm von Handwerksinstrumenten geworden – Beile, Hämmer und so weiter. Analoge Werkzeuge finden wir im Einschub im *Roman de Fauvel*: neben »Trommeln und Becken« stehen

»ein großer Hafen,
. . . der Küchenhaken, der Rost und der Mörser . . . ein Topf aus Kupfer,
. . . ein Karren,
Auf dem Karren, so hoch,
Ein Werkzeug für Karrenräder,
Stark, wuchtig und sehr gut gemacht,
Und beim Drehen, was sie machten,
Kamen ihnen sechs Eisenstäbe entgegen,
In den Mitten gut gleitend
Und gut verbunden . . .«

(»une grant poelle,
. . . le havet; le greïl et le pesteil, . . . un pot de cuivre,
. . . un chariot,
Dedens le chariot si ot
Un engin de roes de charetes,
Fors, reddes et moult tres bien faites,
Et au tourner qu'eles fesoient
Sis bastons de fer encontroient
Dedens les moieux bien colez
Et bien atachiez . . .«)

Das Verzeichnis wird von einem Absatz unterbrochen: »Es folgten närrische Gesänge von den Leuten, die – auf den Straßen singend – das Chalivali veranstalten. Und dann ließ sich der lay der Harlekine hören.« (»Ci s'ensuivent sotes chansons, que ceus qui font le chalivali chantent parmi les rues. Et puis après trouvra on le lay des Hellequines.«)[18] Diese Art Sprechgesang (»lay«) besteht aus Kurzversen heiter obszönen Inhalts. Zahlreiche Miniaturen, die Individuen mit Teufels- oder Tiermasken oder geschwärzten Gesichtern (die von Ordericus Vitalis erwähnten Äthiopier?) darstellen, sind dem Einschub in das Pariser Manuskript beigefügt.[19] Bekanntlich ist die Existenz von Masken (Teufelsmasken oder solche anderen Typs) oft auch für die späteren *Charivaris* belegt.

Das alles verleitet zu der Hypothese, daß die »mesnie Hellequin« den mythischen Hintergrund für die älteste Phase des *Charivari* abgibt. Mit anderen Worten: die Akteure des *Charivari* sollten in diesem Zeitabschnitt die Schar der Totenseelen verkörpern.

Diese Hypothese erinnert in gewisser Weise an die vor vielen Jahren von

Illustration von Geiler von Kaysersberg, Straßburg, 1516

Fortier-Beaulieu vorgeschlagene.[20] Untersuchen wir kurz, worin sie übereinstimmen und worin sie voneinander abweichen. Fortier-Beaulieu zufolge stellen die Puppen, die in den Umzügen von den Teilnehmern am *Charivari* getragen werden, den Geist des verstorbenen Gatten dar, der einer neuen Eheschließung feindlich entgegensteht; der Lärm des *Charivari* stellte ein Zeichen von Aggressivität oder ein magisches Mittel dar, das bezweckte, den feindlich gesinnten Geist des verstorbenen Gatten zu vertreiben. Der hier vorgeschlagenen Interpretation zufolge verkörperten dagegen die Teilnehmer am *Charivari* die Schar der Toten (»Wilde Jagd«) und keinen spezifischen Toten; die Puppen spielen – wie die Masken, die Verkleidungen und so weiter – auf das unterschwellig dämonische Verständnis an, das sich für die »Wilde Jagd« zu Beginn des 14. Jahrhunderts eingestellt hatte; der Lärm des *Charivari* war nichts anderes als der traditionell mit der »Wilden Jagd« verbundene Lärm. (Die von Lévi-Strauss nahegelegte Anlehnung an den rituellen Lärm, der im Falle von Finsternissen vorgesehen war, erscheint also völlig abwegig.) Die hier vorgeschlagene Interpretation hat – wie man sieht – den Vorteil, daß sie dem Quellenmaterial näher kommt und gleichzeitig ökonomischer ist, insofern alle Formen des *Charivari* im Mythos von der »Wilden Jagd« eine Erklärung finden. Bevor wir Bestätigungen auf anderen Ebenen suchen, wagen wir für den Augenblick die an sich heikle durch die Etymologie. Unter den vielen Etymologien, die für das Wort *Charivari* vorgeschlagen worden sind, scheint diejenige als eine der stichhaltigsten, die es von *hourvari, horvari,* einem Schrei von Jägern, mit dem sie die Hunde zurückrufen, ableiten.[21] Analog sei hervorgehoben, daß einem Forscher zufolge die ursprüngliche Bedeutung des Ausdrucks *mesnie Hellequin* »Meute tobender Hunde« gewesen sei.[22] Falls dies zutrifft, dann stellen diese Etymologien einen weiteren Beweis für die ursprüngliche Verbindung von *Charivari* und dem Mythos der »Wilden Jagd« dar.

3

Aber welches seine ursprünglichen mythischen Implikationen auch immer waren, das *Charivari* stellt vor allem einen Ritus dar. Und seine Akteure waren recht lebendig. Wer waren sie?

N. Z. Davis hat in einem grundlegenden Aufsatz die Bedeutung der Jugendbünde und allgemein der Altersgruppen im vorindustriellen Europa hervorgehoben.[23] Diese Bünde, die seit dem 13. Jahrhundert belegt sind, aber wahrscheinlich älter sind, hatten verschiedene Namen, die die Sprache der Mönche (Abteien der Dummköpfe, der Narren, der Esel), die Sprache des Militärs (Kinderkompagnie) und so weiter kopierten. Ihre Aktivitäten waren von einer Art regulierter Zügellosigkeit geprägt. Zu den wichtigsten gehörten – neben den Festen und den mehr oder weniger militärischen Paraden – die *Charivari*. Die Sanktionen, mit denen sie wiederholt (und erfolglos) durch die religiösen und kirchlichen Autoritäten im Verlauf von mehreren Jahrhunderten bedroht wurden, sprechen eine klare Sprache. In einem Teil Europas (mit einigen Ausnahmen, zum Beispiel England[24]) waren es eben die *Abbayes de Jeunesse* oder andere Bünde, die die Charivari organisierten. Auf diese Weise (so wurde gesagt) konnten die Jugendlichen die Spannungen gegenüber den anderen Altersgruppen in Formen kontrollierter Aggressivität abreagieren, die mehr oder weniger auf die Umkehrung der Ordnung wie etwa beim Karneval zurückgeführt werden können. Dies ist eine mehr als plausible Hypothese; aber man sollte sich fragen, ob es bei der engen Verbindung zwischen Jugend-»Abteien« und *Charivari* nicht noch andere Implikationen gibt, deren sich die Jugendlichen vor allem in der ältesten Phase (die uns weniger bekannt ist) vielleicht bewußt waren.

Über einige Hinweise in dieser Richtung verfügen wir aus relativ spätem Quellenmaterial (zweite Hälfte des 16. Jahrhunderts), das jedoch aus einem eher isolierten Gebiet kommt, in dem sich Traditionen und Glaubensformen lange mit geringen Einwirkungen von außen erhalten konnten: aus Friaul. 1580 führte das Gericht der Heiligen Inquisition von Cividale einen Prozeß gegen zwei Männer, einen Bauern und einen Ausrufer, die behaupteten, »Benandanti« – Wohlfahrende – zu sein. Dem Inquisitor, der die Bedeutung dieses Wortes nicht kannte, erklärten sie, daß sie sich vier Mal im Jahr während der Quatember wegbegeben, um »im Geist« mit Fenchelzweigen gegen Hexen und Hexer, die ihrerseits mit Hirsehalmen bewaffnet waren, zu kämpfen. Das Ziel des Kampfes war die Fruchtbarkeit der Felder: wenn die Benandanti die Hexen und Hexer besiegten, würden die Ernten reichlich sein; wenn die Hexen und Hexer siegten, würde Notdurft herrschen. Der Inquisitor glaubte diesen seltsamen Erzählungen nicht; er hielt die beiden Beschuldigten für echte Hexer und verurteilte sie zu einer milden Strafe. Aber ihr Fall war nicht vereinzelt. Im Laufe eines Jahrhunderts wurden in Friaul einige Dutzend Prozesse gegen männliche und weibliche Benandanti durchgeführt. Einige von ihnen erklärten, sie hätten »im Geist« an den nächtlichen Gefechten um die Fruchtbarkeit teilgenommen; andere – gleichfalls »im Geist« – an den nächtlichen Prozessionen der umherziehenden Toten. Unter dem kulturellen und psychologischen Druck der Inquisitoren änderte sich bei den einen wie bei den anderen der Charakter ihrer Geständnisse, bis sie schließlich zugaben, daß die mysteriösen nächtlichen Riten nichts anderes seien als der diabolische, von den Dämonologen in Regeln verfaßte Sabbat.

Diese Gruppe von Glaubensformen, die durch außergewöhnlich reiches Quellenmaterial bezeugt ist, hat genaue Entsprechungen in einem ungeheuer großen Gebiet, das das Elsaß, Hessen, Bayern, die Schweiz, Ungarn, Rumänien, Litauen und den Kaukasus umfaßte.[25] Von »Überresten« zu sprechen, hat in einem solchen Fall keinerlei Sinn. Für die friaulischen Benandanti wie für ihre Kollegen in Ungarn (*tàltos*), Rumänien (*strigoi, caluari*) oder bei den Osseten im Kaukasus (*Burkudzäutä*) stellten die Riten, an denen sie nachts »im Geiste« teilnahmen, eine dramatische Erfahrung dar, die sie tief aufwühlte.[26] Sinnvoller wird es sein, die Merkmale dieser einzigartigen »Kompanie« mit denen der eben erwähnten Jugendbünde zu vergleichen.

Der Inquisitor ist es, der die beiden Benandanti von Cividale verhört und dabei den Ausdruck »Kompanie« benutzt: »Wie macht man es, um in diese Benandanti-Kompanie einzutreten?« Er erhält die Antwort, man müsse »bekleidet« geboren worden sein, d. h., in die Fruchtblase (das »Hemd«) eingehüllt. Man wird dann mit zwanzig Jahren im Traum von einem anderen Benandante berufen; es ist so, wie der Tambur die Soldaten einberuft und sie zusammenzieht – man muß gehen. Wie aus vielen Zeugnissen hervorgeht, hat die Organisation militärischen Charakter – mit Hauptleuten, Fähnrichen, Trommlern, Trompetern und Standartenträgern. Aber um diesem Heer als Angehöriger beizutreten, muß man in Tiefschlaf fallen; denn die nächtliche Welt der Benandanti ist die Welt der Toten. Nur durch einen vorläufigen Tod (das »Ausfahren im Geist«) ist es möglich, sie bei bestimmten Gelegenheiten zu erreichen. Das »Hemd«, das die Benandanti von ihrer Geburt an unterscheidet, stellt eben das Vermittlungsglied zur Welt der Geister dar. Zwar sind die Hexen und Hexer im alltäglichen Leben Individuen von Fleisch und Blut; aber bei den nächtlichen Kämpfen nehmen sie die furchterregenden Züge der Schar der umherirrenden Toten an. Auch in Friaul treffen wir also den folkloristischen Mythos der »Wilden Jagd« wieder an. Dennoch ist er auch in der christianisierten Fassung der Prozessionen der sich läuternden Seelen präsent. Ihnen schließen sich an den Quatembertagen andere Benandanti an, die sich, nachdem sie aus dem Tiefschlaf wieder hochgekommen sind, ihrer Vertrautheit mit der Welt der Toten rühmen. Aber in Friaul erscheint die vielgestaltige Gottheit (Perchta, Holda, Diana, Hekate, Herodias, Venus, Abonde, Hellequin), die in anderen Teilen Europas die

Schar der Seelen anführte, nur einmal. Es ist eine Frau. Ihre Gefolgsleute bezeichnen sie ehrerbietig mit dem aufklärerischen Beiwort – die »Äbtissin«.[27]

Die »Abteien« oder »Kompanien« von Jugendlichen waren sicher sehr verschieden von denen der Benandanti – schon deswegen, weil sie real existierten und nicht als Traumgebilde.[28] Aber die Berührungspunkte sind nicht zu übersehen. Wie die Benandanti gehörten die Mitglieder dieser Vereinigungen, vor allem in der frühesten Phase, einer ganz bestimmten Altersgruppe an.[29] Ihre militärischen Kennzeichen waren manchmal sehr ausgeprägt: als sich 1560 der Herzog von Savoyen nach Rivoli begab, nahm »in großer Zahl die Kompanie der Kinder mit ihren Hauptleuten, Abzeichen und jedes mit einem roten Wimpel«[30] am Empfang teil. In Piemont veranstalteten die »Abteien« der Jugendlichen zu bestimmten Zeiten des Jahres fiktive Gefechte mit Degen und Stöcken.[31] An anderen Orten nahmen die zufälligen Treffen der Jugendgruppen seltsam rituelle Formen an.[32] Die »Abteien« waren oft mit Festen verbunden, die dazu dienten, die Fruchtbarkeit der Felder und der Ehen herbeizuwünschen – wie zum Beispiel die *Fête des Brandons*; sie fand am ersten Sonntag der Fastenzeit statt, d. h. während des Frühjahrquatembers.[33] An Allerheiligen hatten sie außerdem die Aufgabe, die Glocken für die vorzeitig Verstorbenen zu läuten.[34]

Diese wenigen Striche sind weit davon entfernt, ein genügend belegtes Bild abzugeben. Dennoch scheint die Hypothese, die bereits von anderen Forschern formuliert worden ist[35], daß eine intensive Beziehung zwischen den »Abteien« der Jugendlichen und der Totenwelt bestand, eine gewisse Grundlage zu haben. Der Vergleich mit der anomalen »Kompanie« der Benandanti läßt vielleicht einen weiteren Schritt zu: in der frühesten Phase bildete die »Wilde Jagd« den mythischen Hintergrund der Jugendgruppen. Bei ihren vielfältigen rituellen Aktivitäten verkörperten die Jugendlichen die Toten des Dorfes. Im Laufe der Zeit verloren sich derartige mythische Implikationen fast vollständig. Dennoch gab es in der weiter zurückliegenden Zeit eine absolute Kohärenz zwischen Mythos und Ritus. Von hier aus wird es nicht wundernehmen, daß das erste uns überkommene Zeugnis über das *Charivari* die unzweideutigen Züge der *mesnie Hellequin* – oder ihres engsten Verwandten, der »Wilden Jagd« – trug.[36]

4

Die Kohärenz, die wir für die älteste Periode angenommen haben, erstreckt sich auch auf die Funktionen des *Charivari*. In den uns näher liegenden Jahrhunderten waren sie sehr vielfältig, wie E. P. Thompson für England gezeigt hat. Außer Witwer und Witwen, die sich wieder verheirateten, schlossen sie in ihre auserwählten Zielscheiben Ehemänner und Ehefrauen ein, die den Ehegatten mißhandelten oder untreu waren, und schließlich Individuen, die sich außerhalb des ehelichen Lebens mit Schuld befleckt hatten – zum Beispiel Polizisten, unbeliebte Prediger, Arbeiter, die es hinnahmen, zu viele Überstunden zu machen und so weiter. Aber die ältesten Zeugnisse zeigen klar, daß sich das *Charivari* in spezifischer Weise gegen die

Wiederverheiratung von Witwern und Witwen richtete. Die Synodalstatuten der Kirche von Avignon (1337) unterscheiden zum Beispiel zwischen dem *Malprofiech*, d. h. der Gewohnheit, die Brautleute mit einem Heidenlärm, Obszönitäten, Heischen von Geld oder von Naturalgaben zu empfangen, und dem *chalvaricum*, einem Tumult, der sich gegen Männer und Frauen richtete, die sich als Witwer oder Witwe zum zweiten Mal verheirateten.[37] Alle Zeugnisse aus diesem Zeitabschnitt haben einen analogen Inhalt.[38] Nur allmählich – so scheint es – nahm der aggressive Ritus des *Charivari* weitere Bedeutungen an und verleibte sich auch Gebräuche ein, die bereits in der alten Welt existierten, wie zum Beispiel den, den ehebrecherischen Gatten (oder sein Bildnis) auf einem Esel herumzuführen.[39]

N. Z. Davis hat angenommen, daß der Hauptgrund für die kollektive Mißgunst bei Wiederverheiratungen der Entzug eines (männlichen oder weiblichen) Mitglieds aus dem – vor allem auf dem Dorf notwendigerweise limitierten – Kreis an möglichen Partnern im heiratsfähigen Alter gewesen sei.[40] Das scheint umso plausibler, wenn wir den Zeitraum bedenken, in dem das *Charivari* seinen Ursprung hatte. Denn kein Zeugnis über das *Charivari* ist älter als die ersten Jahrzehnte des 14. Jahrhunderts. In einer Gesellschaft, die von tiefen ökonomischen und demographischen Krisen heimgesucht wird, deren Bevölkerung durch Epidemien und Hungersnöte vermindert wird, ist die Zahl der Jugendlichen im heiratsfähigen Alter ungemein beschränkt. In dieser Situation mußte die Wiederverheiratung eines Witwers oder einer Witwe von den Jugendlichen der Gemeinschaft als wahrer Affront wahrgenommen werden. Der mit Obszönitäten und Verwünschungen durchsetzte Lärm der Toten des Dorfes, die durch die Jugendbünde verkörpert wurden, drückte in aggressivster Weise die soziale Mißbilligung gegenüber einem Vorgang aus, der das ohnehin schon prekäre demographische Gleichgewicht noch weiter schädigte. Die Ereignisse der folgenden Jahrzehnte, angefangen bei der großen Pest, stellten den bleibenden Anklang des *Charivari* sicher. Erst sehr viel später, als sich die mit der demographischen Krise verbundenen Spannungen auf dem Gebiet der Eheschließungen lockerten, wandelte sich das *Charivari*, um vollständig oder teilweise neue Inhalte auszudrücken.

5

Die früheste Phase in der Geschichte des *Charivari* bezeugt ein äußerst wichtiges Phänomen: die Anwesenheit der Toten in den Gesellschaften des vorindustriellen Europa. Für uns heute existieren einzelne Tote, mit denen wir im Leben (direkt oder über vertraute Erinnerungen) verbunden gewesen sind; oder es existiert ein abstrakter Begriff wie »der Tod«. Damals fühlten sich die Lebenden durch eine Reihe von Beziehungen, die von Solidarität bis zur Drohung reichten, mit einer wahrhaften Gemeinschaft von Toten verbunden. Die Wahrnehmung dieses Verbundenseins fand ihren dauerhaften Ausdruck im vielgestaltigen Mythos der »Wilden Jagd«. Durch ihn äußerte sich der angstbesetzte Schrecken, in den Schlund der Nicht-Lebenden hinabgezogen zu werden – und wurde so in gewisser Weise gezähmt.[41] Gegen diese Auffassung des Todes, die dem Christentum zutiefst fremd war, focht die Kirche einen langen Kampf: die Schar der unbefriedeten Toten wurde durch die mahnende Schar der sich läuternden Seelen ersetzt (und parallel dazu wurde die Totenklage von den christlichen Tränen aufgeweicht).[42] Aber vor allem in den ländlichen Gebieten zog die Kirche in diesem Kampf lange Zeit den kürzeren. Der Mythos der »Wilden Jagd« nährte weiterhin in seinen verschiedenen Fassungen die Vorstellungen und Träume von Männern und Frauen. Und dann nahm die Strategie der Kirche (bewußt oder unbewußt) eine andere Form an. Der Christianisierung der »Wilden Jagd« wurde nach und nach deren Verteufelung an die Seite gestellt. In einem langen Verarbeitungsprozeß durch Theologen, Dämonologen und Inquisitoren wurden die Scharen der umherirrenden Toten umgestaltet und entstellt, bis sie das monströse Aussehen des Hexensabbats annahmen. In diese Form wurde der sehr alte Mythos der »Wilden Jagd« zuerst hineingepreßt und dann blutig von den ländlichen Gebieten Europas hinweggefegt.[43]

Anmerkungen

1 Vgl. E. P. Thompson, *»Rough Music« oder englische Katzenmusik*, in: E. P. Thompson, *Plebeische Kultur und moralische Ökonomie. Aufsätze zur englischen Sozialgeschichte des 18. und 19. Jahrhunderts*, Berlin 1980, S. 131.

2 C. Lévi-Strauss, *Mythologica I. Das Rohe und das Gekochte*, Frankfurt am Main, 1971, S. 369 ff.

3 Vgl. E. P. Thompson, *»Rough Music«* . . . op. cit., S. 136 ff., S. 164 ff.

4 Ich benutze einen von Marx zu einem ganz anderen Zweck verwendeten Ausdruck (der jedoch von Fourier stammt; vgl. I. Calvino, Einleitung zu Ch. Fourier, *Teoria dei quattro movimenti. Il nuovo mondo amoroso*, Turin 1971, S. xv).

5 Vgl. E. P. Thompson, *»Rough Music«* . . ., op. cit., S. 154-155.

6 Ebd., S. 133.

7 In seiner Polemik gegen die mißbräuchliche Verwendung des Ausdrucks »Überleben« in der Volksreligion hat J.-Cl. Schmitt zurecht behauptet, daß »rien n'est ›survecu‹ dans une culture: tout est vecu ou n'est pas« (*»Religion populaire« et culture folklorique*, in: »Annales E.S.C.«, 31 (1976), S. 946). Vielleicht ist dies eine übertriebene Formulierung, weil sie nicht berücksichtigt, was es alles an Trägem, Wiederholbarem, Mechanischem bei der kulturellen Übertragung gibt (oder geben kann).

8 Vgl. *Le Roman de Fauvel, par Gervais du Bus*, publié . . . par A. Langfors, Paris 1914-1919, S. 164-167; zur Datierung S. 144-145.

9 Vgl. O. Driesen, *Der Ursprung des Harlekin. Ein kulturgeschichtliches Problem*, Berlin 1904, S. 104 ff., 242-248; P. Fortier-Beaulieu, *Le Charivari dans le Roman de Fauvel*, in: »Revue de Folklore Français et de Folklore colonial«, 11 (1940), S. 1-16; Über die von Fortier-Beaulieu vorgeschlagene Interpretation siehe unten.

10 *Le Roman de Fauvel*, op. cit., S. 164.

11 Ebd., S. 166.

12 Vgl. O. Driesen, *Der Ursprung* . . ., op. cit., S. 104 ff.

13 Vgl. C. Ginzburg, *Die Benandanti. Feldkulte und Hexenwesen im 16. und 17. Jahrhundert*, Frankfurt am Main 1980, S. 62-87 (über den Abschnitt von Ordericus Vitalis, S. 72-73).

14 Vgl. Migne, *Patrologia Latina*, 188, 609.

15 Ebd., 611.

16 Ebd., 611-612.

17 Der Abschnitt ist zum ersten Mal von O. Driesen, *Der Ursprung* . . ., op. cit., S. 236-237 veröffentlicht worden.

18 Ebd., S. 242-244.

19 Ebd., S. 244-248.

20 Vgl. *Le Charivari dans le Roman de Fauvel*, op. cit. und im selben Heft der »Revue de Folklore Français et de Folklore colonial«, *Le Charivari aux Veufs dans les Landes*, S. 17-36. Die Schlußfolgerungen von Fortier-Beaulieu sind von A. van Gennep, *Manuel du folklore francais contemporain*, I, 1, Paris 1943, S. 620, 627 aufgenommen (aber nicht übernommen) worden; ebenso von J.-Cl. Margolin, *Charivari et mariage ridicule au temps de la Renaissance*, in: *Les fêtes de la Renaissance*, III, Paris 1975, S. 582-583 (der ihnen dagegen zustimmt).

21 Vgl. K. Meuli, *Charivari*, in: *Festschrift Franz Dornseiff zum 65. Geburtstag*, Leipzig 1953, S. 243 (mit Bibliographie) (wiederabgedruckt in: K. Meuli, *Gesammelte Schriften*, Bd. 1, Basel und Stuttgart 1975). Auf den S. 239 ff. insistiert Meuli auf den Verbindungen von *Charivari* und (wirklicher, nicht mythischer) Jagd.

22 Vgl. L. Sainéan, *La mesnie Hellequin*, in: »Revue des Traditions Populaires«, 20 (1905), S. 177-186, vor allem S. 184-185. Siehe außer der zitierten Untersuchung von Driesen G. Raynaud, *I. La mesnie Hellequin . . .*, in: *Etudes romanes dédiées à Gaston Paris*, Paris 1891, S. 51-68, was von F. Lot, *La mesnie Hellequin et le compte Ernequin de Bourgogne*, in: »Romania«, 32 (1903), S. 422-441 verworfen wird; er schlägt (S. 440-441) eine andere Etymologie vor, die von dem Wort *Hölle* ausgeht.

23 Vgl. N. Zemon Davis, *Society and Culture in Early Modern France*, Stanford, Cal. 1975, S. 98-123, 296-309 (»The Reasons of Misrule«).

24 Vgl. E. P. Thompson, *»Rough Music« . . .*, op. cit., S. 146.
Davis ist diesbezüglich vorsichtiger; vgl. *Society and Culture . . .*, op. cit., S. 109 und die Anmerkung 47 auf S. 302-303.

25 Vgl. zu alle dem mein Buch, *Die Benandanti . . .*, op. cit.

26 Für Rumänien vgl. den Verweis auf Parallelfiguren zu den Benandanti bei M. Eliade, *Einige Beobachtungen über das europäische Hexentum*, in: ders., *Das Okkulte und die moderne Welt*, Salzburg 1978, S. 78-83. Für Ungarn vgl. G. Roheim, *Hungarian Shamanism*, in: *»Psychoanalysis and the Social Sciences«*, 3 (1951), S. 131-169 (für den Hinweis von Carla Caprioli danke ich herzlich). Für die Osseten im Kaukasus vgl. G. Dumézil, *Le problème des Centaures*, Paris 1929, S. 92-93.

27 Vgl. *Die Benandanti . . .*, op. cit., S. 129.

28 Trotzdem kann man nicht ausschließen, daß die Treffen der Benandanti zumindest in einigen Fällen real stattfanden; vgl. ebd., S. 166-169.

29 Vgl. N. Zemon Davis, *Society and Culture . . .*, op. cit., S. 98 ff.

30 Vgl. G. C. Pola Falletti-Villafalletto, *Associazioni giovanili e feste antiche. Loro origini*, I, Mailand 1939, S. 37.

31 Ebd. S. 234 ff, 361 ff.

32 Vgl. H. Hours, *Emeutes et émotions populaires dans les campagnes du Lyonnais au XVIIIe siècle*, in: »Cahiers d'histoire«, 9 (1964), S. 137-153, vor allem S. 144-145.

33 Vgl. N. Zemon Davis, *Society and Culture . . .*, op. cit., S. 104; siehe auch G. C. Pola Falletti-Villafalletto, *Associazioni giovanili . . .*, op. cit., S. 297.

34 Vgl. N. Zemon Davis, *Society and Culture . . .*, op. cit., S. 105.

35 Ebd., S. 104-105, mit Bibliographie.

36 Die Wichtigkeit der Verbindung von *Charivari* und *mesnie Hellequin* im Einschub zum *Roman de Fauvel* ist von T. Dömötör, *Erscheinungsformen des Charivari im Ungarischen Sprachgebiet*, in: »Acta Ethnographica Academiae Scientiarum Hungaricae«, 6 (1958), S. 83-84 erahnt worden, ohne daß sie jedoch die nötigen Konsequenzen zog.

37 Vgl. Martène-Durand, *Thesaurus novus anecdotorum*, IV, Lutetiae Parisiorum 1717, Sp. 560-561.

38 Vgl. ebd., Sp. 654 (Synodalstatuten von Béziers, 1368). Ein Verbot in Turin von 1337 ist von F. Neri, *Le abbazie degli stolti in Piemonte nei secoli XV e XVI*, in: »Giornale storico della letteratura italiana«, 40 (1902), S. 3 Anm. 2 zitiert worden. Andere Zeugnisse aus dem 14. Jahrhundert sind bei Ducange (Stichworte »charicarium«, »chalvaricum« u.s.w.) erwähnt worden.

39 Vgl. V. Alford, *Rough Music or Charivari*, in: »Folklore«, 70 (1959), S. 507.

40 Vgl. *Society and Culture . . .*, op. cit., S. 106-107.

41 Vgl. zu diesem Ansatz E. De Martino, *Il mondo magico*, Turin 1948.

42 Vgl. vom selben Autor, *Morte e pianto rituale dal lamento funebre antico al pianto di Maria*, Turin 1975 (1. Aufl. 1958).

43 Dieser Vorgang ist für Friaul in den *Benandanti*, op. cit., rekonstruiert worden. In einem Buch, das sich in Vorbereitung befindet, nehme ich mir vor, die Schlußfolgerungen in breiterem Umfang, sowohl unter zeitlichem wie räumlichem Aspekt, nachzuprüfen.

Spurensicherung.
Der Jäger entziffert die Fährte, Sherlock Holmes nimmt die Lupe, Freud liest Morelli – die Wissenschaft auf der Suche nach sich selbst

Der liebe Gott steckt im Detail.
Gustave Flaubert und Aby Warburg

Ein Ding, das vom Verlust spricht, von der Zerstörung, vom Verschwinden der Dinge. Von sich selber spricht es nicht. Es spricht von anderen. Schließt es sie auch ein? *Jasper Johns*

Ich möchte auf den folgenden Seiten zeigen, wie im Bereich der Humanwissenschaften gegen Ende des 19. Jahrhunderts stillschweigend eine neue Vorgehensweise aufgetaucht ist: ein epistemologisches Modell (oder, wenn man will, ein Paradigma[1]), dem bislang noch nicht genügend Aufmerksamkeit gewidmet wurde. Die Analyse dieses Paradigmas – das faktisch sehr wirksam ist, nie aber ausdrücklich theoretisiert wurde – könnte vielleicht dazu beitragen, aus dem Dilemma der seichten Gegenüberstellung von »Rationalismus« und »Irrationalismus« herauszukommen.

I

1. Zwischen 1874 und 1876 erschien in der »Zeitschrift für bildende Kunst« eine Reihe von Aufsätzen über italienische Malerei. Sie waren von einem unbekannten russischen Autor namens Ivan Lermolieff gezeichnet und von einem ebenso unbekannten Johannes Schwarze ins Deutsche übertragen. Die Aufsätze stellten eine neue Methode zur Identifizierung von Autoren antiker Bilder vor, die eine lebhafte und kontroverse Diskussion unter Kunsthistorikern auslöste. Nur wenige Jahre später warf der Autor die doppelte Maske ab, hinter der er sich verborgen hatte. Es

Dieser Text erschien (nach mehreren Teilveröffentlichungen) unter dem Titel *Spie. Radici di un paradigma indiziaro* in dem von Aldo Gargani herausgegebenen Band *Crisi della ragione. Nuovi modelli nel rapporto tra sapere e attività umane*, Turin 1979, S. 57-106. Die deutsche Übersetzung (die für den vorliegenden Band leicht überarbeitet wurde) erschien zuerst in »Freibeuter« 3, S. 7-17, und 4, S. 11-36. Sie wurde von Gisela Bonz besorgt. Der Anmerkungsapparat ist gekürzt.

war in Wirklichkeit der Italiener Giovanni Morelli (Schwarze ist die deutsche Übersetzung [»Morello«, Plural: »morelli«, ist das italienische Wort für »Rappe, schwarzes Pferd«. Anmerkung der Übersetzerin] und Lermolieff fast das Anagramm des Namens Morelli). Noch heute ist es unter Kunsthistorikern üblich, von der »Morelli-Methode« zu sprechen.[2]

Fassen wir kurz zusammen, worin diese Methode bestand. Die Museen, so sagte Morelli, sind voll von Bildern, deren Autoren nur ungenau ermittelt sind. Aber es ist auch sehr schwierig, jedes einzelne Bild ganz exakt einem bestimmten Künstler zuzuweisen: sehr oft hat man es mit Werken zu tun, die nicht signiert, die vielleicht übermalt oder schlecht erhalten sind. In solchen Fällen ist es unbedingt notwendig, die Originale von den Kopien unterscheiden zu können. Man dürfe sich daher, so Morelli, nicht – wie es sonst üblich ist – auf die besonders auffälligen und daher leicht kopierbaren Merkmale der Bilder stützen: die gen Himmel gerichteten Augen der Figuren Peruginos, das Lächeln der Gestalten Leonardos usw. Man solle stattdessen mehr die Details untersuchen, denen der Künstler weniger Aufmerksamkeit schenkt und die weniger von der Schule, der er angehört, beeinflußt sind: Ohrläppchen, Fingernägel, die Form von Fingern, Händen und Füßen. Auf diese Weise entdeckte Morelli die für Botticelli, die für Cosimo Tura typische Form der Ohren und katalogisierte sorgfältig alle diese Merkmale, die in den Originalen, nicht aber in den Kopien vorkommen. Mit dieser Methode revidierte er die Zuordnung zahlreicher Gemälde aus einigen der wichtigsten Museen Europas. Oft waren es sensationelle Entdeckungen: das Bild einer liegenden Venus etwa, das in der Dresdner Gemäldegalerie hängt und für eine von Sassoferrato angefertigte Kopie eines verlorenen Tizian-Gemäldes gehalten wurde, identifizierte Morelli als eines der wenigen Werke, das mit Sicherheit von Giorgione stammt.

Giovanni Morelli (Ivan Lermolieff)

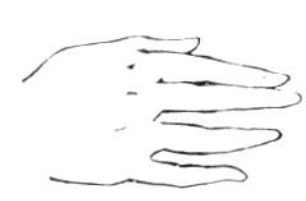

Hand des
Lorenzo Costa

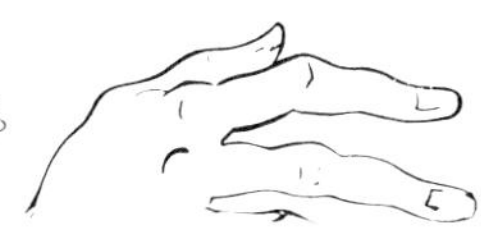

Hand des
Cosimo Tura

Ohr des
Lorenzo Costa

Ohr des
Cosimo Tura

Giorgione, *Schlummernde Venus*, Dresden.

Trotz solcher Ergebnisse wurde Morellis Methode heftig kritisiert – wohl auch wegen der fast anmaßenden Sicherheit, mit der er sie vortrug. Später wurde sie dann als mechanisch und grob positivistisch abgetan und geriet in Mißkredit (freilich schloß das nicht aus, daß viele der Kunsthistoriker, die nun abfällig von ihr sprachen, sie stillschweigend weiterhin benutzten). Das neuerliche Interesse an den Arbeiten Morellis ist ein Verdienst von Edgar Wind: er sah in ihnen ein typisches Beispiel für eine neue Rezeptionsweise von Kunstwerken – eine Rezeptionsweise, die eher am Detail als an dem Werk als Ganzem Gefallen findet. Morelli betreibe, so Wind, einen übersteigerten Kult, der der Unmittelbarkeit des Genies huldige; schon in seiner Jugend, in Verbindung zu den romantischen Zirkeln Berlins, habe er diese Haltung entwickelt. Diese Interpretation ist wenig überzeugend, denn die Probleme, die Morelli sich stellte, waren nicht ästhetische, sondern philologische, waren also Probleme, die der Ästhetik vorgelagert waren (und gerade das wurde ihm später ja vorgeworfen). Tatsächlich waren die Implikationen der Methode, die Morelli vorschlug, ganz andere und sehr viel reichhaltigere. Wir werden sehen, daß Wind sie selbst um ein Haar erfaßt hätte.

2. Wind schreibt: »Morellis Bücher heben sich von denen anderer Kunstschriftsteller deutlich ab: sie sind übersät mit Abbildungen von Fingern und Ohren, sorgfältigen Darstellungen jener charakteristischen Kleinigkeiten, in denen ein Künstler sich verrät wie ein Verbrecher durch seine Fingerabdrücke. Und (. . .) jede Gemäldesammlung, die Morelli studierte, (ähnelte) unter der Hand einem Kriminalmuseum . . .«[3] Diesen Vergleich hat Castelnuovo in brillanter Art weiterent-

wickelt: er hat Morellis Methode der Indizienforschung mit der Methode in Verbindung gebracht, mit der – fast zur gleichen Zeit – Sherlock Holmes von seinem Schöpfer ausgerüstet wurde.[4] Der Kunstsachverständige ist dem Detektiv vergleichbar: er entdeckt den Täter (der am Bild schuldig ist) mittels Indizien, die dem Außenstehenden unsichtbar bleiben. Es gibt bekanntlich zahllose Beispiele für Holmes' Scharfsinn und seine Fähigkeit, etwa Fußspuren im Schlamm oder Zigarettenasche zu interpretieren. Um sich aber von der Genauigkeit des Vergleichs zu überzeugen, den Castelnuovo anstellte, muß man nur etwa eine Story wie *Ein unheimliches Paket* (1892) heranziehen, in der Sherlock Holmes buchstäblich »morellisiert«. Der Fall beginnt mit zwei abgeschnittenen Ohren, die einer unschuldigen Frau per Post zugeschickt werden. Und schon ist der Kenner am Werk: Holmes »hielt mitten im Satz inne, und ich (Watson) war höchst überrascht, zu sehen, daß er mit intensivem Interesse das Profil der Dame studierte. Erstaunen und dann Befriedigung zeigten sich einen Augenblick lang auf seinem Gesicht, doch als auch sie sich ihm zuwandte, um den Grund für sein plötzliches Verstummen festzustellen, waren seine Züge wieder unbewegt wie immer.«[5]

Etwas später erklärt Holmes seinem Freund Watson (und den Lesern) den Ablauf seiner blitzschnellen Grübelarbeit: »Als Mediziner weißt du ja, Watson, daß es kaum einen Körperteil gibt, der so individuell ausfällt wie das menschliche Ohr. In der Regel ist jedes Ohr anders und unterscheidet sich somit von allen übrigen. In der vorjährigen Ausgabe des ANTHROPOLOGICAL JOURNAL kannst du zwei kurze Beiträge aus meiner Feder über dieses Thema lesen. Ich hatte die Ohren in der Schachtel als Sachverständiger betrachten können und dabei sorgfältig ihre verschiedenen anatomischen Merkmale registriert. Stell dir nun mein Erstaunen vor: Miss Cushings Ohr bildete fast das genaue Gegenstück zu dem weiblichen Ohr, das ich gerade untersucht hatte. Das konnte kein reiner Zufall sein. Da war dieselbe Verkürzung des Muskels, dieselbe breite Kurve des Ohrläppchens, dieselbe Windung des inneren Knorpels. In allen wesentlichen Zügen war es dasselbe Ohr. Natürlich erkannte ich sofort die ungeheure Bedeutung dieser Entdeckung. Das weibliche Opfer mußte eine Blutsverwandte, wahrscheinlich sogar eine sehr nahe sein.«[6]

3. Wir werden bald sehen, was diese Parallelität alles impliziert. Zunächst jedoch möchte ich eine andere wertvolle Intuition von Edgar Wind wieder aufnehmen: »Einigen Gegnern Morellis schien es unbegreiflich, ›daß die Persönlichkeit dort zu finden sei, wo sie am schwächsten eingesetzt ist‹. Aber in diesem Punkt würde die moderne Psychologie Morelli beipflichten: unsere unwillkürlichen, kleinen Gesten verraten mehr von unserem Charakter als irgendwelche wohleinstudierten Posen.«[7]

»Unsere unwillkürlichen, kleinen Gesten ...«: an die Stelle des allgemeinen Ausdrucks »moderne Psychologie« können wir ohne weiteres den Namen Freud setzen. Und Winds Ausführungen haben in der Tat die Aufmerksamkeit der Wissenschaftler auf eine lange vernachlässigte Stelle in Freuds berühmten Essay *Der Moses des Michelangelo* (1914) gelenkt. Am Anfang des zweiten Abschnittes schreibt Freud: »Lange bevor ich etwas von der Psychoanalyse hören konnte, erfuhr ich, daß ein russischer Kunstkenner, Ivan Lermolieff, dessen erste Aufsätze 1874 bis 1876 in deutscher Sprache veröffentlicht wurden, eine Umwälzung in den Galerien Europas hervorgerufen hatte, indem er die Zuteilung vieler Bilder an die einzelnen Maler revidierte, Kopien von Originalen mit Sicherheit unterscheiden lehrte und aus den von ihren früheren Bezeichnungen frei gewordenen Werken neue Künstlerindividualitäten konstruierte. Er brachte dies zustande, indem er vom Gesamteindruck und von den großen Zügen eines Gemaldes absehen hieß und die charakteristische Bedeutung von untergeordneten Details hervorhob, von solchen Kleinigkeiten wie die Bildung der Fingernägel, der Ohrläppchen, des Heiligenscheines und anderer unbeachteter Dinge, die der Kopist nachzuahmen vernachlässigt, und die doch jeder Künstler in einer ihn kennzeichnenden Weise ausführt. Es hat mich dann sehr interessiert zu erfahren, daß sich hinter dem russischen Pseudonym ein italienischer Arzt, namens Morelli, verborgen hatte. Er ist 1891 als Senator des Königreiches Italien gestorben. Ich glaube, sein Verfahren ist mit der Technik der ärztlichen Psychoanalyse nahe verwandt. Auch diese ist gewöhnt, aus gering geschätzten oder nicht beachteten Zügen, aus dem Abhub – dem ›*refuse*‹ – der Beobachtung, Geheimes und Verborgenes zu erraten.«[8]

Der Essay *Der Moses des Michelangelo* erschien zunächst anonym: erst als er den Text in seine gesammelten Werke aufnahm, gab sich Freud als Verfasser zu erkennen. Man hat vermutet, Morellis Neigung, sich durch den Gebrauch von Pseudonymen als Autor unkenntlich zu machen, habe in gewisser Hinsicht schließlich auch Freud angesteckt; über die Bedeutung dieses Zusammenfallens sind mehr oder minder plausible Vermutungen geäußert worden. Sicher ist aber, daß sich Freud – durch den Schleier der Anonymität geschützt – in zugleich eindeutiger und vorsichtiger Weise zu dem erheblichen intellektuellen Einfluß bekannte, den Morelli zu einer Zeit auf ihn ausgeübt hatte, als die Psychoanalyse noch längst nicht entdeckt war (»Lange bevor ich etwas von der Psychoanalyse hören konnte . . .«). Beschränkt man – wie es vorgekommen ist – diesen Einfluß auf den Essay *Der Moses des Michelangelo* oder andere Schriften Freuds über Probleme mit kunsthistorischem Bezug, so beschneidet man zu Unrecht die Tragweite seiner Worte: »Ich glaube, sein (Morellis) Verfahren ist mit der Technik der ärztlichen Psychoanalyse nahe verwandt.« Tatsächlich weisen die zitierten Ausführungen Freuds Giovanni Morelli einen besonderen Platz in der Entwicklungsgeschichte der Psychoanalyse zu. Es handelt sich hier um einen dokumentarisch erwiesenen und nicht nur mutmaßlichen Zusammenhang – welch letzteres vielmehr für den größten Teil der »Vorgeschichte« und die meisten »Vorläufer« Freuds gilt. Mehr noch: Freud stieß, wie schon gesagt, in seiner »präanalytischen« Phase auf die Schriften Morellis. Wir haben es hier also mit einem Element zu tun, das direkt zur Herausbildung der Psychoanalyse beigetragen hat, und nicht nur mit einer Übereinstimmung, die nachträglich festgestellt wurde (wie im Fall des Traumes von Josef Popper-Lynkeus, auf den in den Neuauflagen der *Traumdeutung* hingewiesen wird.).[9]

4. Bevor wir zu verstehen versuchen, was Freud den Schriften Morellis entnehmen konnte, ist es angebracht, genau den Zeitpunkt seiner Morelli-Lektüre zu ermitteln. Den Zeitpunkt, oder besser: die Zeitpunkte, da Freud von zwei verschiedenen Begegnungen spricht: »Lange bevor ich etwas von der Psychoanalyse hören konnte, erfuhr ich, daß ein russischer Kunstkenner, Ivan Lermolieff« . . . »Es hat mich dann sehr interessiert zu erfahren, daß sich hinter dem russischen Pseudonym ein italienischer Arzt, namens Morelli, verborgen hatte . . .«

Die erste Bemerkung kann man nur vermutungsweise datieren. Als *terminus ante quem* können wir 1895 (das Jahr, in dem die *Studien über Hysterie* von Freud und Breuer veröffentlicht wurden) oder 1896 (in dem Freud zum ersten Mal den Ausdruck »Psychoanalyse« benutzte) annehmen. Als *terminus post quem* das Jahr 1883. Im Dezember dieses Jahres schrieb Freud in einem langen Brief an seine Verlobte von der »Entdeckung der Malerei«, die er während eines Besuches der Dresdner Gemäldegalerie gemacht habe; davor habe ihn die Malerei nicht interessiert. »Jetzt habe ich meine Barbarei abgeschüttelt und angefangen, sie zu bewundern«, schrieb er. Es ist kaum anzunehmen, daß die Schriften eines unbekannten Kunsthistorikers Freud schon vor diesem Zeitpunkt fesselten. Es ist jedoch sehr plausibel, daß er kurze Zeit nach dem Brief an seine Verlobte sie zu lesen begann; denn die ersten, in einem Sammelband veröffentlichten Aufsätze Morellis (Leipzig 1880) befaßten sich mit den Werken italienischer Meister in den Galerien von München, Dresden und Berlin.[10]

Die zweite Begegnung Freuds mit den Schriften Morellis kann genauer datiert werden. Der wirkliche Name von Ivan Lermolieff wurde zum ersten Mal auf der Titelseite der englischen Übersetzung jener eben erwähnten Aufsätze veröffentlicht; sie erschien 1883. In den Neuauflagen und Übersetzungen, die nach 1891 (dem Todesjahr Morellis) erschienen, stehen immer sowohl der wahre Name als auch das Pseudonym.[11] Es ist nicht ausgeschlossen, daß einer dieser Bände früher oder später auch Freud in die Hände fiel. Wahrscheinlich aber erfuhr er die wahre Identität Ivan Lermolieffs ganz zufällig im September 1898, als er in einer Mailänder Buchhandlung herumstöberte. In der in London erhaltenen Bibliothek Freuds gibt es nämlich einen Band von Giovanni Morelli (Ivan Lermolieff): *Della pittura italiana. Studii storico critici. – Le gallerie Borghese e Doria Pamphili in Roma,* Mailand 1897 (deutsche, im folgenden zitierte Ausgabe: *Kunstkritische Studien über italienische Malerei. Die Galerien Borghese und Doria Panfili in Rom,* Leipzig 1890). Auf der Titelseite ist das Datum des Buchkaufs vermerkt: Mailand, 14. September. Freud hielt sich nur ein einziges Mal in Mailand auf, im Herbst 1898. Übrigens interessierte er sich zu dieser Zeit noch aus einem anderen Grund für das Buch Morellis. Seit einigen Monaten beschäftigte er sich mit dem

Sigmund Freud, um 1912

Lapsus; vor geraumer Zeit hatte er in Dalmatien ein Erlebnis, das er später in der *Psychopathologie des Alltagslebens* analysierte. Freud hatte vergeblich versucht, sich an den Namen des Künstlers, der die Fresken in Orvieto gemalt hat, zu erinnern. Nun waren aber sowohl der wirkliche Maler (Signorelli) als auch die fälschlich angenommenen, an die Freud sich erinnert hatte (Botticelli, Boltraffio), in dem Buch Morellis erwähnt.[12]

Was aber konnte ihm – dem jungen, von der Psychoanalyse noch weit entfernten Freud – das Studium der Aufsätze Morellis bedeuten? Freud selbst weist darauf hin: die Entwicklung einer Methode der Interpretation, die sich auf Wertloses stützt, auf Nebensächlichkeiten, die jedoch für aufschlußreich gehalten werden. So lieferten Details, die gewöhnlich als unwichtig, gar trivial oder »niedrig« galten, den Zugang zu den erhabensten Produkten des menschlichen Geistes. Mit einer Ironie, die Freud sicher gefiel, schrieb Morelli: ». . . warum haben (meine Gegner) die von mir anempfohlene Methode zur sicheren Bestimmung der Meister dadurch lächerlich zu machen gesucht, daß sie mich darzustellen belieben als einen, welcher blind sei für den geistigen Gehalt eines Kunstwerkes und darum auf äußere Hilfsmittel, wie die Formen der Hand, des Ohres, ja sogar, *horribile dictu*, der garstigen Nägel, ein besonderes Gewicht lege?«[13] Auch Morelli hätte sich das Motto Vergils »Flectere si nequeo Superos, Acheronta movebo« (Wenn ich nicht die Überirdischen beugen kann, so werde ich [wenigstens] die Unterirdischen bewegen), das Freud so schätzte und der »Traumdeutung« voranstellte, zu eigen machen können. Zudem hatten diese Nebensächlichkeiten für Morelli einen Offenbarungswert, denn sie bezeichnen die Momente, in denen die an die kulturelle Tradition gebundene Kontrolle des Künstlers nachläßt, um rein individuellen Zügen Platz zu machen, »die ihm entschlüpfen, ohne daß er derselben gewahr wird«.[14] Mehr noch als der bloße Hinweis auf eine Tätigkeit des Unbewußten, der für diese Zeit nichts Außergewöhnliches war, fällt auf, daß hier das Innerste der künstlerischen Individualität in den Elementen gesehen wird, die sich der Kontrolle durch das Bewußtsein entziehen.

5. Wir haben gesehen, daß sich zwischen der Methode Morellis, Holmes' und Freuds eine Analogie abzeichnet. Von der Beziehung zwischen Morelli und Holmes und der zwischen Morelli und Freud haben wir schon gesprochen. Auf die sonderbare Übereinstimmung der Vorgehensweisen von Holmes und Freud hat S. Marcus hingewiesen.[15] Übrigens bezeugte Freud selbst, im Gespräch mit einem Patienten (dem »Wolfsmann«), sein Interesse an den Abenteuern Sherlock Holmes'. Doch einem Kollegen (T. Reik) gegenüber, der die psychoanalytische Methode mit der von Holmes zusammenbrachte, sprach er im Frühjahr 1913 fast bewundernd von den Identifikationstechniken Morellis. In allen drei Fällen erlauben es unendlich feine Spuren, eine tiefere, sonst nicht erreichbare Realität einzufangen. Spuren,

genauer gesagt: Symptome (bei Freud), Indizien (bei Sherlock Holmes) und malerische Details (bei Morelli).[16]

Wie erklärt sich diese dreifache Analogie? Die Antwort ist auf den ersten Blick sehr einfach. Freud war Arzt; Morelli promovierte in Medizin, Conan Doyle hatte als Arzt gearbeitet, bevor er sich der Literatur widmete. In allen drei Fällen erahnt man das Modell der medizinischen Semiotik: einer Wissenschaft, die es erlaubt, die durch direkte Beobachtung nicht erreichbaren Krankheiten anhand von Oberflächensymptomen zu diagnostizieren, die in den Augen eines Laien – etwa Dr. Watsons – manchmal irrelevant erscheinen.

(Nebenbei: das Paar Holmes-Watson, der scharfsinnige Detektiv und der stumpfsinnige Arzt, stellt die Aufspaltung einer realen Person dar – eines für seine außergewöhnlichen diagnostischen Fähigkeiten bekannten Professors des jungen Conan Doyle.)[17] Aber es handelte sich hier nicht einfach um biographische Übereinstimmungen. Gegen Ende des 19. Jahrhunderts – genauer: zwischen 1870 und 1880 – begann sich in den Humanwissenschaften ein Indizienparadigma durchzusetzen, das sich eben auf die Semiotik stützte. Seine Wurzeln aber reichen sehr viel weiter zurück.

II

1. Jahrtausendelang war der Mensch Jäger. Im Verlauf zahlreicher Verfolgungsjagden lernte er es, aus Spuren im Schlamm, aus zerbrochenen Zweigen, Kotstükken, Haarbüscheln, verfangenen Federn und zurückgebliebenen Gerüchen Art, Größe und Fährte von Beutetieren zu rekonstruieren. Er lernte es, spinnwebfeine Spuren zu erahnen, wahrzunehmen, zu interpretieren und zu klassifizieren. Er lernte es, blitzschnell komplexe geistige Operationen auszuführen, im Dickicht des Waldes wie auf gefährlichen Lichtungen.

Über viele Generationen hinweg bereicherten die Jäger dieses Erkenntnisvermögen und überlieferten es. Da eine verbale Dokumentation fehlt, müssen wir – neben Felsmalereien und Gebrauchsgegenständen – auf Märchen zurückgreifen, die uns manchmal ein wenn auch verspätetes und verformtes Echo vom Wissen dieser längst vergangenen Jäger abgeben. Ein unter Kirgisen, Tartaren, Hebräern und Türken[18] verbreitetes Märchen erzählt von drei Brüdern; sie treffen einen Mann, der ein Kamel oder, in anderen Versionen, ein Pferd verloren hat. Ohne zu zögern beschreiben sie es ihm: es ist weiß, auf einem Auge blind, trägt zwei Schläuche auf dem Rücken, einen mit Wein, den anderen mit Öl gefüllt. Sie haben es also gesehen? Nein, gesehen haben sie es nicht. Also werden sie wegen Diebstahl angeklagt und müssen sich einer Gerichtsverhandlung stellen. Für die Brüder ist es ein Triumph: sofort und ohne Mühe demonstrieren sie, wie sie das Aussehen eines Tieres, das sie nie gesehen haben, mit Hilfe kleinster Indizien rekonstruieren konnten.

Die drei Brüder bewahren ganz offensichtlich ein Jägerwissen (auch wenn sie

nicht als Jäger beschrieben werden). Charakteristisch für dieses Wissen ist die Fähigkeit, in scheinbar nebensächlichen empirischen Daten eine komplexe Realität aufzuspüren, die nicht direkt erfahrbar ist. Man kann hinzufügen: der Beobachter organisiert diese Daten so, daß Anlaß für eine erzählende Sequenz entsteht, deren einfachste Formulierung sein könnte: »Jemand ist dort vorbeigekommen«. Vielleicht entstand die Idee der Erzählung selbst (im Unterschied zu Zaubersprüchen, Beschwörung und Anrufung) zuerst in einer Gesellschaft von Jägern und aus der Erfahrung des Spurenlesens. Diese – natürlich nicht beweisbare – Hypothese wird dadurch gestützt, daß alle rhetorischen Figuren, auf denen noch heute der Dechifrierungscode der Jäger basiert – der Teil für das Ganze, die Wirkung für die Ursache –, auf die prosaische Achse der Metonymie zurückgeführt werden können (lediglich die Metapher fällt nicht hierunter).[19] Der Jäger hätte demnach als erster »eine Geschichte erzählt«, weil er als einziger fähig war, in den stummen – wenn nicht unsichtbaren – Spuren der Beute eine zusammenhängende Folge von Ereignissen zu lesen.

Tierspuren »entziffern« oder »lesen«: das sind metaphorische Ausdrücke. Man ist aber versucht, sie wörtlich zu nehmen – als verbale Kondensation eines historischen Prozesses, der in einem sehr langen Zeitraum zur Erfindung der Schrift führte. Derselbe Zusammenhang wird in der chinesischen Tradition durch einen ätiologischen Mythos formuliert. Dieser schreibt die Erfindung der Schrift einem hohen Würdenträger zu, der im sandigen Flußufer die Fußabdrücke eines Vogels beobachtet hatte.[20] Wenn man den Bereich der Mythen und Hypothesen verläßt und sich der dokumentierten Geschichte zuwendet, fällt andererseits die unleugbare Analogie zwischen dem oben erwähnten Paradigma des Jägers und dem auf, was in den seit dem 3. Jahrtausend v. Chr. verfaßten Texten mesopotamischer Wahrsager enthalten ist.[21] Beide gehen von der minutiösen Erkundung einer vielleicht sehr »niederen« Realität aus, um so die Spuren von Ereignissen, die für den Beobachter nicht direkt erfahrbar sind, zu entdecken. Kot, Fußspuren, Haare und Federn einerseits; Tierinnereien, Öltropfen im Wasser, Gestirne, unwillkürliche Körperbewegungen usw. andrerseits. Zwar ist die zweite Gruppe im Unterschied zur ersten praktisch unbegrenzt, und insofern konnte für die Seher fast alles Gegenstand der Wahrsagung werden. Aber der grundsätzliche Unterschied ist unseres Erachtens ein anderer: die Wahrsagung bezog sich auf die Zukunft und das Spurenlesen der Jäger auf die – vielleicht nur sekundenalte – Vergangenheit. Trotzdem war das kognitive Verhalten in beiden Fällen sehr ähnlich und die damit verbundenen intellektuellen Verfahren – Analyse, Konfrontation, Klassifikation – formal identisch. Natürlich nur formal: denn der soziale Kontext war völlig verschieden. Im besonderen hat man festgestellt, daß die Erfindung der Schrift tiefgreifend die mesopotamische Wahrsagekunst formte. Den Gottheiten wurde unter anderem auch das Herrscherprivileg zugesprochen, mit den Untertanen durch schriftliche Botschaften zu kommunizieren – durch Gestirne, durch menschliche Körper, durch alles; und Aufgabe der Wahrsager war es, diese Botschaften zu entziffern (eine Vorstellung, die später in das jahrtausende alte Bild vom »Buch der Natur« einmünden sollte). Daß die Wahrsagekunst wesentlich darin besteht, göttliche Zeichen, die in die Wirklichkeit eingeprägt sind, zu entziffern, wurde obendrein noch durch die malerischen und zeichnerischen Eigenschaften der Keilschrift verstärkt: wie die Wahrsagekunst bezeichnete sie Dinge durch Dinge.

Auch die Spur bezeichnet ein Tier, das vorbeigelaufen ist. Der konkreten, ganz materiellen Spur sind die Zeichen der Bilderschrift auf dem Weg der intellektuellen Abstraktion schon einen unermeßlichen Schritt voraus. Aber die Abstraktionsfähigkeit, die die Einführung der Bilderschrift voraussetzte, ist selbst nur eine Kleinigkeit – gemessen an den Anforderungen, die der Übergang zur phonetischen Schrift stellt. In der Keilschrift lebten piktografische und phonetische Elemente gemeinsam fort; ganz ähnlich in der mesopotamischen Literatur zur Wahrsagekunst: zwar gab es dort die Tendenz, immer stärker apriorische und generalisierende Aspekte zu betonen – das löschte aber nicht die grundsätzliche Tendenz aus, die Ursache aus der Wirkung herzuleiten.[22] Dieses Verhalten erklärt einerseits, wie in die Sprache mesopotamischer Wahrsager Fachausdrücke aus juristischem Wortschatz eingesickert sind; andrerseits, wieso die Abhandlungen über die Wahrsagekunst Abschnitte über Physiognomik und medizinische Semiotik enthalten.[23]

Endlich sind wir also zur Semiotik zurückgekehrt. Teil einer Gruppe von Disziplinen (aber dieser Ausdruck ist sicher anachronistisch), ist sie doch von einzigartiger Gestalt. Man könnte versucht sein, zwei Pseudowissenschaften wie die Wahrsagekunst und die Physiognomik den zwei Wissenschaften Jura und Medizin gegenüberzustellen; und die Tatsache, daß Jura und Medizin viel weiter voneinander entfernt sind als Wahrsagekunst und Physiognomik, könnte man allein mit der räumlichen und zeitlichen Entfernung zwischen den Gesellschaften, von denen die Rede ist, erklären. Doch das wäre eine oberflächliche Folgerung. Etwas verband im klassischen Mesopotamien wirklich diese Formen von Wissen (sieht man von der prophetischen Inspiration ab, die sich auf ekstatische Erfahrungen gründet): nämlich eine Vorgehensweise, die sich auf die Analyse von Einzelfällen richtete, welche sich nur durch Spuren, Symptome und Indizien rekonstruieren ließen. Gerade die juristischen Texte Mesopotamiens waren nicht etwa eine Sammlung von Gesetzen und Verordnungen, sondern die Erörterung der konkreten Kasuistik. Man kann hier von einem Indizien- oder Wahrsageparadigma sprechen, das sich – je nach der Form des Wissens – auf die Vergangenheit, die Gegenwart oder die Zukunft bezog: auf die Zukunft die eigentliche Wahrsagung; auf die Zukunft, die Gegenwart und die Vergangenheit die medizinische Semiotik mit ihrem doppelten Gesicht, dem der Diagnostik und dem der Prognostik; auf die Vergangenheit bezogen die Rechtswissenschaft. Aber hinter diesem Indizien- und Wahrsageparadigma erahnt man den vielleicht ältesten Gestus in der Geschichte des menschlichen Intellekts: den des Jägers, der im Schlamm hockend die Spuren der Beute untersucht.

2. Was wir bisher gesagt haben, erklärt, wie die aufgrund beidseitigen Schielens gestellte Diagnose einer Schädelverletzung in eine mesopotamische Abhandlung über Wahrsagerei hätte Eingang finden können. Und allgemeiner erklärt es, wie historisch eine Konstellation von Wissenschaften auftauchte, die sich auf die Entzifferung verschiedenartiger Zeichen, vom Symptom bis zur Schrift, stützte. Im Übergang von der mesopotamischen zur griechischen Kultur änderte sich diese Konstellation grundsätzlich, und zwar dadurch, daß sich neue Wissenschaften wie Geschichtsschreibung und Philologie herausbildeten und alte Disziplinen wie die Medizin eine neue soziale und erkenntnistheoretische Autonomie erwarben. Körper, Sprache und Geschichte des Menschen wurden zum ersten Mal einer unvoreingenommenen Untersuchung unterzogen, die ein göttliches Eingreifen prinzipiell ausschloß. Es ist offensichtlich, daß wir noch heute Erben dieser entscheidenden Wendung sind, die die Kultur der *Polis* charakterisierte. Nicht so offensichtlich ist jedoch, daß in dieser Wende vor allem ein Paradigma, das man als semiotisches oder Indizienparadigma bezeichnen könnte, eine so wichtige Rolle spielte. Besonders evident ist das im Fall der hippokratischen Medizin, die ihre Methoden definierte, indem sie den entscheidenden Begriff des Symptoms (*semeion*) durchdachte. Die Hippokraten behaupteten, es sei nur dann möglich, die »Geschichte« der einzelnen Krankheiten präzis herauszuarbeiten, wenn man alle Symptome aufmerksam beobachtet und mit größter Genauigkeit registriert: die Krankheit an sich sei unerreichbar. Man hielt an der Medizin als einer Indizienwissenschaft fest, sehr wahrscheinlich unter dem Einfluß der – von dem pythagoräischen Arzt Alkmeon formulierten – strikten Gegenüberstellung von Unmittelbarkeit göttlicher Erkenntnis einerseits und bloß vermutendem Erkennen des Menschen andrerseits. Weil die Transparenz der Wirklichkeit negiert wurde, erschien ein Indizienparadigma als legitim, das in sehr vielen Anwendungsbereichen wirksam war. Ärzte, Historiker, Politiker, Töpfer, Tischler, Schiffer, Jäger, Fischer und Frauen sind unter den Griechen nur einige Gruppen, die im weiten Feld des vermutenden Wissens wirkten. Bezeichnenderweise herrschte die Göttin Metis, die erste Gattin des Zeus, die die dem Wasser entnommene Wahrsagung personifizierte, über die Grenzen dieses Bereiches, die an Begriffen wie »Vermutung« und »vermuten«

(*tekmor, tekmairesthai*) verliefen. Aber dieses Paradigma blieb, wie gesagt, implizit, erdrückt vom Prestige des von Platon entwickelten und sozial höher stehenden Erkenntnismodells.[24]

3. Obwohl der Tonfall bestimmter Passagen in den hippokratischen Schriften sehr defensiv ist, läßt er doch erkennen, daß sich schon im 5. Jahrhundert vor Christus die Polemik über die Unsicherheit medizinischen Wissens entzündete – eine Polemik, die bis in unsere Tage andauern sollte. Der Grund für diese Beständigkeit liegt sicher darin, daß sich seit den Zeiten des Hippokrates wenig an der Beziehung zwischen Arzt und Patient geändert hat: nach wie vor ist es dem Patienten unmöglich, das Wissen und die Macht des Arztes zu kontrollieren. Verändert haben sich jedoch im Laufe der fast 2500 Jahre die Termini der Polemik, und zwar in dem Maße, wie sich die Begriffe von »Strenge« und »Wissenschaft« transformiert haben. Es liegt auf der Hand, daß es in dem Moment zu dem dabei entscheidenden Einschnitt kam, als ein wissenschaftliches Paradigma auftauchte, das sich auf die Physik Galileis stützte und dauerhafter als diese selbst war. Auch wenn die moderne Physik sich nicht als galileisch bezeichnen kann (was nicht heißt, daß sie Galilei negiert), ist die erkenntnistheoretische und symbolische Bedeutung Galileis für die Wissenschaft im allgemeinen unangetastet geblieben.[25] Nun fällt die Gruppe der Wissenschaften, die wir – die Medizin eingeschlossen – Indizienwissenschaften nennen, keineswegs unter die Kriterien von Wissenschaftlichkeit, die das galileische Paradigma enthält. Es sind vielmehr in hohem Grade qualitative Wissenschaften, die *das Individuelle* an Fällen, Situationen und Dokumenten zum Gegenstand haben, und die gerade deshalb zu Ergebnissen kommen, die einen Rest von Unsicherheit nie ganz vermeiden können: man braucht nur an die bedeutsame Rolle denken, die die Vermutungen (»congetture« [vgl. auch das deutsche Wort »Konjektur«, Anm. d. Ü.]; der Ausdruck selbst hat seinen Ursprung in der Wahrsagekunst[26]) in Medizin und Philologie spielen. Einen ganz anderen Charakter hatte die galileische Wissenschaft, die sich das scholastische Motto *individuum est ineffabile*, vom Individuellen kann man nicht sprechen, hätte zu eigen machen können. Tatsächlich implizierten der Gebrauch der Mathematik und die experimentelle Methode die Quantifizierung bzw. Wiederholbarkeit der Dinge – während eine individualisierende Wissenschaftsrichtung die Wiederholbarkeit per Definition ausschloß und die Quantifizierung nur als Hilfsfunktion zuließ. Dies macht deutlich, warum die Geschichtsschreibung nie eine galileische Wissenschaft geworden ist. Es trat vielmehr gerade im Verlauf des 17. Jahrhunderts, als man der Geschichtsschreibung die Methoden der Altertumskunde aufpfropfte, indirekt ihr ferner, ursprünglicher Indiziencharakter, der jahrhundertelang im Dunkel geblieben war, zutage. Und das ist immer unverändert so geblieben, obwohl die Beziehung zwischen Geschichtsschreibung und Sozialwissenschaften immer enger geworden ist. Die Geschichtsschreibung ist eine Sozialwissenschaft *sui generis* geblieben und bedingungslos an das Konkrete gebunden. Auch wenn der Historiker

sich explizit oder implizit auf eine Reihe von vergleichbaren Phänomenen beziehen muß, bleiben die Strategie seiner Erkenntnis und seine Ausdrucksweise zutiefst individualisierend (und auch dann, wenn das Individuum eine soziale Gruppe oder eine ganze Gesellschaft ist). Insofern kann man den Historiker mit einem Arzt vergleichen, der die Krankheitsbeschreibungen nur benutzt, um die spezifische Krankheit des Einzelnen zu analysieren. Wie die medizinische Erkenntnis ist auch die Erkenntnis der Geschichte indirekt, durch Indizien vermittelt, konjektural.[27]

Aber die Gegenüberstellung, von der die Rede war, ist zu schematisch. Im Bereich der Indizienwissenschaften stellte eine von ihnen, die Philologie, genauer gesagt: die Textkritik, von ihrer Entstehung an einen gewissermaßen atypischen Fall dar. Sie bildete ihren Gegenstand heraus, indem sie in ihrem inhaltlichen Umfeld entschieden und immer wieder von neuem selektierte.

Dieser Prozeß innerhalb der Wissenschaft wurde von zwei historisch bedeutsamen Einschnitten geprägt: der Erfindung der Schrift und des Druckes. Bekanntlich entstand die Textkritik nach Erfindung der Schrift (als man sich entschloß, die Verse Homers zu kopieren) und konsolidierte sich nach der Erfindung des Druckes (als die ersten und oft oberflächlichen Ausgaben der Klassiker durch zuverlässigere ersetzt wurden[28]). Zunächst wurde alles, was an den mündlichen Vortrag oder die Gestik gebunden war, als nicht zum Text gehörend angesehen, und schließlich auch alles andere, was an die Körperlichkeit der Schrift gebunden war. Ergebnis dieser doppelten Operation war die fortschreitende Entmaterialisierung des Textes, der nach und nach von jedem sinnlich wahrnehmbaren Bezug gereinigt wurde: denn obwohl ein stofflicher »Träger« nötig ist, damit ein Text überlebt, wird dieser dennoch nicht mit seinem »Träger« identifiziert. Dies alles scheint uns heute offensichtlich, obwohl es das durchaus nicht ist. Man braucht nur an die große Bedeutung der Intonation in mündlich überlieferter Literatur zu denken oder auch an die gemalten Schriftzüge in der chinesischen Dichtung, dann fällt auf, daß der Textbegriff, von dem eben die Rede war, an eine kulturelle Entscheidung von großer Tragweite gebunden ist. Das Entscheidende hierbei ist jedoch nicht, daß sich die maschinelle Reproduktion gegen die manuelle durchsetzt; dies beweist das verblüffende Beispiel Chinas, wo die Erfindung des Druckes die Beziehung zwischen literarischem Text und der Schrift eben nicht aufgelöst hat. (Wir werden gleich sehen, daß sich das Problem der figürlichen »Texte« historisch ganz anders stellte.)

Das neue, zutiefst abstrakte Textverständnis erklärt, warum die Textkritik, selbst wenn sie weitgehend »wahrsagerisch« blieb, doch in sich die Möglichkeit einer im strengen Sinn wissenschaftlichen Entwicklung trug, die im Verlauf des 19. Jahrhunderts zur Reifung gelangen sollte. Die Wissenschaft der Textkritik traf eine radikale Entscheidung: nur noch mit den (zunächst manuell, nach Gutenberg maschinell) reproduzierbaren Elementen des Textes befaßte sie sich. Auch wenn sie individuelle Fälle zum Gegenstand hatte, konnte sie so schließlich doch die größte Klippe der Humanwissenschaften umschiffen: das Problem der Qualität. Es ist bezeichnend, daß sich Galilei auf die Philologie berief, als er – ebenso entschieden selektierend – die moderne Naturwissenschaft begründete. Im Mittelalter war es üblich, Welt und Buch miteinander zu vergleichen; dieser traditionelle Vergleich stützte sich auf das Offensichtliche, auf die unmittelbare Lesbarkeit beider. Galilei hob jedoch hervor, daß man »die Philosophie in diesem großartigen Buch, das wir ständig offen vor Augen haben (ich meine das Universum) . . . *nicht verstehen kann, bevor man nicht die Sprache verstehen lernt und die Buchstaben kennt, mit denen sie geschrieben ist*«, also: »Dreiecke, Kreise und andere geometrische Figuren«.[29]

Für den Naturphilosophen wie für den Philologen hat der Text ein tiefes, unsichtbares Wesen, das jenseits der sinnlich-wahrnehmbaren Fakten rekonstruiert werden muß: durch »Figuren, Zahlen und Bewegungen, und nicht etwa durch Gerüche, Geschmack oder Klang; *geht man über die Unmittelbarkeit tierischer Wahrnehmung hinaus, so sind jene – glaube ich – nichts anderes als bloße Namen*«.[30]

Mit diesem Satz gab Galilei den Naturwissenschaften eine tendenziell anti-anthropozentrische und anti-anthropomorphe Richtung, die von nun an beibehalten werden sollte. Natürlich konnte der Gegensatz zwischen dem Physiker Galilei, der von Berufs wegen taub und unempfindlich gegenüber Geschmack und Geruch war, und einem Arzt jener Zeit, der Diagnosen wagte, indem er sein Ohr an eine röchelnde Brust legte, Kot beroch und Urin prüfte, nicht größer sein.

4. Einer dieser Ärzte war Giulio Mancini aus Siena, Leibarzt Urbans VIII. Es ist nicht bekannt, ob er Galilei persönlich kannte: es ist aber sehr wahrscheinlich, daß sich die beiden begegnet sind, da sie in denselben Kreisen Roms (vom Papsthof bis zur Accademia dei Lincei) und mit denselben Personen verkehrten (Federico Cesi, Giovanni Ciampoli, Giovanni Faber). In einem sehr lebendigen Portrait beschrieb Nicio Eritrio, alias Gian Vittorio Rossi, den Atheismus Mancinis, beschrieb (mit Begriffen aus dem Wortschatz der Wahrsagekunst) seine außergewöhnlichen diagnostischen Fähigkeiten sowie die Skrupellosigkeit, mit der er seinen Patienten Gemälde abpreßte: darin sei er »*intelligentissimus*«.[31] Mancini hatte tatsächlich ein Werk mit dem Titel *Alcune considerationi appartenenti alla pittura come di diletto di un gentilhuomo nobile e come introduttione a quello si deve dire (Einige Betrachtungen über die Malerei zum Wohlgefallen eines Edelmannes und zur Einführung in das, was man dazu sagen muß)* verfaßt, das in handschriftlicher Form weit verbreitet war (die erste vollständige Ausgabe erschien etwa vor zwanzig Jahren im Druck[32]). Das Buch richtete sich, wie schon der Titel sagt, nicht an Maler, sondern an Laien aus aristokratischen Kreisen, an jene *virtuosi*, die immer zahlreicher jene Ausstellungen antiker und moderner Gemälde besuchten, die jedes Jahr am 19. März im Pantheon stattfanden. Ohne diesen Kunstmarkt wäre der wahrscheinlich später geschriebene Teil der *Betrachtungen* Mancinis nie geschrieben worden: dieser Teil war der »recognition della pittura« gewidmet, d. h. den

Methoden, mit denen man Fälschungen erkennen, Originale von Kopien unterscheiden kann usw.[33] Der erste Versuch, die *connoisseurship* (wie man sie ein Jahrhundert später nennen sollte) zu begründen, geht also auf einen für seine blitzschnellen Diagnosen berühmten Arzt zurück; auf einen Mann, der, wenn er zu einem Kranken kam, mit einem schnellen Blick »quem exitum morbus ille esset habiturus, *divinibat*« (wahrsagte, welchen Ausgang diese Krankheit nehmen würde).[34] Hier darf man wohl in der Koppelung von klinischem Blick und Blick des »Kenners« mehr als nur einen bloßen Zufall sehen.

Bevor wir die Argumentation Mancinis näher verfolgen, soll auf eine Voraussetzung hingewiesen werden, die für ihn selbst, den Adligen, die aber auch für alle die gilt, an die sich die *Betrachtungen* wandten, wie schließlich für uns. Eine Voraussetzung, die nie expliziert worden ist, da man sie (zu Unrecht) für selbstverständlich hielt: daß nämlich zwischen einem Bild von Raffael und einer Kopie (sei es ein Gemälde, ein Stich oder heute eine Photographie) unvermeidlich ein Unterschied besteht. Die kommerzielle Bedeutung dieser Voraussetzung, daß ein Gemälde per Definition ein *unicum*, etwas Unwiederholbares ist, ist klar. Nur weil diese Voraussetzung akzeptiert wurde, konnte eine neue soziale Figur entstehen: die des Kunstkenners. Was da vorausgesetzt wird, ist jedoch Ergebnis einer kulturellen Entscheidung, die alles andere als selbstverständlich ist – was sich etwa schon darin zeigt, daß sie nicht für schriftliche Texte gilt. Der angeblich ewige Charakter von Malerei und Literatur hat nichts damit zu tun. Wir haben schon gesehen, in welchen historischen Prozessen der Textbegriff von einigen Momenten gereinigt worden ist, die man für dem Gegenstand nicht zugehörig hielt. Im Fall der Malerei hat diese Reinigung (noch) nicht stattgefunden. Deshalb können – in unseren Augen – handschriftliche Kopien oder (gedruckte) Ausgaben des *Orlando Furioso* den von Ariost gewollten Text exakt wiedergeben – die Kopien eines Gemäldes von Raffael aber können niemals das wiedergeben, was der Künstler ausgedrückt hat.[35] Die unterschiedliche Bedeutung der Kopien in Malerei und Literatur erklärt, weshalb Mancini als Kunstkenner nicht die Methoden der Textkritik benutzen konnte, obgleich man prinzipiell eine Analogie zwischen dem Akt des Malens und des Schreibens herstellen kann. Aber gerade indem man von dieser Analogie ausging, wandte man sich hilfesuchend an andere Disziplinen, die sich gerade herausbildeten.

Das erste Problem, das sich Mancini stellte, war die Datierung der Gemälde. Zu diesem Zweck, sagte er, müsse man »eine gewisse Praxis im Erkennen der Merkmale haben, die die Malerei verschiedener Epochen kennzeichnet«; es sei die gleiche Praxis, die, »was die Schriftzeichen angeht, die Altertumsforscher und Bibliothekare haben, die aus diesen Schriftzeichen die Entstehungszeit des Textes erkennen.«[36] Der Hinweis auf die »Kenntnis der Schriftzeichen« bezieht sich wahrscheinlich auf die in denselben Jahren von Leone Allacci, dem Bibliothekar des Vatikan, erarbeiteten Methoden, die der Datierung von griechischen und lateinischen Handschriften dienten und ein halbes Jahrhundert später von Mabillon, dem

Begründer der paläographischen Wissenschaft, wiederaufgenommen und weiterentwickelt werden sollten. Aber, so fährt Mancini fort, »neben dem, was dem ganz allgemein eignet, gibt es die eigentlich individuellen Eigenschaften«, genau »wie bei den Dichtern, denen man diese besondere Eigenschaft zuerkennt«. Die Analogie zwischen Malerei und Literatur, die zunächst auf makroskopischer Ebene hergestellt worden war (»die Epochen«, »das Jahrhundert«), wurde also auf mikroskopischer, individueller Stufe wiederaufgenommen. Auf dieser Ebene waren die proto-paläographischen Methoden eines Allacci nicht brauchbar. Es gab jedoch in denselben Jahren einen vereinzelten Versuch, individuelle Texte unter einem ungewöhnlichen Gesichtspunkt zu analysieren. Der Arzt Mancini beobachtete (und berief sich dabei auf Hippokrates), daß es möglich ist, die »Operationen« der Seele auf ihre »Empfindungen« zurückzuführen, die ihrerseits in den »Eigenschaften« der einzelnen Körper wurzeln: ». . . unter dieser Annahme, glaube ich, haben einige große Denker unseres Jahrhunderts darüber geschrieben und eine Methode entwickelt, den Intellekt und den Geist dieses oder jenes Menschen aus der Art des Schreibens oder der Schrift zu erkennen«. Einer dieser »großen Denker« war wahrscheinlich der Arzt Camillo Baldi aus Bologna, der in seinen *Trattato come da una lettera missiva si conoscano la natura e qualità dello scrittore* (*Traktat, wie man aus einem Brief die Natur und die Eigenschaften des Schreibers erkennen kann*) ein Kapitel eingefügt hatte, das man als den ältesten in Europa erschienenen graphologischen Text ansehen kann. »Welche Bedeutungen man in den Schriftcharakteren erkennen kann«, lautet der Titel von Kapitel VI. dieses Traktats: wobei mit »Charakter« die »Figur und das Bild des Buchstabens« gemeint war – also das, was man »das mit der Feder auf Papier geschriebene Element nennt«.[37] Aber trotz der zitierten Lobesworte interessierte sich Mancini nicht weiter für das erklärte Ziel der gerade entstehenden Graphologie, d. h. für die Rekonstruktion der Persönlichkeit eines Schreibenden dadurch, daß man aus den Schriftzeichen (»caratteri«) den psychologischen Charakter erschloß (diese Synonymie verweist wiederum auf eine weit zurückliegende, gemeinsame wissenschaftliche Matrix). Er verweilte jedoch bei dem, was diese neue Wissenschaft voraussetzte: der Verschiedenheit oder eher Unnachahmbarkeit individueller Schrift. Wenn man in der Malerei die ebensowenig imitierbaren Elemente isoliert betrachtet hätte, so wäre man wahrscheinlich an das Ziel gelangt, das Mancini sich gesetzt hatte: die Erarbeitung einer Methode, die eine sichere Unterscheidung zwischen Originalen und Fälschungen, zwischen den Werken der Meister und den Kopien bzw. den Werken der Schule erlaubt hätte. Dies erklärt seine Aufforderung nachzuforschen, ob man in den Gemälden »jene Ungezwungenheit des Meisters sieht, und zwar besonders in den Teilen, die notwendigerweise mit großer Selbstverständlichkeit ausgeführt werden und die man nicht leicht nachahmen kann, wie vor allem die Haare, den Bart und die Augen. Die Haarlocken gelingen einem nur mit Mühe, wenn man sie imitieren will – was dann in der Kopie zum Vorschein kommt; und will man sie nicht kopieren, dann haben sie nicht die Perfektion des Meisters. Diese Teile der Malerei sind wie die Schriftzüge und -gruppen, die die Ungezwungenheit und Unbefangenheit des Meisters erfordern. Dasselbe kann man auch hier und dort bei einigen Lichttupfen und -flecken beobachten, die der Meister mit einem Zug und mit der unnachahmbaren Sicherheit eines Pinselstriches setzt; und ebenso bei den Falten der Gewänder und ihrer Beleuchtung, die eher von der Phantasie und Unbefangenheit des Meisters denn von der Wirklichkeit des gemalten Gegenstandes abhängen«.[38]

Wie man sieht, wird in diesem Abschnitt die Parallele zwischen dem Akt des Schreibens und dem des Malens, die Mancini schon in verschiedenen Zusammenhängen angesprochen hatte, unter einem völlig neuen Gesichtspunkt wiederaufgenommen (sieht man von einem flüchtigen Hinweis des Filarete ab, den Mancini zudem nicht kennen konnte[39]). Die Analogie wird noch durch den häufigen Gebrauch von Fachausdrücken wie »Ungezwungenheit«, »Schriftzüge« und »Gruppen« hervorgehoben, die sehr oft in den zeitgenössischen Abhandlungen über die Schrift vorkommen. Auch das Insistieren auf der Schnelligkeit (»mit einem Zug«) hat denselben Ursprung: in einer Epoche aufblühender Bürokratie waren die Eigenschaften, die den Erfolg einer Kanzleischrift auf dem Schriftmarkt sicherten, neben der Eleganz auch die Schnelligkeit des *ductus*.[40] Überhaupt beweist die Bedeutung, die Mancini den ornamentalen Elementen zumaß, eine durchaus tiefgehende Reflexion über die Eigenschaften der Schriftmodelle, die zwischen dem Ende des 16. und dem Anfang des 17. Jahrhunderts in Italien vorherrschten. Das Studium der »Charaktere« von Schriften lehrte – was die Malerei anging – vor allem dies: daß man die Hand des Meisters vor allem in den Teilen des Gemäldes erkennen kann, die a) sehr schnell ausgeführt sind und b) tendenziell nichts Reales mehr repräsentieren (z. B. das Gewirr der Haare und der Faltenwurf – die beide »eher von der Phantasie und der Unbefangenheit des Meisters als von der Wirklichkeit des gemalten Gegenstandes abhängen«). Auf den in diesen Aussagen verborgenen Reichtum, den weder Mancini noch seine Zeitgenossen ans Licht bringen konnten, werden wir später zurückkommen.

5. Schriftzeichen: »caratteri«. Dasselbe Wort taucht in diesem oder einem analogen Sinn etwa um 1620 in sehr unterschiedlichen Schriften wieder auf: in denen des Begründers der modernen Physik einerseits und denen der Begründer der Paläographie, der Graphologie und der *connoisseurship* andrerseits. Natürlich war die Verwandtschaft zwischen den körperlosen, immateriellen Schriftzeichen, die Galilei mit den Augen des Geistes im Buche der Natur las, und den materiellen, die Allacci, Baldi oder Mancini auf Papier oder Pergament, Leinwand oder Tafeln entzifferten, nur metaphorisch. Aber die Identität der Termini läßt die Unterschiedlichkeit der hier zusammengestellten Wissenschaften nur noch stärker hervortreten. Der Grad ihrer (in der galileischen Bedeutung verstandenen) Wissenschaftlichkeit ließ in dem Maße nach, wie man von den universellen Eigenschaften der Geometrie über die »Eigenschaften, die der Literatur eines Jahrhunderts gemein sind« zu den »individuellen Eigenschaften« in Malerei oder gar Kalligraphie vorstieß.

Diese absteigende Rangfolge beweist, daß das eigentliche Hindernis bei der Anwendung des galileischen Paradigmas die mehr oder weniger zentrale Stellung des individuellen Elementes in den einzelnen Wissenschaften war. Je mehr die individuellen Aspekte miteinbezogen wurden, desto mehr schwand die Möglichkeit einer streng wissenschaftlichen Erkenntnis. Natürlich garantierte die Vorentscheidung, alle individuellen Aspekte zu vernachlässigen, nicht an sich schon die Anwendungsmöglichkeit physikalisch-mathematischer Methoden (ohne die man nicht im eigentlichen Sinn von der Anwendung des galileischen Paradigmas sprechen kann): aber sie schloß sie zumindest nicht ganz aus.

6. An diesem Punkt eröffnen sich nun zwei Möglichkeiten: entweder man opfert die Erkenntnis des individuellen Elementes zugunsten der (mehr oder weniger streng mathematisch formulierbaren) Verallgemeinerung, oder man versucht – sich langsam vortastend – ein anderes Paradigma zu erarbeiten, das sich auf die wissenschaftliche Erkenntnis des Individuellen stützt (wobei es sich um eine Wissenschaftlichkeit handelt, die völlig neu zu definieren wäre). Den ersten Weg schlugen die Naturwissenschaften ein und, erst sehr viel später, die sogenannten Humanwissenschaften. Der Grund dafür ist offensichtlich. Die Tendenz, die individuellen Aspekte abzuwerten, ist direkt proportional zur emotionalen Distanz des Beobachters. In einem Abschnitt des *Trattato di architettura (Traktat über die Architektur)* behauptete Filarete zunächst, daß es unmöglich sei, zwei genau identische Gebäude zu errichten, so wie auch – allem Anschein zum Trotz – »die Tartarenfratzen, die alle gleich sind, oder die Äthiopier, die alle schwarz sind, doch Unterschiede zeigen, wenn man sie genau ansieht«. Dann räumte er jedoch ein, daß es »genug Tiere« gebe, »die sich einander ähneln, wie z. B. Fliegen, Ameisen, Würmer, Spinnen und viele Fische und bei denen man den einen vom anderen nicht unterscheiden kann«.[41] In den Augen eines europäischen Architekten waren die auch noch so geringen Unterschiede zwischen zwei (europäischen) Bauwerken relevant, die zwischen zwei Tartaren- oder Äthiopier-»Fratzen« aber unbedeutend und die zwischen zwei Würmern oder Ameisen sogar inexistent. Ein tartarischer Architekt, ein der Architektur unkundiger Äthiopier oder eine Ameise hätten eine andere Rangordnung vorgeschlagen. Die individualisierende Erkenntnis ist immer anthropozentrisch, ethnozentrisch usw. Natürlich konnte man auch Tiere, Mineralien und Pflanzen in einer individualisierenden Perspektive, z. B. der der Wahrsagekunst, betrachten: vor allem bei Exemplaren, die deutlich außerhalb der Norm lagen. Bekanntlich war die Teratologie, die Lehre von den Mißbildungen, ein wichtiger Teilbereich der Wahrsagekunst. Aber in den ersten Jahrzehnten des 17. Jahrhunderts tendierte man – indirekt vom galileischen Paradigma beeinflußt – dazu, das Studium der anomalen Phänomene der Untersuchung der Norm und die Wahrsagekunst der allgemeinen Erkenntnis der Natur unterzuordnen.

Im April 1625 wird in der Umgebung von Rom ein Kalb mit zwei Köpfen geboren. Die Naturalisten der »Accademia dei Lincei« interessieren sich für den Fall. Es treffen sich zur Diskussion in den vatikanischen Gärten des Belvedere Giovanni Faber, Sekretär der »Accademia«, Ciampoli (beide, wie gesagt, Galilei sehr nahestehend), Mancini, der Kardinal Agostino Vegio und Papst Urban VIII. Die erste Frage, die man sich stellt, ist folgende: ist das zweiköpfige Kalb als einzelnes oder als doppeltes Tier anzusehen? Für die Ärzte ist das, was ein Individuum ausmacht, das Gehirn, für die Anhänger von Aristoteles jedoch das Herz. Im Bericht Fabers spürt man vermutlich das Echo des Beitrags von Mancini, des einzigen anwesenden Arztes. Trotz seiner astrologischen Interessen analysiert er die spezifischen Eigenschaften der Mißgeburt nicht mit dem Ziel, Auspizien für die Zukunft daraus zu lesen, sondern um zu einer genaueren Definition des Individuums zu gelangen: des Individuums also, das, wegen seiner Zugehörigkeit zu einer Art, mit gutem Recht für wiederholbar gelten konnte. Mit derselben Aufmerksamkeit, die er gewöhnlich der Prüfung eines Gemäldes widmete, muß er die Anatomie des doppelköpfigen Kalbes untersucht haben. Aber hier hört die Analogie zu seiner Tätigkeit als Kunstkenner auf. In gewisser Weise verkörperte gerade eine Persönlichkeit wie Mancini die Verbindung zwischen dem Paradigma der Wahrsage (Mancini als Diagnostiker und Kenner) und dem Paradigma der Verallgemeinerung (Mancini als Anatom und Naturalist). Zwar Verbindung, aber auch Differenz. Allem Anschein zum Trotz war es nicht das Ziel der – von Faber verfaßten – exakten Beschreibung der Autopsie des Kalbes sowie der präzisen begleitenden Abbildungen, die die inneren Organe des Tieres darstellten, die »individuellen Eigenschaften« des Objektes als solche herauszufinden; vielmehr ging es, jenseits davon, um die »allgemeinen Eigenschaften« (in diesem Fall: um die natürlichen, nicht die historischen). So wurde die auf Aristoteles zurückgehende naturalistische Tradition wiederaufgenommen und perfektioniert. Das Auge, im Wappen der Akademie des Federico Cesi durch den scharfblickenden Luchs symbolisiert, wurde bevorzugtes Organ jener Wissenschaften, denen das übersinnliche Auge der Mathematik versagt war.

7. Zu diesen gehörten, zumindest dem Schein nach, die Humanwissenschaften (wie wir sie heute definieren würden). Es konnte auch nicht anders sein – schon aufgrund ihres hartnäckigen Anthropozentrismus, der in den zitierten Zeilen von Filarete so naiv ausgedrückt war. Dennoch gab es Versuche, die mathematische Methode auch in das Studium der menschlichen Angelegenheiten einzuführen.[42] Es ist verständlich, daß der erste und erfolgreichste Versuch, nämlich die politische Arithmetik, die eher biologisch bestimmten Tätigkeiten des Menschen zu ihrem Gegenstand machte: Geburt, Zeugung und Tod. Diese drastische Einschränkung erlaubte eine streng wissenschaftliche Forschung und genügte zugleich den militärischen und fiskalischen Erkenntnisinteressen der absoluten Staaten, die, angesichts der Größenordnung ihrer Operationen, rein quantitativ orientiert waren. Aber die Gleichgültigkeit, die die Auftraggeber der neuen Wissenschaft – der Sta-

tistik – dem Qualitativen entgegenbrachten, löste dennoch nicht ganz die Verbindung der Statistik zum Bereich der Disziplinen, die wir Indizienwissenschaften genannt haben. Wie der Titel des klassischen Werkes von Bernouilli (*Ars conjectandi*) schon sagt, versuchte die Wahrscheinlichkeitsrechnung, den Problemen, die in der Wahrsagekunst in völlig anderer Form angegangen worden waren, eine streng mathematische Formulierung zu geben.[43]

Aber in ihrer Gesamtheit blieben die Humanwissenschaften fest im Qualitativen verankert; nicht ohne Unbehagen, vor allem was die Medizin angeht. Trotz aller Fortschritte schienen ihre Methoden unsicher und ihre Resultate zweifelhaft. Die Ende des 18. Jahrhunderts erschienene Schrift *La certezza della medicina (Die Sicherheit der Medizin)* von Cabanis gestand den Mangel an (wissenschaftlicher) Strenge ein, auch wenn sie sich dann bemühte, der Medizin trotz allem eine Wissenschaftlichkeit *sui generis* zuzuerkennen. Die Gründe für die »Unsicherheit« der Medizin schienen wesentlich zwei zu sein. Erstens reichte es nicht, die einzelnen Krankheiten zu katalogisieren und sie dann in einer geordneten Übersicht zusammenzufassen: in jedem Individuum hatte die Krankheit verschiedene Charakteristika. Zweitens blieb die Kenntnis der Krankheit indirekt, an Indizien gebunden: der lebende Körper war per Definition unzugänglich. Die Leiche konnte man natürlich sezieren; aber wie sollte man von einer Leiche, die schon von den Prozessen des Todes berührt war, auf die Eigenschaften des lebenden Individuums schließen?[44] Dieser doppelten Schwierigkeit gegenüber mußte man einfach anerkennen, daß die Wirksamkeit der medizinischen Methoden nicht nachweisbar war. Ihre Unfähigkeit, die den Naturwissenschaften eigene Strenge zu erreichen, beruhte also auf der Unmöglichkeit der Quantifizierung, sofern diese nicht reine Hilfsfunktionen hatte. Diese Unmöglichkeit hing wiederum davon ab, daß die Präsenz des Qualitativen, des Individuellen nicht auszuschalten war; und diese basierte ihrerseits darauf, daß das menschliche Auge für die (auch unbedeutenden) Unterschiede zwischen menschlichen Lebewesen empfindlicher ist als für die zwischen Steinen und Blättern. In den Diskussionen über die »Unsicherheit« der Medizin waren die künftigen epistemologischen Kernfragen der Humanwissenschaften schon formuliert.

8. Die Schrift von Cabanis läßt eine verständliche Intoleranz durchblicken. Trotz aller mehr oder weniger gerechtfertigten Einwände, die auf methodischer Ebene gegen die Medizin erhoben werden konnten, blieb sie dennoch immer eine sozial voll anerkannte Wissenschaft. Aber nicht alle Formen von Indizienwissen genossen in jener Zeit ein ähnliches Prestige. Einige, so z. B. die relativ junge *connoisseurship*, hatten eine zweideutige Position am Rande der anerkannten Wissenschaften inne. Andere, stärker an die Alltagspraxis gebundene, lagen ganz außerhalb. Die Fähigkeiten, ein gebrechliches Pferd am Fersengelenk, ein kommendes Gewitter durch eine plötzliche Veränderung des Windes oder eine feindselige Absicht in der Verfinsterung der Gesichtszüge zu erkennen, wurden natürlich nicht in die Ab-

handlungen über Pferdezucht, Meteorologie oder Psychologie aufgenommen. Auf jeden Fall waren diese Formen von Wissen reicher als irgendeine schriftliche Kodifizierung; sie wurden nicht Büchern, sondern der lebendigen Stimme, den Gesten und den Blicken entnommen; sie gründeten sich auf scharfsinnige Beobachtungen, die natürlich nicht formalisierbar und oft noch nicht einmal in Worte übersetzbar waren; sie konstituierten ein teils einheitliches, teils zerstreutes Bildungsgut von Männern und Frauen aller sozialen Klassen. Eine subtile Verwandtschaft vereinte sie; alle entstanden aus der Erfahrung, aus der Konkretheit der Erfahrung. Darin bestand die Stärke dieses Typs von Wissen; und seine Schwäche bestand in der Unfähigkeit, sich der mächtigen und schrecklichen Waffe der Abstraktion zu bedienen.[45]

Die schriftliche Kultur hatte seit einiger Zeit versucht, diesem Körper lokalen Wissens (corpo di saperi locali)[46] ohne Ursprung, Erinnerung und Geschichte eine genaue verbale Formulierung zu geben. Und diese war im allgemeinen farblos und verarmt. Man braucht nur an die Kluft zwischen der schematischen Starrheit der physiognomischen Abhandlungen und der Genauigkeit und Geschmeidigkeit zu denken, mit der ein Liebhaber, ein Pferdehändler oder ein Kartenspieler seinen Gegenstand erfaßt. Nur in der Medizin hatte die schriftliche Kodifizierung des Indizienwissens vielleicht zu einer realen Bereicherung geführt (doch die Geschichte der Beziehung zwischen »gelehrter« und populärer Medizin muß noch geschrieben werden). Im Verlauf des 17. Jahrhunderts ändert sich dann die Situation. Die Bourgeoisie startet eine regelrechte kulturelle Offensive und eignet sich einen großen Teil des Wissens der Handwerker und Bauern an, sei es Indizienwissen oder nicht; sie kodifiziert es und beschleunigt gleichzeitig den ungeheuren Kultivierungsprozeß, der – natürlich unter anderen Formen und Inhalten – schon mit der Gegenreformation begonnen hatte. Symbol und zentrales Instrument dieser Offensive ist natürlich die *Encyclopédie*. Aber man sollte auch die zwar kleinen, jedoch außerordentlich erhellenden Episoden analysieren – wie etwa die von einem ungenannten römischen Maurermeister, der dem – wahrscheinlich sehr verblüfften – Winckelmann zeigte, daß das »kleine, flache Steinchen«, das man zwischen den Fingern einer am Porto d'Anzio entdeckten Statue erkennen konnte, »der Pfropfen oder Korken eines Fläschchens« war.

Die systematische Sammlung dieser »kleinen Erkenntnisse«, wie Winckelmann[47] sie an anderer Stelle nennt, förderte zwischen dem 17. und 18. Jahrhundert die Neuformulierung des antiken Wissens – von der Kochkunst bis zu Hydrologie und Tierheilkunde. Der Zugang zu bestimmten Erfahrungen wurde für eine ständig wachsende Leserschaft immer mehr über Buchseiten vermittelt. Der Roman lieferte der Bourgeoisie geradezu einen Ersatz und zugleich eine Neuformulierung der Initiationsriten – will sagen: den Zugang zur Erfahrung im allgemeinen. Gerade dank der phantastischen Literatur hatte das Indizienparadigma in dieser Phase einen neuen, unerwarteten Erfolg.

9. Was den fernen, vermutlich jägerischen Ursprung des Indizienparadigmas angeht, haben wir schon auf das orientalische Märchen bzw. die Novelle von den drei Brüdern hingewiesen, die das Aussehen eines Tieres, das sie nie gesehen haben, beschreiben können, indem sie eine Reihe von Indizien interpretieren. Im Abendland tauchte diese Novelle zum ersten Mal in der Sammlung von Sercambi[48] auf. Später kehrte sie als Rahmenhandlung einer sehr viel umfangreicheren Novellensammlung wieder, die von dem Armenier Cristoforus als Übersetzung aus dem Persischen ins Italienische herausgegeben wurde und in Venedig Mitte des 16. Jahrhunderts unter dem Titel *Peregrinaggio di tre giovani figliuoli del re di Serendippo (Die Pilgerfahrt der drei jungen Söhne des Königs von Serendippo)* erschien. In dieser Form wurde das Buch mehrmals neu aufgelegt und zunächst ins Deutsche, dann im Laufe des 18. Jahrhunderts, im Zuge der orientalisierenden Mode jener Zeit, in die wichtigsten europäischen Sprachen übersetzt. Die Geschichte der drei Königssöhne von Serendippo hatte so großen Erfolg, daß Horace Walpole 1754 den Neologismus *serendipity* prägen konnte, um damit »unvorhergesehene Entdeckungen, die durch Zufall und Intelligenz gemacht werden«[49], zu bezeichnen. Einige Jahre zuvor hatte Voltaire im dritten Kapitel des *Zadig* die erste Geschichte aus dem *Peregrinaggio*, die er in der französischen Übersetzung gelesen hatte, neu bearbeitet. In dieser Bearbeitung ist das Kamel des Originals in eine Hündin und ein Pferd transformiert, die Zadig minuziös beschreiben kann, indem er die Spuren im Erdboden entziffert. Des Diebstahls angeklagt und den Richtern vorgeführt, rechtfertigt sich Zadig, indem er – laut – die gedanklichen Kombinationen erzählt, die es ihm erlaubt hatten, sich ein Bild von Tieren zu machen, die er nie gesehen hat: »Ich bemerkte im Sande die Spuren eines Tieres, und ich konnte ohne Schwierigkeiten feststellen, daß sie von einem kleinen Hund herrührten. Leichte, längliche Furchen, die sich zwischen den von den Pfoten herrührenden Spuren auf den kleinen Sanderhöhungen zeigten, brachten mich zu der Erkenntnis, daß es eine Hündin mit lang herabhängenden Zitzen war, die also erst wenige Tage vorher geworfen haben mußte.«[50]

In diesen und den darauffolgenden Zeilen ist in embryonaler Form schon der Detektivroman enthalten. Poe, Gaboriau und Conan Doyle ließen sich davon anregen – die ersten beiden direkt, letzterer vielleicht indirekt.

Die Gründe für den außergewöhnlichen Erfolg des Detektivromans sind bekannt; auf einige von ihnen werden wir später zurückkommen. Schon jetzt kann man jedenfalls feststellen, daß sich der Kriminalroman auf ein sehr altes und zugleich sehr modernes Erkenntnismodell stützt. Sein geradezu undefinierbares Alter haben wir schon erwähnt. Was seine Modernität angeht, braucht man nur den Abschnitt zu zitieren, in dem Cuvier die Methoden und Erfolge der neuen paläontologischen Wissenschaft preist: ». . . heute genügt es, den Abdruck eines gespaltenen Hufs zu sehen, um daraus zu schließen, daß das Tier, das die Spur hinterlassen hat, ein Wiederkäuer war: und diese Schlußfolgerung ist genauso sicher, wie nur irgendeine Physik oder Ethik. Diese eine Spur reicht aus, um dem Beobachter die Form der Zähne, Kiefer, Wirbel, aller Bein-, Schenkel-, Schulter- und Beckenknochen des eben vorbeigelaufenen Tieres mitzuteilen: dieses Zeichen ist weit sicherer als alle Zeichen Zadigs.«[51]

Ein sichereres Zeichen, vielleicht: aber auch ein zutiefst verwandtes. Der Name Zadig war so symbolisch geworden, daß Thomas Huxley 1880 während einer Vortragsreihe zur Verbreitung der Entdeckungen Darwins die Methode, die der Geschichtsschreibung, der Archäologie, der Geologie, der physikalischen Astronomie und der Paläontologie gemeinsam sei, nämlich die Fähigkeit zur retrospektiven Wahrsagung, als die »Methode Zadigs« definierte. Zutiefst diachronisch geprägte Wissenschaften, wie die eben genannten, mußten sich, da sie das Galileische Paradigma als untauglich ablehnten, an ein Indizien- oder Wahrsageparadigma halten (und von einer vergangenheitsbezogenen Wahrsagung sprach Huxley explizit[52]). Wenn man die Ursachen nicht reproduzieren kann, bleibt nichts anderes übrig, als sie aus ihren Wirkungen zu folgern.

III

1. Wir könnten die Fäden, die diese Untersuchung zusammenhalten, mit denen eines Teppichs vergleichen. An diesem Punkt angekommen, sehen wir, daß sie sich zu einem dichten, homogenen Netz zusammensetzen. Man kann die Kohärenz der Stoffzeichnung feststellen, indem man das Gewebe mit den Augen in verschiedenen Richtungen abtastet. Vertikal haben wir die Reihe Serendippo-Zadig-Poe-Gaboriau-Conan Doyle. Horizontal haben wir am Anfang des 18. Jahrhunderts einen Dubos, der – in der Reihenfolge ihrer abnehmenden Zuverlässigkeit – die Medizin, die *connoisseurship* und die Kunst der Identifizierung von Schrift aneinanderreiht.[53] Diagonal, von einem historischen Kontext zum anderen überspringend, sehen wir schließlich Monsieur Lecoq, der fieberhaft ein »brachliegendes, schneebedecktes, mit Spuren von Kriminellen gespicktes Gelände« durchquert und es mit einer »riesigen weißen Seite« vergleicht, »auf die die von uns gesuchten Personen nicht nur ihre Bewegungen und Schritte, sondern auch ihre geheimen Gedanken, Hoffnungen und Ängste, die sie bewegten, geschrieben haben«[54]; und hinter ihm zeichnen sich Autoren von physiognomischen Traktaten, zeichnen sich babylonische Wahrsager, die sich bemühen, die von Göttern in Stein und Himmel geschriebenen Botschaften zu lesen, und Jäger des Neolithikums ab.

Der Teppich ist das Paradigma, das wir je nach seinem Kontext als Jäger-, Wahrsage-, Indizien- oder semiotisches Paradigma bezeichnet haben. Obwohl diese Attribute natürlich keine Synonyme sind, verweisen sie doch auf ein gemeinsames epistemologisches Modell, das sich in den verschiedenen, durch Entlehnung von Methoden und Schlüsselbegriffen miteinander verbundenen Wissenschaften artikuliert hat. Als dann aber zwischen dem 18. und dem 19. Jahrhundert die »Humanwissenschaften« entstehen, verändert sich die Bedeutung der Indizienwissenschaften tiefgreifend: neue Sterne ziehen am wissenschaftlichen Himmel auf –

entweder, wie im Falle der Phrenologie, der Schädellehre, zu schnellem Untergang oder, wie im Falle der Paläontologie, zu großem Erfolg bestimmt; vor allem aber behauptet sich aufgrund ihres erkenntnistheoretischen und sozialen Prestiges die Medizin. Auf sie beziehen sich – explizit oder implizit – alle »Humanwissenschaften«. Aber auf welchen Teil der Medizin genau? Mitte des 19. Jahrhunderts zeichnet sich eine Alternative ab: das anatomische Modell auf der einen, das semiotische auf der andern Seite. Die auch von Marx[55] an einer zentralen Stelle gebrauchte Metapher »Anatomie der Gesellschaft« drückt in einer Epoche, die den Zusammenbruch des letzten großen, philosophischen Systems, des Hegelschen, erlebt hatte, das Streben nach einer systematischen Erkenntnis aus. Trotz des großen Erfolgs des Marxismus haben die Humanwissenschaften schließlich aber immer deutlicher das Indizienparadigma der Semiotik übernommen (mit einer wichtigen Ausnahme allerdings, wie wir noch sehen werden). Und hier finden wir wieder die Triade Morelli-Freud-Conan Doyle, von der wir ausgegangen waren.

2. Bisher haben wir vom Indizienparadigma (und seinen Synonymen) im weitesten Sinne gesprochen. Jetzt sind wir soweit, es aufzugliedern. Eine Sache ist es, Spuren, Gestirne und Kot (tierischen oder menschlichen), Katarrhe, Hornhäute, Pulsschläge, Schneefelder oder Zigarettenasche zu analysieren; eine andere, Schriften, Gemälde oder Diskurse zu untersuchen. Der Unterschied zwischen (unbeseelter oder lebendiger) Natur und Kultur ist viel wesentlicher als die unendlich viel oberflächlicheren und veränderbaren Unterschiede zwischen den einzelnen Wissenschaften. Nun hatte sich Morelli vorgenommen, in einem System kulturell bedingter Zeichen, der Malerei, diejenigen aufzuspüren, die das Unwillkürliche von Symptomen (und der meisten Indizien) an sich hatten. Aber nicht nur das: Morelli erkannte sogar die sicherste Spur der Künstler-Individualität in diesen unbeabsichtigten Zeichen, den »materiellen Kleinigkeiten – ein Kalligraph würde sie Schnörkel nennen«, die mit den »beliebten Worten und Phrasen« vergleichbar sind, die »die meisten Menschen, . . . sowohl die redenden als die schreibenden, . . . haben, die sie, ohne dessen sich zu versehen, absichtslos, oft anbringen«.[56] Auf diese Weise nahm er (wahrscheinlich indirekt) die methodischen Prinzipien, die sein Vorgänger Giulio Mancini schon sehr viel früher formuliert hatte, wieder auf und entwickelte sie weiter. Daß sie erst nach so langer Zeit zur Reifung gelangten, war kein Zufall. Gerade damals bildete sich immer deutlicher die Tendenz zu einer qualitativen, kapillaren Kontrolle der Gesellschaft durch die staatliche Macht heraus: und diese nutzte ebenso die auf geringfügigen und unwillkürlichen Merkmalen basierende Kenntnis vom Individuum.

3. Jede Gesellschaft verspürt das Bedürfnis, die Komponenten, aus denen sie sich zusammensetzt, zu unterscheiden; aber die Art, in der dieses Bedürfnis befriedigt wird, variiert je nach Zeit und Ort.[57] Da gibt es vor allem den Namen: je komplexer aber eine Gesellschaft ist, desto weniger scheint der Name auszureichen, um die

Identität eines Individuums eindeutig zu bestimmen. Wenn z. B. im griechisch-römischen Ägypten jemand vor einem Notar eine Frau ehelichte oder ein Handelsgeschäft abschloß, wurden außer dem Namen auch einige physische Daten registriert, ergänzt durch einen Hinweis auf eventuelle Narben oder andere besondere Kennzeichen. Das Risiko eines Irrtums oder einer vorsätzlichen Personenvertauschung blieb dennoch beträchtlich. Demgegenüber bot ein Kalkabdruck als Unterschrift unter Verträge etliche Vorteile: Ende des 18. Jahrhunderts stellte der Abt Lanzi in einem Abschnitt seiner *Storia pittorica (Geschichte der Malerei)*, der den Methoden der Kunstsachverständigen gewidmet war, fest, daß die Unnachahmbarkeit individueller Schriften naturgewollt sei – zur »Sicherheit« der »zivilen Gesellschaft« (der bürgerlichen also). Natürlich hatte auch diese Methode Lücken: man konnte Unterschriften fälschen – und vor allem waren die Analphabeten von der Kontrolle ausgeschlossen. Aber trotz dieser Mängel verspürten die europäischen Gesellschaften jahrhundertelang nicht die Notwendigkeit von sichereren und praktischeren Methoden zur Identitätsermittlung. Auch dann nicht, als das Entstehen der großen Industrie, die damit verknüpfte geographische und soziale Mobilität und die sehr rasche Bildung riesiger Städtekonzentrationen den Rahmen des Problems radikal veränderten. Und doch war es in einer solchen Gesellschaft immer noch ein Kinderspiel, seine Spuren zu verwischen und mit veränderter Identität wieder aufzutauchen – und das nicht nur in Städten wie London oder Paris. Aber erst in den letzten Jahrzehnten des 19. Jahrhunderts wurden von verschiedenen Seiten her neue, miteinander konkurrierende Systeme zur Identifizierung erdacht. Der Bedarf danach entstand unter dem Druck des Klassenkampfes jener Zeit: dem Entstehen einer internationalen Arbeiterassoziation, der Unterdrückung der proletarischen Opposition nach der Pariser Kommune und der veränderten Bedeutung der Kriminalität.

Das Entstehen kapitalistischer Produktionsverhältnisse hatte – in England etwa ab 1720[58], in den anderen Teilen Europas fast ein Jahrhundert später, nämlich mit dem »Code Napoléon« – eine Transformation eingeleitet, die an den neuen, bürgerlichen Begriff von Eigentum und Gesetzgebung, der die Zahl der strafbaren Handlungen und das Strafmaß beträchtlich erhöht hatte, gebunden war. Die Tendenz zur Kriminalisierung des Klassenkampfes war von der Errichtung eines Gefängnissystems begleitet, dessen Grundlage lange Haftzeiten waren.[59] Doch das Gefängnis produziert Kriminelle. In Frankreich ging die Zahl der Rückfälligen ab 1780 ständig in die Höhe – bis gegen Ende des Jahrhunderts schließlich fünfzig Prozent der Kriminellen, gegen die verhandelt wurde, Rückfällige waren. Das Problem der Identifizierung von Rückfälligen, das sich in jenen Jahren stellte, bildete praktisch den Brückenkopf eines komplexen, mehr oder weniger bewußten Projektes zur allgemeinen und subtilen Kontrolle der Gesellschaft.

Bei der Identifizierung der Rückfälligen mußte man zweierlei nachweisen: a) daß ein Individuum schon verurteilt worden war und b) daß das fragliche Individuum dasselbe wie das verurteilte war. Das erste Problem wurde durch das Erstellen von Polizeiregistern gelöst; das zweite warf größere Schwierigkeiten auf.[60] Die alten Strafen, die einen Verurteilten für immer kennzeichneten, indem sie ihn brandmarkten oder verstümmelten, waren abgeschafft worden. Die tätowierte Lilie auf der Schulter von Mylady hatte es D'Artagnan ermöglicht, sie als Giftmörderin zu erkennen, die schon in der Vergangenheit einmal bestraft worden war, während die beiden Ausbrecher Edmond Dantès und Jean Vanjean mit falscher Identität wieder in der Gesellschaft auftreten konnten (diese Beispiele sollten genügen um zu zeigen, wie sehr die Figur des rückfälligen Kriminellen die Vorstellungswelt des 19. Jahrhunderts bedrohte). Die bürgerliche Ehrbarkeit verlangte nach Erkennungszeichen,die genauso unauslöschlich, aber weniger blutig und demütigend waren als die des Ancien Régime.

Die Idee, ein riesiges Fotoarchiv von Kriminellen einzurichten, wurde zunächst verworfen, weil es unlösbare Klassifizierungsprobleme stellte: wie sollte man einzelne Elemente aus dem Bildzusammenhang lösen? Die Methode der Quantifizierung erschien einfacher und präziser. Ab 1879 entwickelte ein Angestellter der Pariser Präfektur, Alphonse Bertillon, eine anthropometrische Methode (die er dann in verschiedenen Abhandlungen und Aufsätzen erläuterte): sie stützte sich auf genaue Körpermessungen, die in die Personenkartei aufgenommen wurden. Es ist klar, daß schon ein Versehen von nur wenigen Millimetern die Bedingungen für einen Justizirrtum schuf. Aber der grundsätzliche Fehler dieser anthropometrischen Methode Bertillons war ein anderer: sie war rein negativ. Zwar erlaubte sie es, unähnliche Individuen bei der Gegenüberstellung abzusondern, aber sie konnte nicht sicher feststellen, ob zwei identische Datenserien sich auf ein und dasselbe Individuum bezogen. Man hatte – mit der Methode der Quantifizierung – die unausrottbare Fähigkeit des Individuums, sich zu entziehen, endlich besiegt, und nun kam sie durch die Hintertür wieder herein. Deshalb schlug Bertillon vor, die anthropometrische Methode mit dem sogenannten »gesprochenen Portrait«, d. h. der verbalen, analytischen Beschreibung der persönlichen Kennzeichen (Nase, Augen, Ohren usw.), die insgesamt das Bild des Einzelnen ergeben müßten, zu verbinden, um so eine exakte Identifizierung zu ermöglichen. Die seitenweise von Bertillon reproduzierten Ohren erinnern zwingend an die Illustrationen, die Morelli in den gleichen Jahren seinen Aufsätzen beifügte. Vielleicht gab es keine direkte Beeinflussung – auch wenn es verblüfft, daß Bertillon in seiner Tätigkeit als graphologischer Experte die Besonderheiten oder »Idiotismen« des Originals, die der Fälscher nicht reproduzieren konnte und allenfalls durch eigene ersetzte, eben deswegen für Indizien ansah, die den Fälscher verraten.

Man sieht, die Methode Bertillons war unglaublich kompliziert. Das Problem, das die Messungen aufwarfen, haben wir schon erwähnt. Das »gesprochene Porträt« verschlimmerte alles nur noch mehr. Wie sollte man bei der Personenbeschreibung eine höckerig gebogene Nase von einer gebogenen Höckernase unterscheiden? Oder die Farbabstufungen eines blaugrünen Auges klassifizieren?

Aber schon 1880 hatte Galton in seinem Aufsatz, der in der Folgezeit korrigiert

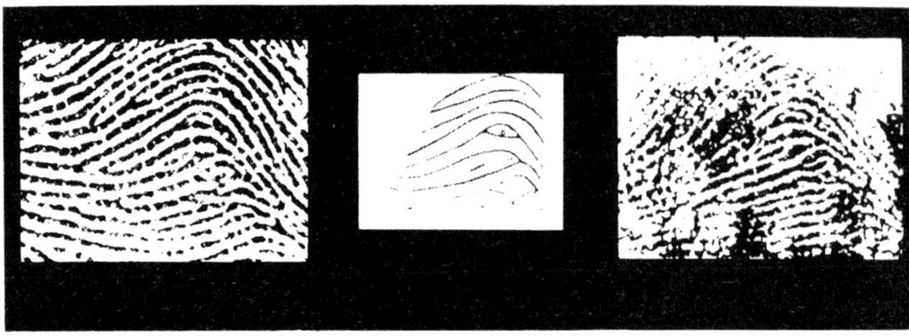

Diese Abdrücke führten zum ersten Sensationsprozeß (Raubmord in Deptford), in dem Fingerabdrücke als Beweismittel dienten. Von links nach rechts: Abdruck auf der Geldkassette, seine Charakteristika und ein von der Polizei angefertigter Abdruck des Verdächtigen Stratton.

und vertieft wurde, eine sehr viel einfachere Methode zur Identifizierung vorgeschlagen – besonders was die Sammlung und Klassifizierung der Daten betraf.[61] Diese Methode basierte bekanntlich auf den Fingerabdrücken. Mit großer Ehrlichkeit gab aber Galton selbst zu, daß er praktisch wie theoretisch Vorgänger hatte.

Die wissenschaftliche Analyse der Fingerabdrücke wurde 1823 von Purkyně, dem Begründer der Histologie, in seiner Schrift *Commentatio de examine physiologico organi visus et systematis cutanei*[62] *(Kommentar zur physiologischen Untersuchung der Sehorgane und des Hautsystems)* eingeleitet. Purkyně unterschied und beschrieb neun Grundtypen von Papillenlinien, stellte aber gleichzeitig fest, daß es nicht zwei Individuen mit denselben Fingerabdrücken gebe. Die praktischen Anwendungsmöglichkeiten dieser Entdeckung waren ihm gleichgültig, ganz im Gegensatz zu den philosophischen Implikationen, mit denen er sich in einem Kapitel mit dem Titel »De cognitione organismi individualis in genere« (Allgemeines über die Erkenntnis des individuellen Organismus) auseinandersetzte. Er vertrat die Ansicht, die Kenntnis des Individuums sei in der praktischen Medizin, angefangen bei der Diagnostik, von zentraler Bedeutung: bei verschiedenen Individuen hätten die Symptome auch verschiedene Formen und müßten deshalb verschieden behandelt werden. Deshalb hätten einige moderne Forscher, die er nicht nannte, die praktische Medizin als »artem individualisandi (die Kunst des Individualisierens)«[63] definiert. Aber die Grundlagen dieser Kunst fänden sich in der Physiologie des Individuums. Hier stieß Purkyně, der in seiner Jugend in Prag Philosophie studiert hatte, wieder auf die tiefgründigsten Probleme der Gedanken von Leibniz. Das Individuum, das »ens omnimodo determinatum«, habe etwas Besonderes, das bis in seine unendlich feinen, unsichtbaren Eigenschaften hinein aufzufinden sei. Es zu erklären, reichten weder der Zufall noch die äußeren Einflüsse aus. Man müsse die Existenz einer inneren Norm oder eines inneren »Typus« annehmen, der die Vielfalt der Organismen in den Grenzen der Spezies halte: die Kenntnis dieser

»Norm«, behauptete Purkyně prophetisch, »erschließe die verborgene Kenntnis der individuellen Natur.«[64] Der Fehler der Physiognomie war es, die Vielfalt der Individuen im Licht vorgeformter Meinungen und übereilter Hypothesen zu sehen: deshalb war es bisher unmöglich, eine wissenschaftliche, deskriptive Physiognomie zu begründen. Purkyně überließ das Studium der Handlinien der »eitlen Wissenschaft« der Chiromanten und richtete seine Aufmerksamkeit auf etwas viel weniger Auffälliges: er fand das geheime Kennzeichen der Individualität in den Linien der Fingerkuppe.

Verlassen wir für einen Augenblick Europa und wenden uns Asien zu. Anders als ihre europäischen Kollegen und von ihnen völlig unabhängig hatten sich auch die chinesischen und japanischen Wahrsager für diese so unauffälligen Linien interessiert, die die Epidermis furchen. Der für China und vor allem für Bengalen nachgewiesene Brauch, auf Briefe und Dokumente den pech- oder tintengeschwärzten Daumen abzudrücken,[65] hat wahrscheinlich eine ganze Reihe von wahrsagerischen Reflexionen zum Hintergrund. Wer es gewohnt war, aus den Adern von Stein und Holz, aus Vogelspuren oder der Zeichnung eines Schildkrötenpanzers geheimnisvolle Schriften zu entziffern, der mußte auch in der Lage sein, einen schmutzigen Fingerabdruck auf jeder beliebigen Oberfläche ohne Schwierigkeit als Schrift zu entziffern. Im Jahre 1860 bemerkte Sir William Herschel, Verwaltungsdirektor des Bezirkes Hooghly in Bengalen, diesen Brauch, erkannte dessen Nützlichkeit und dachte daran, ihn für ein besseres Funktionieren der englischen Verwaltung nutzbar zu machen (die theoretischen Aspekte der Frage interessieren ihn nicht; die lateinische Abhandlung Purkyněs, die ein halbes Jahrhundert lang tote Schrift geblieben war, kannte er nicht). Rückwirkend bemerkte Galton, daß man damals tatsächlich dringend eines wirksamen Instrumentes zur Identifizierung bedurfte – nicht nur in Indien, sondern ganz allgemein in den englischen Kolonien: die Einheimischen waren Analphabeten, streitsüchtig, schlau, verlogen und in den Augen der Europäer alle gleich.

1880 berichtete Herschel in der Zeitschrift »Nature«, daß die Fingerabdrücke nach 17 Probejahren im Bezirk Hooghly offiziell eingeführt worden waren und seit nunmehr drei Jahren mit bestem Erfolg angewendet würden.[66] Die Funktionäre des Empire hatten sich das Indizienwissen der Bengalesen angeeignet und es gegen sie gewendet.

Galton nahm Herschels Artikel zum Anlaß, das ganze Problem zu überdenken und systematisch zu vertiefen. Das Zusammentreffen dreier sehr unterschiedlicher Elemente hatte seine Untersuchung ermöglicht: die Entdeckung Purkyněs, eines reinen Wissenschaftlers; konkretes, an die Alltagspraxis der bengalischen Bevölkerung geknüpftes Wissen; und schließlich die politische sowie verwaltungstechnische Klugheit Sir William Herschels, des treuen Dieners Seiner Majestät, der Königin von Großbritannien. Galton bezeigte Purkyně und Herschel seine Hochachtung. Außerdem versuchte er, bei den Fingerabdrücken rassische Besonderheiten zu unterscheiden – freilich ohne Erfolg; er nahm sich jedoch vor, seine Studien über einige indische Stämme fortzusetzen, in der Hoffnung, in diesen »affenähnlichere Eigenschaften« *(a more monkey-like pattern)*[67] zu finden.

Galton trug jedoch nicht nur entscheidend zur Analyse der Fingerabdrücke bei, sondern er erkannte, wie gesagt, auch ihre praktischen Implikationen. In kürzester Zeit wurde die neue Methode in England eingeführt und von hier aus nach und nach in der ganzen Welt (eines der letzten Länder war Frankreich). So erwarb und bekam der Mensch endlich eine Identität und Individualität, auf die man sich sicher und dauerhaft stützen konnte – wie Galton voller Stolz bemerkte; und er beanspruchte dabei für sich jene Anerkennung, die ein Funktionär des französischen Innenministeriums seinem Konkurrenten Bertillon ausgesprochen hatte.

So wurde das, was in den Augen englischer Verwaltungsbeamter bis vor kurzem eine unterschiedslose Masse bengalischer »Fratzen« gewesen war (um den verächtlichen Ausdruck des Filarete zu gebrauchen), mit einem Mal eine Menge von Individuen, die durch jeweils biologische spezifische Merkmale gekennzeichnet waren. Praktisch vollzog sich diese erstaunliche Verbreitung des Begriffes von Individualität über die Beziehung zum Staat und seinen bürokratischen und politischen Organen. So wurde – dank der Fingerabdrücke – auch der letzte Einwohner eines armseligen Dorfes in Asien oder Europa identifizierbar und kontrollierbar.

4. Aber dasselbe Indizienparadigma, das dazu gebraucht wurde, immer subtilere und kapillarere Formen sozialer Kontrolle zu erarbeiten, kann ein Mittel werden, um die ideologischen Nebel zu lichten, die die komplexe soziale Struktur des Spätkapitalismus immer mehr verschleiern. Wenn die Forderung nach systematischer Erkenntnis auch immer anmaßender zu werden scheint, sollte deshalb die Idee von einer Totalität noch nicht aufgegeben werden. Im Gegenteil: die Existenz eines tiefen Zusammenhangs, der die Phänomene der Oberfläche erklärt, sollte man gerade dann betonen, wenn man behauptet, daß eine *direkte* Kenntnis dieses Zusammenhanges unmöglich ist. Wenn auch die Realität »undurchsichtig« ist, so gibt es doch besondere Bereiche – Spuren- Indizien –, die sich entziffern lassen.

Diese Idee, die den Kern des Semiotik- oder Indizienparadigmas ausmacht, hat sich in den verschiedensten Bereichen der Erkenntnis durchgesetzt und die Humanwissenschaften, tiefgreifend geformt. Feinste paläographische Details dienten als Spuren, die eine Rekonstruktion kultureller Wechselbeziehungen und Veränderungen ermöglichten – mit einem ausdrücklichen Hinweis auf Morelli, der die drei Jahrhunderte alten Schulden Mancinis bei Allacci beglich. Die Darstellung wehender Gewänder bei den florentinischen Malern des 15. Jahrhunderts, die Neologismen von Rabelais und die Heilung der Skrofulosekranken im Auftrag der Könige von Frankreich und England sind nur einige Beispiele dafür, daß minimale Indizien immer wieder dazu benutzt wurden, allgemeinere Phänomene zu enthüllen: die Weltanschauung einer sozialen Klasse, eines Schriftstellers oder einer ganzen Gesellschaft.[68] Wie wir schon gesehen haben, hat sich die Psychoanalyse aufgrund der Hypothese herausgebildet, daß scheinbar nebensächliche Eigenschaften tiefgründige Phänomene von großer Bedeutung enthüllen können. Die Dekadenz des systematischen Gedankens wurde vom Erfolg des aphoristischen Gedankens begleitet – von Nietzsche bis zu Adorno. Der Ausdruck »aphoristisch« ist selber enthüllend (er ist ein Indiz, ein Symptom, eine Spur: dem Paradigma entkommt man nicht). *Aphorismen:* so lautete nämlich der Titel eines berühmten Werkes des Hippokrates. Im 17. Jahrhundert erschienen die ersten Sammlungen von *Aforismi politici.*[69] Die aphoristische Literatur ist per Definition der Versuch, Urteile über den Menschen und die Gesellschaft auf der Basis von Indizien und Symptomen zu formulieren: über einen Menschen und eine Gesellschaft, die krank, *in Krise* sind. Und »Krise«: das ist auch ein medizinischer, hippokratischer Ausdruck.[70] Auch läßt sich leicht zeigen, daß der größte Roman unserer Zeit – *La Recherche* – nach einem konsequenten Indizienparadigma konstruiert ist.

5. Aber kann ein Indizienparadigma konsequent sein? Die quantitative und anti-anthropozentrische Ausrichtung der Naturwissenschaften seit Galilei hat die Humanwissenschaften in ein Dilemma gebracht: entweder sie akzeptieren eine wissenschaftlich unabgesicherte Haltung, um zu wichtigen Ergebnissen zu kommen, oder sie geben sich eine wissenschaftlich abgesicherte Ordnung, um zu Ergebnissen von geringer Bedeutung zu kommen. Nur der Linguistik ist es im Laufe dieses Jahrhunderts gelungen, sich diesem Dilemma zu entziehen; deshalb stellt sie auch für andere Disziplinen ein – mehr oder weniger vollendetes – Modell dar.

Es ist jedoch nicht nur zweifelhaft, ob *diese Art* von Konsequenz erreichbar ist – es ist auch zweifelhaft, ob sie überhaupt wünschenswert ist für die Formen von Wissen, die an die tägliche Erfahrung oder genauer: an alle Situationen gebunden sind, in denen Einzigartigkeit und Unersetzbarkeit der Faktoren in den Augen der betroffenen Personen entscheidend sind. Irgendjemand hat einmal gesagt, daß die Verliebtheit eine Überbewertung unwesentlicher Unterschiede zwischen einer Frau und den anderen (oder einem Mann und den anderen) sei. Doch das gilt auch für Kunstwerke oder Pferde. In solchen Situationen erscheint die elastische Härte (man lasse uns dieses Oxymoron durchgehen!) des Indizienparadigmas als unzerstörbar. Es handelt sich hier um Formen eines tendenziell stummen Wissens – und zwar deswegen, weil sich seine Regeln nicht dazu eignen, ausgesprochen oder gar formalisiert zu werden. Niemand erlernt den Beruf des Kenners oder Diagnostikers, wenn er sich darauf beschränkt, schon vorformulierte Regeln in der Praxis anzuwenden. Bei diesem Wissenstyp spielen unwägbare Elemente, spielen Imponderabilien eine Rolle: Spürsinn, Augenmaß und Intuition.

Wir haben uns bisher skrupulös davor gehütet, diesen ausgehöhlten Terminus zu benutzen. Aber wenn man ihn wirklich als Synonym für die blitzschnelle Rekapitulation eines rationalen Prozesses anwenden will, muß man eine *niedere* und eine *hohe* Intuition unterscheiden.

Die alte arabische Physiognomik stützte sich auf die *firasa*: ein komplexer Begriff, der im allgemeinen die Fähigkeit bezeichnete, auf der Basis von Indizien unmittelbar vom Bekannten zum Unbekannten vorzustoßen.[71] Man gebrauchte diesen Ausdruck aus dem Vokabular der *sufi*, um sowohl mystische Intuition als auch die Formen von Scharfsinn und Klugheit zu bezeichnen, wie sie den Söhnen des Königs von Serendippo zugeschrieben wurden. In dieser zweiten Bedeutung ist die *firasa* nichts anderes als ein Instrument des Indizienwissens.[72]

Diese »niedere Intuition« wurzelt in den Sinnen (auch wenn sie über diese hinausgeht); und insofern hat sie nichts mit der übersinnlichen Intuition der verschiedenen Irrationalismen des 19. und 20. Jahrhunderts zu tun. Sie ist – ohne geographische, historische, ethnische, geschlechts- oder klassenspezifische Grenzen – in der ganzen Welt verbreitet und deshalb jeder Form höheren Wissens, dem Privileg weniger Erwählter, ganz fern. Sie ist Besitz der Bengalen, die von Sir William Herschel ihres Wissens enteignet wurden, sie ist Besitz der Jäger, der Seeleute, der Frauen. Und sie bindet das Tier Mensch an alle anderen Tierarten.

Anmerkungen

[1] Ich gebrauche diesen Terminus im Sinn von Thomas S. Kuhn, *Die Struktur wissenschaftlicher Revolutionen*, Frankfurt am Main 1973, unter Verzicht auf die später vom Autor eingeführten Präzisierungen und Unterscheidungen (vgl. Postscript – 1969, in: *The structure of Scientific Revolutions*, 2. erweiterte Ausgabe, Chicago 1974, S. 174 ff.).

[2] Zu Morelli vgl. vor allem E. Wind, *Kunst und Anarchie*, Frankfurt am Main 1979, S. 40-55 und die dazugehörige Bibliographie (S. 150-155). Zur Biographie vgl. außerdem M. Ginoulhiac, *Giovanni Morelli. La vita*, in: »Bergomum« XXXIV, 1940, Nr. 2, S. 51-74; neuerdings beziehen sich auf die Methode Morellis auch R. Wollheim, *Giovanni Morelli and the origins of Scientific Connoisseurship*, in: *On Art and the Mind. Essays and Lectures*, London 1973, S. 177-201; H. Zerner, *Giovanni Morelli et la science de l'art*, in: »Revue de l'art«, Nr. 40-41, 1978, S. 209-215 und G. Previtali, *À propos de Morelli*, ibid., Nr. 42, 1978, S. 27-31. Leider fehlt eine umfassende Untersuchung über Morelli, in der nicht nur seine kunsthistorischen Schriften, sondern auch die wissenschaftliche Ausbildung in seiner Jugendzeit, seine Beziehung zu deutschen Kreisen, seine Freundschaft zu De Sanctis und seine Teilnahme am politischen Leben analysiert werden müßten. Zu De Sanctis vgl. den Brief, in dem Morelli ihn als Dozent für italienische Literatur am Züricher Polytechnikum vorschlug (F. De Sanctis, *Lettere dall'esilio (1853-*

1860), hrsg. von B. Croce, Bari 1938, S. 34-38), sowie die Register der Bände des *Epistolario* von De Sanctis, die z. Z. bei Einaudi veröffentlicht werden. Zum politischen Engagement Morellis vgl. vorläufig die kurzen Hinweise in G. Spini, *Risorgimento e protestanti*, Neapel 1956, S. 114, 261, 335. Zur Reaktion auf die Schriften Morellis in Europa beachte man die Zeilen, die Morelli am 22. Juni 1882 aus Basel an Minghetti schrieb: »Der alte Jacob Burckhardt, den ich gestern abend besuchte, empfing mich sehr freundlich und wollte den ganzen Abend mit mir verbringen. Er ist in seinem Tun und Denken ein höchst origineller Mann und würde auch Dir gefallen, ganz besonders aber unserer Frau Laura zusagen. Er erzählte mir von dem Buch Lermolieffs, als würde er es auswendig kennen, und nutzte es, um mir unendlich viele Fragen zu stellen – was meiner Eigenliebe nicht wenig schmeichelte. Heute vormittag werde ich ihn noch einmal treffen . . .« (Biblioteca Comunale di Bologna (Archiginnasio), Carte Minghetti, XXIII, 54).

3 Vgl. Wind, a. a. O., S. 45 f. (in der Wiedergabe des Zitats wurde in einem Wort von der deutschen Ausgabe des Buches vom Wind abgewichen: an die Stelle des ungenauen »Spitzbubengalerie« wurde der treffendere Ausdruck »Kriminalmuseum« gesetzt. A. d. Ü.).

4 Vgl. E. Castelnuovo, *Attribution*, in: *Encyclopaedia universalis*, Bd. II, 1968, S. 782; allgemein vergleicht Arnold Hauser die Detektivmethode Freuds mit der von Morelli: A. Hauser, *Methoden moderner Kunstbetrachtung*, München 1970, S. 119.

5 Sir Arthur Conan Doyle, *Ein unheimliches Paket*, in: ders., *Sämtliche Sherlock Holmes Romane und Stories*, Band 2, Frankfurt und Berlin 1977, S. 442.

6 a. a. O., S. 447. *Ein unheimliches Paket* (The Cardboard Box) erschien zuerst in »The Strand Magazine«, v, Januar-Juni 1893, S. 61-73. Man hat nun festgestellt (vgl. ders., *The Annotated Sherlock Holmes*, Hrsg. von W. S. Baring-Gould, London 1968, Bd. II, S. 208), daß in derselben Zeitschrift wenige Monate später ein anonymer Artikel über die verschiedenen Formen des menschlichen Ohres abgedruckt worden war (*Ears: a Chapter on*, in: »The Strand Magazine«, VI, Juli-Dezember 1893, S. 388-391, 525-527). Dem Herausgeber des *Annotated Sherlock Holmes* (a. a. O., S. 208) zufolge könnte der Verfasser des Artikels sogar Conan Doyle gewesen sein, der den Beitrag Holmes' für das »Anthropological Journal« (versehentlich für »Journal of Anthropology«) redigiert hätte. Aber dies ist wahrscheinlich nur eine unbegründete Vermutung: dem Artikel über die Ohren war im »Strand Magazine«, v, Januar-Juli 1893, S. 119,123, 295-301, schon ein Aufsatz mit dem Titel *Hands* vorausgegangen, gezeichnet von Beckles Willson. Jedenfalls erinnert das Blatt des »Strand Magazine«, das die verschiedenen Ohrenformen darstellt, unwiderstehlich an die Abbildungen in den Schriften Morellis – was nur die Zirkulation derartiger Themen in jener Zeit bestätigt.

7 Wind, a. a. O., S. 45.

8 Vgl. S. Freud, *Der Moses des Michelangelo*, in: *Gesammelte Werke*, Bd. X, Frankfurt am Main 1967, S. 185; R. Bremer, *Freud and Michelangelo's Moses*, in: »American Imago«, 33, 1976, S. 60-75, setzt sich mit der von Freud vorgeschlagenen Interpretation des Moses auseinander, ohne sich mit Morelli zu beschäftigen. Nicht zu Rate ziehen konnte ich K. Victorius, *Der »Moses des Michelangelo« von Sigmund Freud*, in: *Entfaltung der Psychoanalyse*, Hrsg. A. Mitscherlich, Stuttgart 1956, S. 1-10.

9 Vgl. S. Freud, *Die Traumdeutung*, in: *Gesammelte Werke*, Bd. II/III, Frankfurt am Main 1967, S. 314 Fußnote (in der Anmerkung auf S. 99 ist eine spätere Schrift Freuds über seine Beziehungen zu Popper-Lynkeus angegeben).

10 I. Lermolieff, *Die Werke italienischer Meister in den Galerien von München, Dresden und Berlin. Ein kritischer Versuch.* Aus dem Russischen übersetzt von Dr. Johannes Schwarze, Leipzig 1880.

11 G. Morelli (I. Lermolieff), *Italian Masters in German Galleries. A Critical Essay on the Italian Pictures in the Galleries of Munich, Dresden and Berlin.* Übers. aus d. Deutschen von L. M. Richter, London, 1883.

12 Vgl. Marthe Robert, *Die Revolution der Psychoanalyse*, Frankfurt am Main 1972, S. 166/67. Morelli (I. Lermolieff), *Kunstkritische Studien*, S. 117-119 (über Signorelli), S. 206-208 (über Boltraffio).

13 a. a. O., S. VIII.

14 Morelli (Lermolieff), a. a. O., S. 94/95.

15 Vgl. seine Einführung in: A. Conan Doyle, *The Adventures of Sherlock Holmes, A facsimile of the stories as they were first published in the Strand Magazine*, New York 1976, S. X-XI.

16 *Der Wolfsmann vom Wolfsmann*, hrsg. von Muriel Gardiner, Frankfurt am Main 1972, S. 182; T. Reik. *Das Ritual. Psychoanalytische Studien*, Leipzig/Wien/Zürich 1928, S. 16/17. Zur Unterscheidung zwischen Symptom und Indiz vgl. C. Segre, *La gerarchia dei segni*, in: *Psicanalisi e semiotica*, Hrsg. A. Verdiglione, Mailand 1975, S. 33; T. A. Sebeok, *Theorie und Geschichte der Semiotik*, Reinbek 1979.

[17] Vgl. Conan Doyle, *The Annotated Sherlock Holmes*, a. a. O., Bd. I, Einführung (Two doctors and a detective: Sir Arthur Conan Doyle, John A. Watson, M. D., and Mr. Sherlock Holmes of Baker Street), S. 7 ff.; zu John Bell, dem Arzt, der Doyle zur Figur des Holmes inspirierte. Vgl. auch A. Conan Doyle, *Memories and Adventures*, London 1924, S. 25-26, 74-75.

[18] Vgl. A. Wesselofsky, *Eine Märchengruppe*, in: »Archiv für slavische Philologie«, 9, 1886, S. 308/9, mit Bibliographie.

[19] Vgl. den berühmten Essay von R. Jakobson, *Zwei Seiten der Sprache und zwei Typen aphatischer Störungen*, in: Roman Jakobson, *Aufsätze zur Linguistik und Poetik*, Frankfurt/Berlin/Wien 1979, S. 117-141.

[20] Vgl. E. Cazade und C. Thomas, *Alfabeto*, in: *Enciclopedia*, Bd. I, Turin 1977, S. 289 (siehe auch Étiemble, *La scrittura*, Mailand 1962, S. 22-23, der in einem wirkungsvollen Paradox feststellt, daß der Mensch erst lesen und dann schreiben gelernt hat). Allgemein zu diesen Fragen siehe W. Benjamin, *Über das mimetische Vermögen*, in: ders., *Angelus Novus*, Frankfurt am Main 1966, S. 96-99.

[21] Ich berufe mich auf den ausgezeichneten Aufsatz von J. Bottéro, *Symptômes, signes, écritures*, in: Bottéro u. a. *Divination et rationalité*, Paris 1974, S. 70-197. Hieraus auch die folgenden Angaben zu Mesopotamien, S. 154 ff.

[22] Es handelt sich hier um die Schlußfolgerung, die Peirce »presumtiv« oder »abduktiv« nannte und sie so von der einfachen Induktion unterschied: vgl. C. S. Peirce, *Deduktion, Induktion und Hypothese*, in: ders., *Schriften zum Pragmatismus und Pragmatizismus*, Hrsg. von K.-O. Apel, Frankfurt am Main 1976, S. 229-250.

[23] Hierzu sowie zu dem Folgenden vgl. Bottéro, a. a. O.

[24] Siehe dazu die sehr reichhaltige Untersuchung von M. Détienne und Vernant, *Les ruses de l'intelligence. La métis des grecs*, Paris 1974. Die wahrsagerischen Eigenschaften der Metis werden auf S. 104 ff. erwähnt: zur Verknüpfung der angegebenen Wissensformen mit der Wahrsagekunst vgl. auch S. 145-149 (in bezug auf die Seeleute) und S. 270 ff. Zur Medizin vgl. S. 297 ff.

[25] Vgl. P. K. Feyerabend, *Wider den Methodenzwang. Skizze einer anarchistischen Erkenntnistheorie*, Frankfurt am Main 1976.

[26] »Coniector« ist der Seher. – Ich beziehe mich hier und an anderen Stellen auf einige Feststellungen von S. Timpanaro, *Il lapsus freudiano. Psicanalisi e critica testuale*, Florenz 1974, aber sozusagen unter umgekehrten Zeichen. Kurz (und vereinfacht) gesagt: während nach Timpanaro die Psychoanalyse abzulehnen ist, weil sie innerlich der Magie nahesteht, versuche ich zu zeigen, daß nicht nur die Psychoanalyse, sondern auch die meisten sogenannten Humanwissenschaften von einer wahrsagerischen Erkenntnistheorie beeinflußt sind. Die individualisierende Erklärungsweise der Magie und den individualisierenden Charakter der beiden Wissenschaften Medizin und Philologie erwähnte schon Timpanaro, a. a. O., S. 71-73.

[27] Zum »Wahrscheinlichkeitscharakter« historischer Erkenntnis siehe die denkwürdige Schrift von Marc Bloch, *Apologie der Geschichte oder der Beruf des Historikers*, Stuttgart 1974.

[28] Zu den Auswirkungen der Erfindung der Schrift vgl. J. Goody und I. Watt, *The Consequences of Literacy*, in: »Comparative Studies in Society and History«, v, 1962-63, S. 304-345 (jetzt: J. Goody, *The Domestication of the Savage Mind*, Cambridge 1977). Zur Geschichte der Textkritik nach Erfindung des Buchdruckes vgl. E. J. Kenney, *The Classical Text. Aspects of Editing in The Age of Printed Books*, Berkeley (Cal.) 1974.

[29] Vgl. G. Galilei, *Il Saggiatore*, hrg. von L. Sosio, Mailand 1965, S. 38. Vgl. E. Garin, *La nuova scienza e il simbolo del »libro«*, in: *La cultura filosofica del Rinascimento italiano. Ricerche e documenti*, Florenz 1961, S. 451-465, wo die von E. R. Curtius vorgeschlagene Interpretation dieser und anderer Textstellen von Galilei unter einem ähnlichen Aspekt wie in diesem Aufsatz erörtert wird.

[30] Galilei, a. a. O., S. 264. Vgl. dazu auch J. A. Martinez, *Galileo on Primary and Secondary Qualities*, in: »Journal of the History of Behavioral Sciences«, 10, 1974, S. 160-169. Hervorhebungen im Text Galileis durch den Verfasser.

[31] Vgl. J. N. Eritreo (G. V. Rossi), *Pinacotheca imaginum illustrium, doctrinae vel ingenii laude, virorum* . . ., Leipzig 1692, Bd. II, S. 79-82.

[32] G. Mancini, *Considerazioni sulla pittura*, hsg. von A. Marucchi, 2 Bde., Rom 1956-57. Die Bedeutung Mancinis als »Kenner« unterstreicht D. Mahon, *Studies in Seicento Art and Theory*, London 1947, S. 279 ff. Reich an Informationen, aber zu begrenzt im Urteil: J. Hess. *Note manciniane*, in: »Münchener Jahrbuch der bildenden Kunst«, Dritte Folge, XIX, 1968, S. 103-120.

[33] Mancini, a. a. O., Bd. I, S. 133 ff.

[34] Vgl. Eritreo, a. a. O., S. 80-81 (Hervorhebungen v. Verf.) Weiter unten (S. 82) wird eine andere von

Mancini durchgeführte Diagnose, die sich als richtig erwies (Patient war Urban VIII), als »seu vaticinatio, seu praedicto« bezeichnet.

35 Von dieser Voraussetzung geht natürlich Walter Benjamin aus; siehe: *Das Kunstwerk im Zeitalter seiner technischen Reproduzierbarkeit*, in: W. Benjamin, *Illuminationen*, Frankfurt am Main 1961, aus; aber er bezieht sich nur auf die Werke der bildenden Kunst. Der Einzigartigkeit dieser Werke – insbesondere der Gemälde – wird die mechanische Reproduzierbarkeit literarischer Texte gegenübergestellt bei É. Gilson, *Malerei und Wirklichkeit*, Salzburg 1965 (den Hinweis auf diesen Text verdanke ich Renato Turci). Für Gilson handelt es sich aber um einen inneren Gegensatz, nicht etwa einen historischen, wie ich hier zu zeigen versucht habe.

36 Mancini, a. a. O., Bd. I, S. 134 (am Ende des Zitates berichtige ich »Malerei« durch »Schrift«, wie es dem Sinn entspricht).

37 Mancini, *Considerazioni*, a. a. O., S. 107; C. Baldi, *Trattato* . . ., Carpi 1622, S. 17, 18 ff. Über Baldi, der auch über Physiognomie und Wahrsage schrieb, siehe die bio bibliographischen Angaben im *Dizionario biografico degli italiani* (Rom 1963, S. 465-467), hrsg. von M. Tronti (der sich schließlich das abschätzige Urteil von Moréri zu eigen macht: »Soll man ihn ruhig in den Katalog derjenigen aufnehmen, die über Nichtigkeiten schreiben.«) Es ist bemerkenswert, daß Mancini in dem noch vor dem 13. November 1619 abgeschlossenen *Discorso di pittura* geschrieben hatte: ». . . die individuellen Eigenschaften des Schreibens hat jener edle Geist abgehandelt, der in seinem Büchlein, das unter den Leuten verbreitet ist, die Gründe für diese Eigenschaften zu zeigen und zu nennen versucht hat, statt zu versuchen, aus der Schreibweise Auskünfte über das Temperament und die Gewohnheiten des Schreibers zu geben, was merkwürdig und interessant, aber etwas zu begrenzt ist . . .« (vgl. *Considerazioni*, a. a. O., S. 306/7; ich berichtige »abstrakt-astratto« durch »astretto–begrenzt«: auf der Basis der Version in Ms. 1698 (60) der Universitätsbibliothek in Bologna, c. 34r).

38 Mancini, *Considerazioni*, a. a. O., S. 134.

39 Vgl. A. Averlino, (gen. Filarete), *Tractat über die Baukunst und andere Schriften*, hsg. von Wolfgang von Oettingen, Hildesheim und New York 1974 (Buch I, S. 44-62).

40 Vgl. Scalzini, *Il secretario*, Venedig 1585, S. 77-78: »Sollen gewisse Leute, die mit Lineal und Tinte gemütlich schreiben, doch bitte einmal sagen, wie lange sie für einen Auftrag brauchen würden, wenn sie im Dienst eines Fürsten oder Herrn stünden, für den sie, wie es gewöhnlich Brauch ist, in vier oder fünf Stunden vierzig oder fünfzig lange Briefe schreiben müßten, und die zum Schreiben ins Zimmer gerufen würden?!« (die Polemik richtet sich gegen die nicht weiter benannten »Meister im Angeben«, denen vorgeworfen wird, daß sie eine Kanzleischrift nur langsam und mühsam in Umlauf bringen).

41 Averlino (Filarete) a. a. O., S. 57 (die deutsche Ausgabe ist gekürzt, nicht alles hier Zitierte ist in ihr enthalten).

42 Vgl. z. B.: *Craig's Rules of Historical Evidence*, 1699, in: »History and Theory – Beiheft 4«, 1964.

43 Zu diesem, hier kaum angeschnittenen Thema vgl. das sehr reichhaltige Buch von I. Hacking, *The Emergence of Probability. A Philosophical Study of Early Ideas About Probability, Induction and Statistical Inference*, Cambridge 1975.

44 Vgl. dazu M. Foucault, *Die Geburt der Klinik. Eine Archäologie des ärztlichen Blicks*, München 1973.

45 Vgl. auch C. Ginzburg, *Der Käse und die Würmer. Die Welt eines Müllers um 1600*, Frankfurt am Main 1979, S. 93/94.

46 Ich nehme hier in etwas verändertem Sinne Bemerkungen von Michel Foucault auf.

47 Vgl. J. J. Winckelmann, *Briefe*, Hrsg. H. Diepolder u. W. Rehm, Bd. II, Berlin 1954, S. 316 (Brief v. 30. 4. 1763 an G. L. Bianconi) u. Anm. auf S. 498. Der Hinweis auf die »kleinen Erkenntnisse« in: *Briefe*, Bd. I, Berlin 1952, S. 391.

48 Vgl. E. Cerulli, *Una raccolta persiana di novella tradotte a Venezia nel 1557*, in: »Atti dell 'Accademia Nazionale dei Lincei«, CCCLXXII, 1975, Memorie della classe di scienze morali ecc., s. VIII, Bd. XVIII, Heft 4, Rom 1975.

49 Vgl. W. S. Heckscher, *Petites perceptions: An Account of sortes Warburgianae*, in: »The Journal of Medieval and Renaissance Studies«, 4, 1974, S. 130-131 – ein Hinweis, der auch zu finden ist in: ders., *The Genesis of Iconology*, in: *Stil und Überlieferung in der Kunst des Abendlandes*, Bd. III, Berlin 1967 (Akten des XXI. Internationalen Kongresses für Kustgeschichte in Bonn, 1964), S. 245, Anm. 11. In den beiden an Ideen und Hinweisen sehr reichhaltigen Aufsätzen von Heckscher wird die Genese der Methode Aby Warburgs unter einem Gesichtspunkt untersucht, von dem teilweise auch in diesem Aufsatz ausgegangen wird. In einer weiteren Fassung dieser Arbeit habe ich vor, u. a. die von Heckscher angedeutete Spur Leibniz' zu verfolgen.

[50] Voltaire, *Zadig oder das Schicksal*, Frankfurt am Main 1979, S. 21.

[51] G. Cuvier, *Recherches sur les ossements fossiles ...*, Bd. I, Paris 1834, S. 185.

[52] Vgl. Th. Huxley, *On the Method of Zadig: Retrospective Prophecy as a Function of Science*, in: *Science and Culture*, London 1881, S. 128-148. Auf S. 132 erklärt Huxley: »... even in the restricted sense of ›divination‹, it is obvious that the essence of the prophetic operation does not lie in its backward or forward relation to the course of time, but in the fact that it is the apprehension of that which lies out of the sphere of immediate knowledge; the seeing of that which to the natural sense of the seer is invisible«.

[53] (J. B. Dubos), *Réflexions critiques sur la poësie et sur la peinture*, Bd. II, Paris 1729, S. 362-365.

[54] E. Gaboriau, *Monsieur Lecoq*, Bd. I, *L'enquête*, Paris 1877, S. 44. Auf S. 25 wird die »jeune théorie« des jungen Lecoq der »vieille pratique« des alten Polizisten Gévrol, dem »champion de la police positiviste« (S. 20), der sich nur bei den Erscheinungen aufhält und deshalb nichts sehen kann, gegenübergestellt.

[55] Karl Marx, *Zur Kritik der politischen Ökonomie*. Vorwort (1859), *MEW* 13, S. 8.

[56] Morelli (I. Lermolieff), *Kunstkritische Studien*, a. a. O., S. 94 und 95.

[57] (Autorengruppe), *L'identité. Séminaire interdisciplinaire dirigé par Claude Lévi-Strauss*, Paris 1977.

[58] Vgl. E. P. Thompson, *Whigs and Hunters. The Origin of the Black Act*, London 1975.

[59] Vgl. M. Foucault, *Überwachen und Strafen. Die Geburt des Gefängnisses*, Frankfurt am Main 1976.

[60] Vgl. A. Bertillon, *L'identité des récidivistes et la loi de relégation*, Paris 1883 (Ausz. aus »Annales de démographie internationale«, S. 24); E. Locard, *L'identification des récidivistes*, Paris 1909. Das Gesetz Waldeck-Rousseau, das bei »Mehrfach-Rückfälligen« Gefängnis und bei den für »unheilbar« gehaltenen Individuen Ausweisung anordnete, stammt aus dem Jahre 1885.

[61] Vgl. F. Galton, *Finger Prints*, London 1892, mit einem Verzeichnis der zuvor erschienenen Publikationen.

[62] J. E. Purkyně, *Opera selecta*, Prag 1948, S. 29-56.

[63] a. a. O., S. 31.

[64] a. a. O., S. 31-33.

[65] Galton, a. a. O., S. 24 ff.

[66] Galton, a. a. O., S. 27-28 (vgl. auch die Danksagung auf S. 4).

[67] a. a. O., S. 17-18.

[68] Vgl. L. Traube, *Geschichte der Paläographie*, in: *Zur Paläographie und Handschriftenkunde*, Hrsg. P. Lehmann, Bd. I, München 1965 (Neuauflage der Ausgabe von 1909); A. Warburg, *Die Erneuerung der heidnischen Antike. Kulturwissenschaftliche Beiträge zur Geschichte der europäischen Renaissance*, in: ders., *Gesammelte Schriften*, Bd. 1.2, Leipzig und Berlin 1932; L. Spitzer, *Die Wortbildung als stilistisches Mittel exemplifiziert an Rabelais*, Halle 1910; M. Bloch, *Les Rois thaumaturges. Etude sur le caractère surnaturel attribué à la puissance royale, particulièrement en France et en Angleterre*, Paris 1961 (Originalausgabe 1924).

[69] Außer den *Aforismi politici* von Campanella, die ursprünglich in lateinischer Übersetzung als Teil der *Realis philosophia* (De politica in aphorismos digesta) erschienen sind, vgl. noch: G. Canini, *Aforismi politici cavati dall'Historia d'Italia di M. Francesco Guicciardini*, Venedig 1625 (vgl. T. Bozza, *Scittori politici italiani dal 1550 al 1650*, Rom 1949, S. 141-143, 151-152). Siehe auch Stichwort »aphorisme« in: *Dictionnaire* von Littré.

[70] Auch wenn er ursprünglich eine juristische Bedeutung hatte: zur Geschichte dieses Terminus vgl. R. Koselleck, *Kritik und Krise. Eine Studie zur Pathogenese der bürgerlichen Welt*, Frankfurt am Main 1973.

[71] Vgl. das sehr reichhaltige und scharfsinnige Buch von Y. Mourad, *La physiognomonie arabe et la »Kitab Al-Firasa« de Fakhr Al-Din Al-Razi*, Paris 1939, S. 1-2 (und auch S. 60-61).

[72] Vgl. Mourad, a. a. O., S. 29; er gibt folgende Klassifizierungen der verschiedenen Formen der Physiognomik an, die im Traktat von Tashköpru Zadeh (1560 n. Chr.) enthalten sind: 1) Wissenschaft von den Muttermalen, 2) Handlesekunst, 3) Kunst, die Schulterblätter zu »lesen«, 4) Wahrsagung, basierend auf Spuren, 5) genealogische Wissenschaft, basierend auf der Untersuchung von Körperteilen und Haut, 6) Kunst der Orientierung in der Wüste, 7) Kunst der Quellfindung, 8) Kunst der Entdeckung von Metallvorkommen, 9) Kunst der Regenvorhersage, 10) Weissagung, die aus vergangenen und gegenwärtigen Ereignissen schließt, 11) Weissagung, die aus unwillkürlichen Körperbewegungen schließt.« Auf S. 15 ff. regt Mourad einen sehr suggestiven Vergleich zwischen der arabischen Physiognomik und den Untersuchungen der Gestalt-Psychologen über die Wahrnehmung von Individualität an.

Mentalität und Ereignis.
Über die Methode bei Marc Bloch

Zwanzig Jahre nach dem Tod des großen französischen Historikers, der von den Nazis ermordet wurde, erscheint die Sammlung seiner »kleineren« Schriften.[1] Sie umfaßt, wie Perrin (ein ehemaliger Kollege und Mitarbeiter Blochs) in seinem Vorwort bemerkt, die historiographischen Aufsätze, »die von Bloch veröffentlicht oder von ihm im Hinblick auf eine eventuelle Veröffentlichung verfaßt wurden« (S. IX). Ausgenommen sind einige Gelegenheitsartikel, die er in einer (nicht näher angegebenen) Zeitung während der Wahlkampagne von 1928 veröffentlichte, und eine sehr kurze Jugendschrift, die bereits von Bloch selbst verworfen worden war. Die Aufsätze sind auf verschiedene Rubriken mit den Titeln »L'histoire et les historiens«, »Les sociétés du Haut Moyen Age«, »Les institutions féodales«, »Le servage dans la société européenne«, »L'Allemagne et l'Empire Romain Germanique«, »Vie rurale«, »Geographie historique: l'Ile-de-France«, »Histoire de l'économie et des techniques« und »Aspects de la mentalité médiévale«. Weggeblieben sind dagegen die sehr zahlreichen Rezensionen und bibliographischen Übersichten, die oft sehr wichtig sind: man darf hoffen, daß sie später gesammelt und wiederveröffentlicht werden (vgl. Einl. S. IX). Die beiden Bände, die, soweit es aus einem Verweis auf S. 1031 hervorgeht, von R. Mandrou bearbeitet wurden, enden mit einer Bibliographie des gesamten historiographischen Werkes Blochs (eingeschlossen also die Rezensionen, Anmerkungen, Vermerke usw.), die von M. Cl. Gasnault-Beis erstellt worden ist (S. 1031-1104).

Sicher muß man diese Mühe dankbar anerkennen, weil dadurch die Möglichkeit gegeben ist, die Aufsätze, die in nicht nur für den italienischen Forscher schwer zugänglichen Zeitschriften erschienen waren, zu lesen oder wieder zu lesen. Es ist dennoch geboten, auf einige Mängel und Lücken hinzuweisen, die den Wert dieser gleichwohl willkommenen Ausgabe mindern.

Beginnen wir mit dem schwerwiegendsten Punkt. In verhängnisvoller Flüchtigkeit ist von dem Aufsatz *La lutte pour l'individualisme agraire dans la France du XVIIIe siécle*, der 1930 in den »Annales d'histoire économique et sociale« veröffentlicht wurde (nebenbei gesagt, einer der schönsten Aufsätze Blochs), nur die erste Hälfte wieder abgedruckt worden. Der Aufsatz erschien in drei Folgen unterteilt,

Dieser Text erschien erstmals unter dem Titel *A proposito della raccolta dei saggi storici di Marc Bloch* in: »Studi medievali«, 3. R., VI, 1965, S. 335-353.

denen drei Abschnitte entsprachen; ihre Titel waren: »L'œuvre des pouvoirs d'Ancien Régime« (dies ist der einzige, wenn auch nicht vollständig wiederveröffentlichte Teil; es fehlt die auf S. 382-383 des zitierten Jahrgangs der »Annales« wiedergegebene statistische Tabelle), »Conflits et résultats«, »La Révolution et la ›grande œuvre de la propriété‹«. Die beiden letzten Abschnitte erscheinen in diesen *Mélanges* nicht, so daß der Leser, der nicht geistesgegenwärtig genug ist, die Bibliographie auf S. 1043 zu kontrollieren, an der Fähigkeit Blochs, die Fäden einer mit so viel analytischer Genauigkeit begonnen Forschung auszuziehen, zweifeln muß. Ähnlich ist von dem Aufsatz *Les plans parcellaire en France* nur die erste Hälfte wiederabgedruckt; es fehlt der den S. 390-398 der »Annales d'histoire économique et sociale«, I, 1929 entsprechende Teil.

Die Bibliographie, die den zweiten Band beschließt, ist ein sehr nützliches Arbeitsinstrument. Daneben verweisen wir auf einige wenige Lücken, die leicht hätten vermieden werden können (warum wurden die »Annales« nur bis 1945 ausgewertet?); aber bekanntlich ist jede Bibliographie per Definition unvollständig.[2] Unverständlich ist eher, weshalb man nicht dem angegebenen Kriterium gefolgt ist, mit den bereits genannten Ausnahmen *alle* Aufsätze von Bloch wiederzuveröffentlichen. Es fehlt der Aufsatz mit dem Titel *Sur le passé de la noblesse française: quelques jalons de recherche* (1936) sowie die Vorlesungen, die er 1939 im Institut des Hautes Études de Belgique in Brüssel gehalten hat und die 1953 in den »Annales« unter dem Titel *Mutations monétaires dans l'ancienne France* erschienen sind. Diese Vorlesungen hätten sehr gut neben den anderen posthum veröffentlichten Aufsätzen (wie die über die Invasionen und der über das Ende der Sklaverei in der antiken Welt) erscheinen können, die hier zurecht aufgenommen worden sind. Außerdem fehlt die Schrift *Critique historique et critique du témoignage,* die 1914 separat als Heft in Amiens erschienen ist und dann 1950 von einer maschinenschriftlichen Kopie mit einer kurzen einleitenden Bemerkung von L. Febvre (die Bibliographie verzeichnet diesen Abdruck jedoch nicht) abgedruckt worden ist. Es ist der Text einer Rede, die Bloch, damals Lehrer am Lyceum in Amiens, am Schuljahrsende 1913-1914 vor den zur Preisverleihung versammelten Schülern hielt. Es ist alles andere als eine Gelegenheitsschrift. Es wird der Mühe wert sein, sich kurz dabei aufzuhalten.

1948 erschienen zwei Aufsätze über Marc Blochs Gesamtwerk: der eine von Ch.-E. Perrin *(L'œuvre historique de Marc Bloch,* in: »Revue historique«, CXCIX, 1948, S. 161-188), der andere von Ph. Dollinger *(Notre maître Marc Bloch. L'historien et sa méthode,* in: »Revue d'histoire économique et sociale«, XXVII, 1948, S. 109-126); beide beschäftigen sich vor allem, wenn nicht ausschließlich, mit der methodologischen Bedeutung von Blochs Werk. Diese Betonung war besonders bedeutsam, weil damals das unabgeschlossene Buch, das Blochs letzte Meditationen über seinen Beruf als Historiker zusammenfaßte, noch nicht erschienen war: – *Apologie der Geschichte oder der Beruf des Historikers,* Stuttgart 1974 (mit einer Einführung von F. J. Lucas; franz. Erstausgabe: Paris 1949).

Sowohl Perrin als auch Dollinger zeigen in ihren Schriften, daß man sich im Klaren sein muß, wie wichtig es – über die von Bloch in den Einzeluntersuchungen erzielten Ergebnisse hinaus – war, von einem historischen Gesichtspunkt aus neue Probleme oder von einem neuen Gesichtspunkt aus traditionelle Probleme in Angriff genommen zu haben. Dennoch ist diese Wertschätzung, die zu Recht dem methodologischen Aspekt der Arbeit Blochs gilt, bei beiden nicht frei von einer gewissen Übertreibung – besonders deutlich bei Perrin, der soweit geht, von einem »historischen System Marc Blochs« (»Revue historique«, 1948, S. 182, 186) zu sprechen – ein Ausdruck, den Bloch, der die Reflexionen über seine Arbeit wie das »Notizbuch eines Arbeiters« präsentierte, sicher zurückgewiesen hätte. Richtiger unterstrich Dollinger Blochs Widerwillen gegenüber Abstraktionen jeder Art, eingeschlossen allgemeine methodologische Formulierungen; aber schließlich betrachtet auch er jene methodologischen Kriterien als etwas Präformiertes, das beinahe unabhängig von den konkreten Einzeluntersuchungen und unabhängig davon ist, daß sich bei Bloch immer deutlicher neue historiographische Interessen zeigten. Von diesem Fehler sind auch die Schriften derer nicht frei geblieben, die sich nach dem Erscheinen der *Apologie der Geschichte* mit dem »Methodologen« Bloch beschäftigt haben; siehe zum Beispiel den Aufsatz des belgischen Soziologen J. Stengers, der in den »Annales« wiederveröffentlicht wurde *(Marc Bloch et l'histoire,* in: »Annales E. S. C.«, VIII, 1953, S. 329-337) oder neulich L. Walkers Rezension zur englischen Übersetzung der *Feudalgesellschaft,* die in einer Zeitschrift erschienen ist, die sich gerade den geschichtsmethodologischen Problemen widmet (»History and Theory«, III/2, 1963, S. 247-255). Nun gibt die Rede des achtundzwanzigjährigen Bloch an die Lyceaten von Amiens die Möglichkeit, diese methodologischen Überlegungen in einem noch embryonalen Stadium zu erfassen. Ganz anderer Ansicht sind dagegen Febvre und Walker; für ersteren verweist dieser Text darauf, daß 1914 sich »die leitenden Ideen« der historiographischen Tätigkeit Bloch bereits - außer in einigen Detailfragen – »konstituiert hatten und daß er sie in der gleichen Weise formulierte wie später seine Gedanken als Fünfzigjähriger« (»Annales E. S. C.«, 1950, S. 1); für Walker »zeigt« die Rede von Amiens, »wie vollständig Blochs Gedanken zur historischen Kritik bereits zu diesem frühen Datum ausformuliert waren« (»History and Theory«, 1963, S. 247 Anm.). In Wirklichkeit war Blochs »methodologischer« Weg etwas mühseliger, wie wir sehen werden.

Bloch stellt zu Beginn seiner Rede dem Grad an Gewißheit der Geschichtswissenschaft entschieden den der Naturwissenschaften entgegen: »wir [Historiker] haben von den früheren Ereignissen keine unmittelbaren und persönlichen Kenntnisse vergleichbar zum Beispiel derjenigen, die euer Physiklehrer von der Elektrizität hat« (»Annales E. S. C.«, 1950, S. 2). Diese Gegenüberstellung kehrt – freilich weit nuancierter – an einigen Textstellen der *Apologie* wieder, bei denen man sich, wahrscheinlich zu Unrecht, an die Diskussionen über die Beziehung zwischen *Geisteswissenschaften* und *Naturwissenschaften* (vgl. P. Rossi, *Legittimità e insicurezza della conoscenza storica,* in: »Giornale degli Economisti e Annali di Economia«, x, n. R., 1951, S. 307, 313-314) erinnert fühlt. Es fehlt, wie es scheint, in Blochs Schriften auch nur der geringste Widerhall der Diskussionen im Anschluß an die Neukantianer, an Dilthey und Weber; dies ist ein Argument *ex silentio*, dem man die Anekdote Lucien Febvres über Blochs Desinteresse am Buch von R. Aron hinzufügen kann *(Introduction à la philosophie de l'histoire. Essai sur les limites de l'objectivité historique*, Paris 1938; Neuaufl. 1978), in dem unter anderem eben diese Probleme und Diskussionen wiederaufgenommen werden (vgl. L. Febvre, *Pro parva nostra domo*, in: »Annales E. S. C.«, VIII, 1953, S. 516).[3] Tatsächlich wird in der Rede von 1914 wie im späteren Text der *Apologie* vor allem die Position Durkheims, eines Gelehrten, der bekanntlich einen sehr großen Einfluß auf Bloch ausübte, vergegenwärtigt (vgl. zum Beispiel »Revue historique«, CXLV, 1924, S. 236 und *Apologie*, S. 191 f.). Durkheim sprach sich dafür aus, die sozialen Tatbestände als »Dinge« zu behandeln (vgl. *Die Regeln der soziologischen Methode*, 4. rev. Auflage, mit einem Vorwort von R. König, Neuwied und Berlin, 1976; 1. Aufl. Paris 1894), d. h. mit der Indifferenz der Naturwissenschaftler und unter Berufung auf deren Methoden. Das »Ereignis« oder das nicht reduzierbare Individuelle, auf das jene Methoden nicht anwendbar sind, sind das Reich der Geschichte. Der Bloch von 1914 versucht diese Entwertung der Geschichte zu überwinden, ohne deren Voraussetzungen zu verwerfen. Auch für ihn gibt es in Wirklichkeit nur eine Wissenschaft: die Wissenschaft (die Wissenschaften) von der Natur, und an ihr – an ihren Methoden und Wahrheitskriterien – muß sich auch die Geschichtswissenschaft orientieren. Nun will er beweisen, daß auch vom eigentlichen historischen Erkenntnisobjekt – den »Ereignissen« – eine echte wissenschaftliche Erkenntnis möglich ist – und zwar dank der Philologie und der Kritik, der »critique historique«. Im Unterschied zum Physiker kann sich der Historiker nicht der experimentellen Methode bedienen und ist dazu verurteilt, zu den Zeugnissen anderer Zuflucht zu nehmen, die oft auf eine sehr weit zurückliegende Vergangenheit zurückgehen; aber wenn man diese Zeugnisse kritisch auswertet, ist es in der gleichen Weise möglich, zu äußerst wahrscheinlichen, wenn nicht sicheren Schlüssen zu kommen. Wenn man zum Beispiel die Erzählung des Generals Marbot in seinen Erinnerungen über das heroische Überqueren eines Flusses mit Hochwasser mit einem zeitgenössischen Zeugnis über die Hochwasserstände in jenem Jahr vergleicht, kann man schließen, daß Marbots Erzählung reine Prahlerei war. Ähnlich ist es möglich, die Unechtheit eines Dokuments oder einer Reihe von Dokumenten zu beweisen (er zitiert den Fall des berühmten Fälschers Vrain-Lucas). Dennoch fehlt in Blochs Rede nicht ein Rest von Skeptizismus, der im ersten der von ihm gegebenen Beispiele durchsickert. Wer gab den Schuß ab, der die Pariser Februarrevolution auslöste: ein Gardesoldat oder ein Demonstrant? – so seine Frage (und das Problem ist recht charakteristisch). Man muß die Erzählungen der Augenzeugen untersuchen und vergleichen und sich vergegenwärtigen, daß auch sie, wie er später bemerkt, ungenau sein können, weil sie unter dem Einfluß gesteigerter Aufmerksamkeit, Affektivität usw. stehen. Das Einzige, was wir bis zu diesem Punkt wissen können, ist, daß es unmöglich ist, beide Hypothesen in Übereinstimmung zu bringen: eine muß notwendigerweise falsch sein. Offensichtlich ein dürftiges Ergebnis. Das ändert aber nichts daran, daß Bloch seine Rede damit beschließen kann, daß er den zivilisatorischen Wert dieser Erziehung zur Kritik hervorhebt; denn wenn seine Schüler als Erwachsene zum Beispiel berufen werden, Beisitzer in einem Schöffengericht zu werden, müssen sie auf die Kriterien zurückgreifen, die eben durch die Quellenkritik ausgearbeitet worden sind.

Aus diesem Text, der an sich desillusionierend ist, ergibt sich klar, daß das Problemfeld, in dem sich Bloch damals bewegte, recht beschränkt war. Allein für einen Augenblick scheint er einen komplexeren Ansatz des Problems der Quellenkritik intuitiv zu erfassen – und zwar an der Stelle, wo er bemerkt, daß die Historiker früher in den »verbeulten Spiegeln« der mittelalterlichen epischen Gedichte »den vagen Reflex verschwommener Ereignisse« zu sehen suchten, während jetzt, nachdem durch die Kritik jener Anschein, sie seien »schlechte Chroniken«, aufgelöst ist, jene Gedichte »uns ein klares Bild bieten, nämlich das der heroischen und jugendhaften, nach Mysterien gierigen und lebhaften Seele des Jahrhunderts, das ihre Entstehung erlebte. Das, was die Schönheit der Legenden und ihre eigene Wahrheit ausmacht, besteht darin, getreu die Gefühle und die Glaubensformen der Vergangenheit zu übertragen« (»Annales«, 1950, S. 8). Aber die Hauptachse der Rede ist jene andere, auf die wir hingewiesen haben.

1921 veröffentlichte Bloch in der »Revue de Synthèse historique«, die von H. Berr geleitet wurde, einen Aufsatz mit dem Titel *Réflexions d'un historien sur les fausses nouvelles de la guerre (Mélanges historiques*, I, S. 41-57)[45], in dem er gleich zu Beginn die sieben Jahre zuvor untersuchten Probleme wiederaufnahm. Die Historiker, sagt er, verfolgen mit großem Interesse die Fortschritte der Forschungen über die Psychologie des Zeugnisses. Auf der anderen Seite mußte diese Wissenschaft einfach von einer älteren Disziplin inspiriert werden – der historischen Kritik. »Die ersten Zeugen, die auf rationale Weise befragt wurden, waren die Dokumente, mit denen die Gelehrten umgingen. Die Psychologen mußten bei diesem Stoff die mehr praktisch angewendeten als die theoretisch von den Papenbrochs, Mabillons, Beauforts und ihren Nacheiferern formulierten Regeln zum Ausgangspunkt nehmen« *(Mélanges*, I, S. 41). Nun zeigen die Untersuchungen der Psychologen, daß auch die zuverlässigen Zeugnisse unvermeidlich von Ungenauigkeiten und Unwahrheiten durchsetzt sind, die oft alles andere als zu vernachlässigende Details betreffen: »alles verhält sich so, als ob die Mehrzahl der Menschen die Augen halbgeschlossen im Kreise mitten in einer äußerlichen Welt wandern lassen würden und es unter ihrer Würde halten, zu sehen« (ebd., S. 42). Die Psychologen erteilen also den Historikern eine Lektion in Skeptizismus; aber »man muß hinzufügen«, bemerkt Bloch, indem er einen Augenblick lang von dem Terrain abgeht, auf dem er sich bisher bewegt hatte, »daß dieser Skeptizismus zu kaum mehr als oberflächlichen Dingen vorstößt; die Rechts- oder Wirtschafts- oder Religionsgeschichte wird nicht berührt; die tiefgreifendsten Dinge in der Geschichte könnten auch die zuverlässigsten sein.« Und er bekräftigt dies: »... die Arbeit der Kritik ist für den Historiker nicht alles. Der Irrtum ist für ihn nicht nur der Fremdkörper, den auszumerzen er sich mit der größten Präzision seiner Instrumente bemüht; er betrachtet ihn auch als Studienobjekt, über das er sich in seinem Bemühen beugt, die Verkettung der menschlichen Handlungen zu verstehen. Falsche Berichte haben die Massen aufgerüttelt. Falschmeldungen haben in aller Vielfalt ihrer Formen – schlichtes Geschwätz, Schwindel, Legenden – das Leben der Menschheit erfüllt. Wie entstehen sie? Aus welchen Elementen beziehen sie ihre Substanz? Wie werden sie propagiert und finden Verbreitung, so daß sie von Mund zu Mund gehen oder von Schrift zu Schrift? Keine Frage verdient mehr Hingabe bei denen, die über die Geschichte nachzudenken lieben« *(Mélanges,* S. 43).[5]

So drückte sich Bloch aus, im Geiste offensichtlich bei dem großen Geschichtsbuch, das er gerade in jenen Jahren schreiben sollte – die Geschichte eines Irrtums, eines Betrugs: *Les Rois thaumaturges* (1924). Die Bedenken darüber, welchen Grad an Gewißheit die historische Forschung im Vergleich zu dem der Naturwissenschaften gewähren – Zweifel, die nur teilweise durch den Rekurs auf die historisch quellenkundige Kritik zerstreut worden waren – werden folgendermaßen aufgelöst: sie berühren nicht die eigentlichere, »tiefergreifende« Geschichte. Hier können wir nun sagen, daß Bloch – seit zwei Jahren Professor in Straßburg und jetzt mit Febvre verbunden – in seinem historiographischen Interessengebiet und bei den methodologischen Kriterien angelangt ist, die seine ganze zukünftige Tätigkeit anregen werden. Bezeichnenderweise kehrt der Satz, den wir weiter oben zitiert haben, mit wenigen, aber charakteristischen Abweichungen in der *Apologie* (S. 108) wieder; die Wirtschaftsgeschichte ist geblieben, aber es wurde die Geschichte der Technik hinzugefügt (was mit Forschungen wie denen über die Wassermühlen und die mittelalterlichen Erfindungen in Verbindung zu bringen sein wird – beides 1935 erschienen; vgl. *Mélanges,* II, S. 800-821 und 822-832); die Religionsgeschichte ist durch die Mentalitätsgeschichte und die Geschichte der Affekte ersetzt worden (beinahe gleichzeitig veröffentlichte Febvre im Jahr 1941 den bekannten Aufsatz *Comment reconstituer la vie affective d'autrefois? La sensibilité et l'histoire,* jetzt in: *Combats pour l'histoire,* Paris 1953, S. 221-238); verschwunden ist die Rechtsgeschichte; sie wurde durch die Sozialgeschichte ersetzt – Zeugnis für eine Bemühung, hinter den Formeln der Juristen zu einer unmittelbareren und tieferliegenden Realität zu gelangen (siehe diesbezüglich die im Abschnitt »Le servage dans la société européenne« der *Mélanges historiques* gesammelten Aufsätze).[6] Aber der Kern des Satzes ist geblieben; analog sind ganze Abschnitte und Seiten des Aufsatzes über die *Fausses nouvelles* in die *Apologie* übergegangen, wie bereits J. Stengers bemerkte (»Annales«, 1953, S. 331, Anm. 5). Aber bei ihrer Abfassung hatte Bloch auch eine ältere Schrift, die wir bereits untersucht haben, mit dem Titel *Critique historique et critique du témoignage* herangezogen. Es kehren in der *Apologie* die Exemplifizierungen wieder, die Bloch mehr als fünfundzwanzig Jahre früher vor seinen Schülern im Lyceum von

Amiens gemacht hatte: der Gewehrschuß, der die Februarrevolution »auslöste«, die Prahlereien des General Marbot, die Fälschungen von Vrain-Lucas. Aber es ist bezeichnend, daß das erste Beispiel jetzt nur zitiert wird, um zu zeigen, daß die Problemstellung falsch ist: wer gab den berühmten Schuß ab? Ein Demonstrant oder ein Gardesoldat? »Wir werden es wahrscheinlich nie wissen. . . Die Revolution von 1848 – jene so eindeutig bestimmte Bewegung, die dennoch von einigen Historikern in einer seltsamen Verwirrung als Musterbeispiel für ein zufälliges Ereignis hingestellt wurde – diese Revolution war von zahlreichen Faktoren, die sehr verschiedenartig und sehr wirkkräftig waren und die ein Tocqueville von Anfang an zu sehen wußte, seit langer Zeit vorbereitet worden. Die Schießerei auf dem Boulevard des Capucines war nichts anderes als der letzte kleine Funke.« (*Apologie*, S. 108) Und hier fügt sich der bereits erwähnte Abschnitt über die »tiefergreifende« Geschichte ein, die auch mit aller Wahrscheinlichkeit die gewissere ist. Der Bloch der *Apologie* ist sich der Besonderheit des Historikerberufes nun positiv bewußt – und wenn er den Vergleich zwischen der Geschichtsforschung und den Naturwissenschaften wiederaufnimmt, geschieht es in einem völlig neuen Zusammenhang. Nach der Einsteinschen Mechanik und der Quantenphysik ist das Bild der Wissenschaft – behauptet er – viel weniger starr als das, was Durkheim und die positivistischen Historiker am Ende des 19. Jahrhunderts hatten: die Naturwissenschaften haben das Gewisse durch das unendlich Wahrscheinliche ersetzt (*Apologie*, S. 36). Sehr deutlich ist also die Abgrenzung von den Generationen am Ende des 19. Jahrhunderts, die – besessen von einem starren Compteschen Bild der Naturwissenschaften – versuchten, dieses Schema auf die Humanwissenschaften anzuwenden und dadurch zwei verschiedene Tendenzen hervorriefen. Auf der einen Seite Durkheim und seine Schule, die gelehrt haben, »die Analyse zu vertiefen«, aber um den Preis, daß sie »Realitäten ausklammerten, die zwar sehr menschlich waren, sich aber ihrer Meinung nach einem rationalen Erkennen hartnäckig widersetzten«. Auf der anderen Seite die positivistischen Gelehrten wie Charles Seignobos, der Lehrer Blochs selbst, »zutiefst redliche Arbeiter, die doch einen etwas kurzen Atem haben« und denen »es nicht gelang, die Geschichtswissenschaft in den Rahmen des naturwissenschaftlichen Legalismus einzuordnen. Überdies waren sie aufgrund ihrer Ausbildung vorwiegend mit den Schwierigkeiten, Zweifeln, häufigen Neuanfängen der Urkundenkritik beschäftigt. . . Diese Umstände bewirkten, daß sie sich minderwertig vorkamen und enttäuscht fühlten«. (*Apologie*, S. 34 f.) Scheint Bloch in dieser Position nicht die Haltung wiederzuerkennen, die er vorübergehend am Anfang seiner Erfahrung als Historiker einnahm – eine Haltung, die durch die 1914 in Amiens gehaltenen Rede bezeugt ist? Der reife Bloch suchte nun eine Übereinstimmung zwischen der philologischen und quellenkritischen Strenge eines Seignobos und der Vorliebe für die großen Probleme und die »vertiefte« Analyse eines Durkheim zu finden.[7] Man sehe sich dazu zum Beispiel die Grabrede von Ch.-V. Langlois, eines Freundes und Kollegen von Seignobos, an; Bloch hebt Langlois' Nichtbeachtung der Geschichte der sozialen Strukturen, der Wirtschaftsgeschichte und der Religions- und Geistesgeschichte »in ihrer Tiefenschicht«, sowie seine Furcht, »die Geschichte der Affekte und der Ideen« zu interpretieren hervor, die »sich nur schwer von innen heraus rekonstruieren und begreifen läßt«. Er schließt: »Wie sollte man vergessen, daß es die großen verborgenen Strömungen des menschlichen Lebens, die er auf diese Weise beinahe bewußt umgeht, waren, die unlängst einen Michelet, ja selbst einen Augustin Thierry in ihrer romantischen Begeisterung inspiriert haben?« Gewiß war deren Enthusiasmus nicht frei von Naivität und einem »schockierenden Mangel an Strenge bei der Behandlung der Zeugnisse« (»Annales d'histoire économique et sociale«, I, 1929, S. 584). In diesem Zusammenhang versteht man gut die »methodologische« Bedeutung, die in der *Apologie* den Begründern der Diplomatik, einem Papenbroch, einem Mabillon, beigemessen wird.[8]

Die Ebene der Glaubensformen, der Gefühle, sogar der Irrtümer (die »Falschmeldungen« im Krieg), die Bloch eine tiefergreifende und gewissere Geschichtsforschung als die eines Langlois und eines Seignobos ahnen ließ, blieb von nun an der Kern seiner historiographischen Interessen. Dieser Punkt ist so bekannt (vgl. Ph. Dollinger, zit. Artikel, S. 121-122 und L. Walker, zit. Rezension, S. 249), daß man sich nicht lange dabei aufhalten muß. Bloch selbst ist auch in diesem Punkt äußerst klar. Man sehe sich folgenden charakteristischen Abschnitt in der *Apologie* (S. 182) an: »Die historischen Tatsachen sind wesentlich psychische Tatsachen. Sie haben also normalerweise ihre Voraussetzungen in anderen psychischen Tatsachen.« Aber Bloch bleibt nicht bei dieser allgemeinen Behauptung stehen und führt als Beispiel an, daß auch in Fällen, in denen die auf die äußere Welt ausgeübte Wirkung offensichtlicher und massiver ist, »sie sich nur in der vom Menschen und seinem Geist vorgegebenen Richtung auswirkt. Der Virus der Schwarzen Pest war die erste Ursache für die Entvölkerung Europas. Doch die Epidemie breitete sich nur dank bestimmter gesellschaftlicher und *damit in ihrem tiefsten Wesen geistiger* Verhältnisse so rasch aus, und ihre Auswirkungen finden ihre Erklärung nur in den besonderen kollektiven Gefühlsdispositionen, die damals herrschten« (ebd., Hervorhebung von mir).[9] Diese Tendenz, jedes historische Problem auf ein psychologisches Problem zurückzuführen, ist auch bei den in den beiden Bänden der *Mélanges* gesammelten Aufsätze offenkundig. Wenn er zum Beispiel in dem Aufsatz *Pour une histoire comparée des sociétés européennes* (1928) auf das Problem der Abnahme des realen Wertes der herrschaftlichen Erträge im frühen Mittelalter hinweist, hebt Bloch die Bedeutung des Augenblicks hervor, in dem das Phänomen wahrgenommen wurde und schließt: »einmal mehr scheint es, daß sich das wirtschaftliche Problem in ein psychologisches Problem auflöst« (*Mélanges*, I, S. 26 Anm.). Ähnlich hält Bloch bei der Diskussion der statistischen Arbeiten und der Geschichte der Preise von F. Simiand (*Le salaire et les fluctuations économiques à longue période*, 1934; vgl. *Mélanges*, II, S. 890-914) die hier formulierte Kritik der Reduktion des Lohns auf seine Kaufkraft entgegen und behauptet, daß man über die Ziffern der Statistiken hinaus die Dokumente befragen muß, »die in der Lage sind, die Ansicht der Arbeiterklasse zu enthüllen«. Es können »flüchtige und wertvolle Zeugnisse sein«, die »die Wünsche, Ängste und Vorurteile der Menschen, alle diese Gedanken oder alle diese Gefühle bezeugen, in denen wir einhellig die tiefwirkenden Triebkräfte der Geschichte erkennen«. Sicher handelt es sich um ein »konfuses und zu oft um ein suspektes« Bild; dennoch würde es wirklich das gleiche sein, den Mangel eines Dokuments für eine Aufforderung zur Resignation zu halten, wie die Quellenkritik, das zuverlässige Werkzeug der Humanwissenschaften und im Gegensatz zu den Naturwissenschaften das unseren Erfahrungen zugrundeliegende Instrument, zu verwerfen« (*Mélanges*, II, S. 912-913). Hier sieht man unter anderem, daß sich das Interesse vornehmlich Phänomenen wie dem der Mentalität und der kollektiven Affekte zuwendet, die sich an einem unsicheren und indirekten Quellenbestand festmachen und sich eng mit der bereits erwähnten Betonung des kritisch-philologischen Moments der Forschung (Quellenkritik) verbindet.

Aber vor allem ist an diesen Aufsätzen – und Bloch kommt darauf beständig zurück – die »subjektivistische« Interpretation des Konzepts der sozialen Klasse und letztendlich die damit verbundene Reduktion der Sozialgeschichte auf Mentalitätsgeschichte deutlich: »Die menschlichen Institutionen sind Realitäten, die einen psychologischen Rang haben; eine Klasse existiert nur durch die Idee, die man sich von ihr macht. Die Geschichte der Verhältnisse der Sklaverei zu schreiben heißt vor allem, in dem komplexen und wechselvollen Bogen ihrer Entwicklung die Geschichte eines Kollektivbegriffs nachzuzeichnen, nämlich den der Entäußerung der Freiheit« (*Liberté et servitude personnelles au Moyen Age, particulièrement en France; contribution à une étude des classes*, 1933; *Mélanges*, I, S. 355).[10]

Aber dieser Punkt verdient gesondert untersucht zu werden. Generell besteht kein Zweifel, daß diese Akzentuierung der Bedeutung der »kollektiven Repräsentationen« Durkheim und einigen Soziologen, die auf Durkheim zumindest teilweise zurückgreifen, wie Ch. Blondel und M. Halbwachs, viel verdankt. Die beiden letzteren waren Blochs Kollegen in Straßburg (Halbwachs war auch Mitarbeiter der »Annales«).[11] Eben Blondel[12] zitiert in seiner *Introduction à la psychologie collective* (Paris 1946, 4. Aufl., S. 40; die erste Aufl. ist von 1927) folgenden bezeichnenden Satz Durkheims: »Alle sozialen Gegebenheiten bestehen in Repräsentationen, sind folglich ein Produkt von Repräsentationen« – ein Satz, den wir fast paraphrasiert in einem bereits erwähnten Abschnitt der *Apologie* finden (S. 182: »Die historischen Tatsachen sind wesentlich psychische Tatsachen. Sie haben also normalerweise ihre Voraussetzungen in anderen psychischen Tatsachen«). Dieser entscheidende Einfluß Durkheims auf Bloch[13] scheint denen recht zu geben, die bei dem französischen Historiker den Grenzfall eines Soziologen ausmachen, wovon eine gewisse Tendenz zu Abstraktionen und Verallgemeinerungen zeugt. Zu diesen Kritikern rechnet (und das könnte einen wundern) selbst Febvre, der in seiner Rezension von *Les caractères originaux de l'histoire rurale française* sich darüber beklagte, daß dieser Mann, »eine wirkliche Person des Buches und der Geschichte, (nicht) deutlicher in den Vordergrund der Szene getreten und manchmal zu sehr mit Techniken und Institutionen beschäftigt war (»Revue historique«, CLXIX, 1932, S. 194); und noch deutlicher schrieb er bezüglich der *Feudalgesellschaft:* ». . . das Individuum ist beinahe völlig abwesend. . . Die Psychologie fehlt in diesem schönen Buch sicher nicht. Aber es ist immer die kollektive Psychologie, die uns geboten wird. . . gern würde ich sagen, wenn ich mich traute, daß sie [*die Feudalgesellschaft*] im Werk Blochs eine Art Rückkehr zum Schematischen markiert. Nennen wir es mit seinem Namen, zur Soziologie, die eine verlockende Form des Abstrakten ist« (*Pour une Histoire à part entière,* Paris 1962, S. 424-425; ursprünglich in den »Annales d'histoire sociales«, 1941 veröffentlicht). Hier führt die Neigung zu einer porträtierenden und in der Nachfolge Michelets stark psychologisierenden Geschichtsschreibung Febvre die Hand; sicher wird kein Leser der *Feudalgesellschaft* einräumen, daß es hier keine »menschlichen Gebärden von Einzelpersonen« (L. Febvre, *Pour une Histoire . . .,* S. 424) gibt. Sollte man nicht vielmehr die so realistischen Bemerkungen Blochs über die Geschichtsepochen, die quellenmäßig »ohne Individuen« (*Apologie,* S. 71) sind, erwähnen – Bemerkungen, die auch in einigen Rezensionen wie der zum *Kaiser Friedrich der Zweite* von Kantorowicz (»Revue historique«, CLVIII, 1928, S. 116) oder der zu einer deutschen Biographie der Kaiserin Agnes (»Revue historique«, CLXXXI, 1937, S. 440) wiederkehren? Es stimmt, daß Bloch behauptete, er sehe keinerlei Inkompatibilität zwischen der Haltung des Historikers und der des Soziologen (vgl. *Mélanges,* II, S. 892); dennoch ist der Zweifel bezeichnend, den er dem Urteil »bequem, aber ein wenig fiktiv« gegenüber dem Begriff des »kollektiven Gedächtnisses« entgegenbrachte (*Mélanges,* I, S. 12; vgl. auch die Rezension zu M. Halbwachs, *Les cadres sociaux de la mémoire,* in: »Revue de synthèse historique«, XL, 1925, S. 78). Dieses Mißtrauen gegenüber dem soziologischen, übertrieben abstrakten und unbestimmten Konzept von »Kollektivität« spiegelt sich in den Bemerkungen zum *Herbst des Mittelalters* von Huizinga wider: »unglücklicherweise die Psychologie einer ganzen Epoche in ihrer Gesamtsicht und nicht, was der Realität viel näher zu kommen erlaubte, die Psychologie verschiedener sozialer Milieus einer gegebenen Epoche« (»Revue historique«, CLX, 1929, S. 399 Anm.; leider habe ich nicht die Rezension einsehen können, die Bloch dem Buch von Huizinga in »Bulletin de la Faculté de Lettres de Strasbourg«, VII, 1928-1929, S. 33-35[14] widmete). Noch klarer kritisierte Bloch in der Rezension zu *La population et les tracés de voies à Paris, depuis un siècle* (Paris 1928) von M. Halbwachs die darin formulierte These, der zufolge die Entwicklung von Paris als Stadt viel eher durch unbewußte kollektive Kräfte als durch das bewußte Wirken einer Gruppe von Spekulanten bestimmt gewesen sei; und er behauptete: »Pressionen durch die Kollektivität? Sicher. Aber war diese Kollektivität von Paris wirklich eine Einheit? Muß man sie nicht eher als durch eine Reihe verschiedener und oft gegensätzlicher Gruppen konstituiert halten (wobei man den Gruppen von ›administrateurs‹ und ›speculateurs‹, die zu Beginn ein wenig zu abwertend abgetan wurden, den richtigen Platz zuweisen muß). . .?«

(»Annales d'histoire économique et sociale«, I, 1929, S. 435-436). Angesichts eines konkreten Problems gelingt es also Bloch fast immer, der abstrakten Gegenüberstellung »Kollektivität – Individuum« zu entgehen.

Vielleicht ist kein methodisches Kriterium von Bloch so beharrlich betont worden wie das des »psychologischen«, »subjektiven« Charakters des Begriffs der sozialen Klasse, auf das bereits verwiesen wurde. Es handelt sich zweifellos um einen sehr diskutierenswerten Gesichtspunkt, der aber unter anderem Gefahr läuft, noch viel schematischer als der zu sein, gegen den er sich wendet. In einer Kritik an der Position Blochs hat ihn G. Procacci von einem streng marxistischen Gesichtspunkt aus in Zusammenhang mit revisionistischen Strömungen gebracht und auf eine Parallele bei den von der wirtschaftsrechtlichen Schule vertretenen Tendenzen verwiesen (*Marc Bloch*, in: »Belfagor«, VII, 1952, S. 670). Dies ist eine scharfe Beobachtung, die man vielleicht noch weiter präzisieren kann. Der »subjektivistische«, psychologische Ansatz für den Begriff der sozialen Klasse weist zum Beispiel nicht unerhebliche Analogien zur »psychologischen Interpretation der Arbeiterbewegung und des Sozialismus« auf, die von einem der einflußreichsten Vertreter des Revisionismus, H. De Man (*Zur Psychologie des Sozialismus*, Jena 1926, vgl. die franz. vom Verf. durchgesehene und mit einem Vorwort versehene Übers., Paris 1929², S. XIII) formuliert wurde.[15] »Letzten Endes beruht die gesellschaftliche Inferiorität der arbeitenden Klassen«, behauptete De Man, »weder auf politischer Entrechtung noch auf wirtschaftlicher Benachteiligung, sondern auf einem psychischen Zustand. Das eigentlichste und unmittelbarste Merkmal ihrer sozialen Inferiorität ist ihr Glaube an diese Inferiorität. Die Arbeiterschaft *ist* sozial benachteiligt, weil sie sich sozial benachteiligt fühlt; nicht etwa umgekehrt . . . Der Ursprung des Seelischen ist immer im Seelischen zu suchen. Ein anderer Glaube könnte einen anderen sozialen Tatbestand schaffen« (*Zur Psychologie. . .*, S. 70, 72). Mit ganz ähnlichen Worten schloß Bloch eine Übersicht über Studien zum Feudalismus (und man könnte analoge Zitate vermehren): »Der Irrtum vieler Historiker hat, so scheint es, darin bestanden, den Klassen eine Art Existenz an sich zuzuschreiben. Ist indes eine soziale Klassifikation nicht eher nur die zugleich sich wandelnde und schrecklich schwierig in die Sprache zu übersetzende Idee, die sich die Menschen in Gesellschaft von ihrer eigenen Hierarchie machen?« (*Féodalité, Vassalité, Seigneurie: à propos de quelques travaux récents*, in: »Annales d'histoire économique et sociale«, III, 1931, S. 253).

Es ist mir nicht möglich gewesen, Hinweise auf direkte Beziehungen zwischen Bloch und De Man zu finden. Es lohnt freilich anzumerken, daß sich die »Annales« eine Weile zustimmend mit dessen Tätigkeit abgaben und außerdem dessen Beziehungen zu Pirenne hervorhoben, dessen Schüler De Man in Gent war (Rezension von H. Fuss zum zitierten Buch von De Man und zu E. Vandervelde, *Le marxisme a-t-il failli?* Brüssel 1928, in: »Annales d'histoire économique et sociale«, I, 1929, S. 452-453; zu einem anderen Hinweis auf De Man und die »Krise des Marxismus« vgl. »Annales . . .«, II, 1930, S. 628); De Man weist seinerseits auf eine Unterredung mit Pirenne über den Historischen Materialismus hin und mißt ihr große Bedeutung für seine spätere ideologische und politische Entwicklung bei (*Zur Psychologie. . .*, S. 92). Zudem sind die sehr engen Beziehungen, die Pirenne mit Bloch und der Gruppe der »Annales« verband, bekannt. Vielleicht sind die Analogien, auf die vorher verwiesen wurde, nicht völlig bedeutungslos; aber man kann in den Schriften Blochs ein deutlicheres Echo auf die Argumentationen und Konstruktionen De Mans feststellen.

Indem Marx – schreibt an einer gewissen Stelle De Man – jeden Fortschritt »der Selbsttätigkeit des technischen Fortschritts« zuschreibt, hat er nicht anders als die klassische Ökonomie ein besonderes Element der kapitalistischen Ordnung in den Rang eines Naturgesetzes erhoben. »Es fällt nicht schwer zu beweisen, daß die Entwicklung der Produktionsmethoden in ihrem Tempo und in ihrer Richtung selbst bedingt ist durch jene sozialen und kulturellen Verhältnisse, die der Marxismus aus ihr erklärt haben möchte.« Weshalb erfand man in der klassischen Antike trotz aller Errungenschaften auf dem Gebiet des Geistes nicht die Dampfmaschine und nutzte nicht die Möglichkeiten der Elektrizität aus? »Einfach, weil die Menschen jener Zeit weder Dampfmaschinen noch Elektrizität brauchten; es waren nach ihrem ganzen Kultur- und Lebensideal keine Bedürfnisse da, die dadurch befriedigt worden wären.« Ganz ähnlich trug es sich im Mittelalter zu: »der Zufall, der Erkenntnistrieb, das Streben nach Arbeitsersparnis, die besondere Veranlagung irgendeines von dämonischer Vorahnung getriebenen Einzelnen haben sie dazu geführt, eine ganze Reihe von technischen Erfindungen zu machen, die sie jedoch nicht verwerteten.« Im Gegenteil, »je mehr man die Wirkung solcher Erfindungen vorausgesehen oder erprobt hatte, um so mehr wandte man sich von ihnen ab, als ob sie Erfindungen des Teufels wären.« Und er erwähnt das Beispiel der halbmechanischen Methoden, die in den flandrischen und norditalienischen Textilstädten des 12. und 13. Jahrhunderts angewandt wurden, Methoden, die dann im Laufe des 14. Jahrhunderts aufgegeben wurden. »Nicht etwa, weil sie im heutigen Sinne des Wortes nicht rentabel genug, sondern weil sie *zu* rentabel waren. . ., unterdrückte man sie mit Gewalt, weil man keine Produktionsweise aufkommen lassen wollte, die den sozialethischen Anschauungen der Zeit widersprach.« Gegen diese Innovationen erhoben sich nicht nur die proletarisierten oder in Heimarbeiter verwandelten Weber, sondern auch die Kirche, die geistlichen Orden, die Handwerker, schließlich »alle Träger der feudal-zünftigen Gesellschaftsordnung, die man als in ihren sittlichen Grundlagen bedroht empfand.« Damit die technische Evolution stattfinden konnte, mußte von der Monarchie die Auflösung der feudalen Ordnung, die wachsende Stärkung der Händler und die Zentralisierung durchgeführt werden. Und De Man schließt diese Seiten mit Worten, denen Bloch sicher zugestimmt hätte: »Immer ist es Menschliches, das auf Menschliches reagiert, weil die Maschinerie selber erst das Produkt einer gesellschaftlichen Lage ist, die menschlichem Wollen entspringt.« (*Zur Psychologie. . .*, S. 62-64)

Bloch hatte bereits mit ähnlichen Argumentationen auf einen platt deterministischen Versuch reagiert, das Verschwinden der Sklaverei in Europa mit der Veränderung des Zugtiergespanns zu erklären.[16] In dem berühmten Aufsatz *Avènement et conquête du moulin à eau* (*Mélanges*, II, S. 800-821; deutsch in : M. Bloch, F. Braudel, L. Febvre u. a., *Schrift und Materie der Geschichte. Vorschläge zur systematischen Aneignung historischer Prozesse*, hg. von C. Honnegger, Frankfurt am Main 1977, S. 171-197) scheint Bloch ein konkretes Beispiel für die wacklige Konstruktion De Mans zu liefern. Die Wassermühle, die mit aller Wahrscheinlichkeit im ersten Jahrhundert vor Christi Geburt entstand, konnte sich voll erst am Ende des Kaiserreichs – in einem völlig anderen sozialen Kontext – durchsetzen. Solange es zahlreiche Sklavenarbeitskräfte und einen guten Markt gab, hatte eine Erfindung, die (tierische und öfter menschliche) motorische Kraft, die zum Funktionieren der traditionellen Mühlen nötig war, einsparte, keinerlei Chance sich durchzusetzen. Dazu mußten sich erst günstige Bedingungen herausbilden: die Abnahme der Bevölkerung und die geringere Verfügbarkeit von Sklavenarbeitskräften. Dies verdankte sich einerseits der geringeren militärischen Stärke Roms, auf der anderen Seite der Tatsache, daß sich die christliche Auffassung behauptete, nach der die Versklavung von Glaubensanhängern verboten war. »Die Erfindung war vielleicht einem individuellen Einfall entsprungen. Der wirkliche Fortschritt, der die Idee umsetzte, vollzog sich erst unter dem Druck der gesellschaftlichen Kräfte. Weil beide Etappen sich hier so klar voneinander abheben, kommt der Geschichte der Wassermühle im Hinblick auf die allgemeine Entwicklung der Technik der Stellenwert eines spontanen Experiments zu; in ihr erscheinen beinahe universelle Wesenszüge wie in einem Vergrößerungsglas« (ebd., S. 181 f.). Wenn aber De Man, dem es lediglich darum ging, gegen einen angeblichen marxistischen Determinismus zu polemisieren, die entscheidende Funktion einer nicht näher bestimmten »gesellschaftlichen Moral« betonte, beleuchtet und belegt Bloch in einem seiner schönsten historischen Aufsätze, wie sich Phänomene unterschiedlicher Rangordnung überkreuzten. In der Zusammenfassung der Ergebnisse seiner Forschung (*Technique et évolution sociale: réflexions d'un historien*, 1938) bemerkte er, daß die Durchsetzung der Wassermühle durch das Wirken von »Faktoren« bedingt war, die »ihren eigentlichen Wirkkräften sehr fremd waren: der Niedergang eines Reiches; eine Glaubensform; eine neue Struktur der herrschenden Mächte«. Daraus zog er einen allgemeinen Schluß: »es gibt keinerlei bevorzugte Kausalkette, keinerlei immer und überall determinierende Faktenanordnung, die den dauerhaft wirkenden Epiphänomenen entgegengesetzt wäre; . . . im Gegenteil entspringt jede Gesellschaft wie jeder Geist beständigen Interaktionen. Der wirkliche Realismus in der Geschichte ist das Wissen, daß die menschliche Realität vielfältig ist« (*Mélanges*, II, S. 838). In diesem »Realismus«, in dieser Ablehnung jeder vorgefertigten Erklärung besteht sicher die Größe des Historikers Bloch; aber man beachte auch hier, daß sich die Polemik implizit gegen eine platt deterministische Interpretation des Historischen Materialismus wendet (»keinerlei immer und überall determinierende Faktenanordnung, die den dauerhaft wirkenden Epiphänomenen entgegengesetzt wäre«). Dennoch möchten wir nicht sagen, daß Bloch nicht tendenziell eine »bevorzugte Kausalkette« behauptet hätte: siehe zum Beispiel die Diskussion über das *Problème des régimes agraires* (1932; *Mélanges*, II, S. 648-669). Hier nimmt er einige bereits in den *Caractères originaux de l'histoire rurale française* behandelte Themen wieder auf. Bloch hebt das bezeichnende Zusammenfallen zwischen dem Verbreitungsgebiet schmaler langgestreckter Felder und dem Verbreitungsgebiet des Räderpflugs hervor. Nun ist dieser im Gegensatz zum normalen Pflug schwerfällig im Wenden; man kann also annehmen, daß man zur Reduzierung der Anzahl der Wendungen die Felder sehr lang gezogen hat – sowie sehr schmal gemacht hat, um nicht zu überdimensionierten Parzellen zu kommen. Aber Bloch begnügt sich nicht mit dieser Hypothese: »sicherlich gibt es eine technische Erklärung, aber sie hat nur eine Art zweitrangigen Stellenwert. Sie ist weit davon entfernt, alle Wirklichkeit zu erfassen« (*Mélanges*, II, S. 659). Weshalb nun hat man nicht den Weg gewählt, jedem Landwirt eine kleine Zahl sehr langer und breiter Felder zuzuteilen? Weil, so die Antwort Blochs, »die Bauern von damals mehr noch als wir der Ansicht waren, daß die Stückelung . . . das einzige natürliche und gerechte System ist. Da der Karrenpflug lange Felder verlangte, bestand eben die Notwendigkeit, sie gleichzeitig von mittlerer Breite zu machen. Aber jetzt: wer sieht es nicht? Wir verlassen bereits den Bereich der bloßen Technik« (ebd.). Und er schließt mit der Bemerkung, daß es eine besondere »soziale Mentalität«, ein besonders starkes Gemeinschaftsgefühl ist, was diese Gebiete mit schmalen, langgezogenen Feldern, die von der Allmende erfaßt sind, grundlegend charakterisiert (*Mélanges*, II, S. 660). Die Erforscher dieser Probleme werden die Gültigkeit der Interpretation Blochs zu beurteilen haben. Hier ist von Interesse hervorzuheben, wie er noch einmal die determinierende Bedeutung der psychologischen Faktoren, der »Mentalität« betonte und auf sie die Besonderheiten der übernommenen sozialen und technischen Struktur zurückführt. Die Hypothese scheint nicht gewagt, daß an dieser Stelle ein (sicher nicht ausschließlicher) Einfluß De Mans, dessen Name freilich nirgends in Blochs Texten vorzukommen scheint, vorliegt. (Bekanntlich kollaborierte De Man schließlich mit den Nazis, während Bloch sie bekämpfte und in den Reihen der Résistance starb; aber das ist natürlich eine andere Geschichte).

Wenn man die Titel der verschiedenen Abschnitte, in die Blochs Aufsätze unterteilt sind, überfliegt, wird man bei aller Verschiedenheit der Interessen eine wohlbekannte Lücke feststellen, die nur teilweise durch die blasse Abhandlung über die Reichsidee unter den Hohenstaufen gefüllt wird (*Mélanges*, I, S. 531-559): es fehlt die politische Geschichte. Diese Kritik ist Bloch von sehr verschiedenen Standpunkten aus gemacht worden (vgl. zum Beispiel Ch.-E. Perrin, *L'œuvre historique de Marc Bloch*, op. cit., S. 185 und G. Procacci, *Marc Bloch*, op. cit., S. 669-670). Im übrigen ist die Kritik an der Unterbewertung der politischen Geschichte durch die Gruppe um die »Annales« (wie sie sich vor allem in den neueren theoretischen Ansätzen von Braudel ausdrückt) beinahe ein Gemeinplatz

Karl II. von England berührt die Skrofulösen

geworden (vgl. für alle den Bericht G. Ritters auf dem internationalen Historikerkongreß in Rom).

Das alles gilt auch in gewissem Maße für Bloch, der in seiner Reaktion auf eine zu einseitige Betonung der politisch-diplomatischen Geschichte[17], sicher zuweit gegangen ist. Dennoch sollte man sich die Definition vergegenwärtigen, die er über sein erstes großes Geschichtsbuch, *Les Rois thaumaturges* abgab: »ein Beitrag zur politischen Geschichte Europas im weiten, im wahren Sinne des Wortes« (*Les Rois thaumaturges*, n. Ausg., Paris 1961, S. 21). »Überhaupt, welche Resonanz hatten diese großen Worte wie Reich, Königtum damals in den Seelen? Sicher nicht die gleiche wie heute«, behauptete Bloch einige Jahre später in der Rezension des Buches von L. Halphen über die politische Geschichte Europas im 11. und 12. Jahrhundert (»Annales d'histoire économique et sociale«, v, 1933, S. 70). Die *Rois thaumaturges* wollen genau ein Beitrag zum Verständnis dieser »Resonanz« sein, die nicht das letzte Motiv für das zähe Überleben der monarchischen Macht war. Jenseits der Mechanismen der Verwaltungs-, Justiz-, Finanzorganisation, denen die Untertanen von ihren Königen unterworfen wurden, handelt es sich noch einmal darum, zu einer tieferliegenden, ursprünglichen Schicht zu gelangen – nämlich der der »Glaubensformen und . . . Fabeln, die um die Fürstenhäuser aufblühten« (op. cit., S. 19). Aber das Ziel ist, wie gesagt, dies: ein großes Problem der politischen Geschichte besser verstehen zu lernen; nicht nur: Bloch zeigt, wie diese »Glaubensformen«, diese »Fabeln« sich nach einem genauen dynastischen Plan verbreiteten, nach dem sie – dank dem Mythos der Heilung von Skrofulösen – die Macht der Kapetinger in Frankreich und Heinrichs I. von England verstärkten. Und hier erscheint das, was Bloch symptomatisch »Zufall« (das »Ereignis« von Simiand) nennt, d. h. die Intervention eines Einzelwillens, der eine bereits bestehende Tendenz in eine bestimmte Richtung lenkt. Er zeigt, wie sich der politische Wille der Monarchen, den Mythos ihrer wunderheilenden Macht – dies ist das Element, das Bloch als »voltairisch« definiert – durchzusetzen, mit »den unterirdischen Strömungen des kollektiven Bewußtseins« (das »romantische« Element: »ist nicht eines der großen Verdienste der Romantik gewesen, im menschlichen Bereich den Begriff des Spontanen stark betont zu haben?«, S. 86) überschneidet: hierin liegt die Größe und Neuheit[18] der *Rois thaumaturges.* Aber schließlich gibt es auch ein – wenn auch untergeordnetes – Interesse an der politischen Geschichte: ein Beispiel dafür sind die schönen Seiten in dem – leider in dieser Sammlung verstümmelten – Aufsatz über den *Individualisme agraire,* in dem Bloch die verschiedenen Haltungen der Funktionsträger des Ancien Régime gegenüber der Bewegung zur Transformation der französischen Landwirtschaft analysiert und deren entscheidende Bedeutung er unterstreicht – die Vorsicht eines Bertin oder Trudaine, die physiokratische, nie von einem intelligenten Empirismus losgelöste Begeisterung eines Ormesson.

Anmerkungen

1 M. Bloch, *Mélanges historiques, S.E.V.P.E.N.,* Paris 1963, Bibliothèque générale de l'Ecole pratique des Hautes Études, VIe section, 2 Bde., von insgesamt XIII-1108 Seiten, Vorwort von Ch.-E. Perrin (Ich übersetze alle französischen Zitate, sofern es sich nicht um Titel auf deutsch erschienener Publikationen handelt, d. Ü.).

2 *Ve Congrès International des Sciences Historiques, Sommaire des Communications,* Tirage provisoire (Brüssel 1923), *Qu'est-ce qu'un fief?; VIe Congrès International des Sciences Historiques, Résumés des communications présentées au Congrès,* Oslo 1928, s. l., 1928, S. 119-121 *(Pour une histoire comparée des sociétés médiévales),* S. 264-265 *(Le problème des systemes agraires envisagé particulièrement en France); De Florence à Boston: les vicessitudes d'un fonds d'archives commerciales* (Rezen. zu G. R. B. Richards, *Some Medici manuscripts,* Boston, o. J., in: »Annales d'histoire économique et sociale«, I, 1929, S. 417-418; *Une enquête sur l'habitat rural* (Rezen. zu M. Demangeon, *Congrès International de Géographie,* Paris 1931, *Commission de l'habitat rural*), ebd., I, 1929, S. 421; Bemerkung zu M. Scheele, *Wesen und Glaube in der Geschichtsschreibung. Studien zum historischen Pyrrhonismus in Frankreich und Deutschland,* Heidelberg 1930, in: »Revue Historique«, CLXX (1932), S. 553; *Types de maison et structure sociale,* in: *Travaux du Ier Congrès International de Folklore tenu à Paris du 23 au 28 Août 1937,* Tours, 1938, S. 71-72 (Bloch nahm an diesem Kongreß in der Eigenschaft des Leiters der Unterabteilung »Civilisation matérielle« teil); *Prix – Monnaies – Courbes,* in: »Annales E.S.C.«, I, 1946, S. 355-357 (es handelt sich um einen Brief, der 1912 in Montpellier geschrieben worden war und Ratschläge und Forschungshinweise enthielt). *Comment et pourquoi finit l'esclavage antique,* ebd., II, 1947, S. 30-44, 161-170 (der Aufsatz ist in den *Mélanges* abgedruckt, fehlt aber in der Bibliographie); *Mutations monétaires dans l'ancienne France,* ebd., VIII, 1953, S. 145-158, 433-456. Natürlich haben diese Ergänzungen keinen Anspruch auf Systematik und Vollständigkeit.

[3] Vgl. auch L. Febvre, *Une nouvelle contribution de Marc Bloch à l'histoire rurale de la France*, in: »Annales E.S.C.«, XI, 1956, S. 501: »Die Menschen meiner Generation waren nicht auf methodologische Diskussionen versessen und foppten gern ihre guten Lehrer, immer dazu geneigt, mit einem etwas komischen Respekt von ›der Methode‹ zu sprechen . . . über diesen Punkt gab es zwischen Bloch und mir keine Divergenz. Keine abstrakte Methodologie nach deutscher Art.«

[4] Wer sich für diesen Typus von Forschungen interessiert, könnte den Ansatz zum Problem der »Falschmeldungen«, wie er von Bloch skizziert worden ist, mit den Seiten vergleichen, die E. H. Gombrich in seinem herrlichen Buch *Kunst und Illusion: zur Psychologie der bildlichen Darstellung*, Stuttgart und Zürich 1978, S. 99-105, dem Problem der »naturwahren Kopie« widmet.

[5] Charakteristischerweise beklagte Bloch in der Rezension aus jenen Jahren zu dem Buch von Febvre *La terre et l'évolution humaine*, daß ein Kapitel über die »geographischen Illusionen« fehle: »ich möchte sagen, der Einfluß, der auf die menschlichen Konzepte und das Leben selbst der Gesellschaften durch den schlecht begriffenen Ausdruck gewisser geographischer Pseudo-Notwendigkeiten ausgeübt wird« (»Revue historique«, CXLV, 1924, S. 237-238).

[6] Vgl. auch *Mélanges d'histoire sociale*, II, 1942, S. 51-53.

[7] Typisch der Passus aus einem Brief an Febvre, den er etwa zur Zeit der *Apologie* schrieb: »Durkheim war sicher kein Dummkopf. Noch der (bedecken Sie das Gesicht!) arme Vater Seignobos. Noch Charles V [der studentische Spitzname für Charles-Victor Langlois]. Wie sind wir dennoch soweit vom einen wie vom anderen entfernt!« (»Annales d'histoire sociale«, I, 1945, S. 31).

[8] Vgl. auch die Bemerkung zur Neuauflage der *Geschichte der neueren Historiographie* von Fueter (»Annales . . .«, VIII, 1936, S. 458).

[9] Zu analogen Abschnitten früheren Datums vgl. z. B. »Annales . . .«, I, 1929, S. 241 (». . . die Geschichte, die tiefer erfaßte Geschichte, diejenige der großen Bewegungen des Geistes und der kollektiven Affekte . . .«) oder in der gleichen Zeitschrift, IV, 1932, S. 485 (»diese menschliche Mentalität, die hinter allem steht, ist in letzter Instanz der wahre Stoff aller Geschichte, die dieses Namens würdig ist . . .«).

[10] Vgl. auch den Aufsatz *Un problème d'histoire comparée: la ministerialité en France et en Allemagne*, 1928 (*Mélanges*, I, S. 503-528) sowie die Rezension zum *Cours d'économie politique*, von F. Simiand, in: »Revue de synthèse historique«, LI, (1931), S. 256.

[11] Siehe die Rezensionen Blochs zur *Introduction à la psychologie collective* von Blondel, in: »Revue historique«, CLX (1929), S. 398-399 und zu *Les cadres sociaux de la mémoire* von Halbwachs, in: »Revue de synthèse historique«, XL (1925), S. 73-83.

[12] Zu Blondel siehe auch das Vorwort zu *Les Rois thaumaturges* (Neuaufl., Paris 1961, S. VI): ». . . meine Kollegen Lucien Febvre und Charles Blondel werden sich auf den folgenden Seiten zu sehr wiederfinden, als daß ich ihnen anders danken könnte, als indem ich auf die bei ihrem eigenen Denken selbst gemachten Anleihen verweise.«

[13] Zu diesem Punkt vgl. den zit. Art. von Ch.-E. Perrin, S. 183-184.

[14] Vgl. auch zu ähnlichen Kritiken die Rezension zu *Kaiser, Rom und Renovatio* von P. E. Schramm, in: »Revue critique d'histoire et de littérature«, LXV (1931), S. 11.

[15] Der Einfluß De Mans in dieser Richtung konnte freilich nicht ausschließlich sein; siehe zum Beispiel den Aufsatz *Serf de la glèbe* (der von 1921 ist), in: *Mélanges*, I, S. 368 (wo die Akzentuierung freilich geringer ist).

[16] Vgl. in diesem Sinn die Rezension zu Lefebvre des Noëttes, in: »Revue de synthèse historique«, XLI (1926), vor allem S. 98-99.

[17] Ch. Seignobos behauptete 1924 (Vorw. zu *Histoire politique de l'Europe contemporaine)*, daß die europäische Krise, die 1914 begann, »zu der Erkenntnis« zwang, »an welchem Punkt die Oberflächenphänomene des politischen Lebens die Tiefenerscheinungen des ökonomischen, intellektuellen und sozialen Lebens beherrschen« (zit. nach Ph. Wolff, in: *L'histoire et ses méthodes*, hrg. von Ch. Samaran, Paris 1961, S. 850). Die Ausdrücke des Gegensatzes, die hier polemisch umgekehrt werden, sind, wie man sieht, diejenigen, die Bloch dann so oft wiederbenutzte.

[18] Über diesen Punkt vgl. bereits Perrin, zit. Art., S. 168 und die Rezension zu G. Tabacco, in: »Critica storica«, I (1962), S. 203-207. Zur »Neuheit« der *Rois thaumaturges* siehe zum Beispiel die Rezension von R. Fawtier, die in »Le Moyen Age«, 2. R., XXVII (1926) erschienen, vor allem S. 241: »Ein großer Teil des Buches geht über den Rahmen der Studien hinaus, denen diese Zeitschrift gewidmet ist, und selbst über historische Untersuchungen« (und vgl. die Antwort Blochs in der gleichen Zeitschrift, XXVIII (1927), vor allem S. 34).

Aby
Warburg

Kunst und soziales Gedächtnis.
Die Warburg-Tradition

Das beinahe gleichzeitige Erscheinen der Schriften Aby Warburgs, einer Auswahl der Vorträge Fritz Saxls und des neuesten Buches von E. H. Gombrich – d. h. der beiden Gründer der Warburg-Bibliothek, des späteren Warburg-Instituts, und seines jetzigen Direktors – in italienischer Übersetzung[1] ist natürlich nicht zufällig. Dieses Zusammentreffen verlegerischer Programme (man muß auch die beiden Sammlungen von Schriften E. Panofskys erwähnen, die vor einigen Jahren erschienen)[2] weist auf den unzweideutigen Willen hin, einen kulturellen Nachholbedarf zu befriedigen; daher der Versuch, dem italienischen Nicht-Spezialisten eine Lektüre anzubieten, die es ermöglicht, sich über die Probleme und die Methoden Aby Warburgs und der Gruppe von Forschern, die sich auf ihn berufen, zu unterrichten. Dieses Vorhaben ist völlig berechtigt; aber man muß sofort einige Bemerkungen dazu machen. Vor allem hat das Wort »kultureller Nachholbedarf« hier bei uns einen sehr oft leichtfertigen oder oberflächlichen Bedeutungsgehalt angenommen: man bringt sich hastig auf den neuesten Stand und alles bleibt beim alten. Außerdem gehen die ersten Schriften Warburgs auf das letzte Jahrzehnt des vergangenen Jahrhunderts zurück, die Anfänge der Tätigkeit Saxls und Panofskys reichen ungefähr fünfzig Jahre zurück (anders liegt der Fall bei Gombrich, der in einem gewissen Sinne der zweiten Generation der Warburg-Tradition angehört). Das ist natürlich für den nicht wichtig, der sich das Problem des Eigenwertes der von diesen Gelehrten angewandten Methoden stellt; aber es hat eine sehr große Wichtigkeit für den, der sich im Namen der Modernität und der »Aktualität« darauf berufen will. Es wäre sicherlich ein wenig lächerlich, wollte man heute die Bedeutung der Lehre Warburgs und seiner Freunde und Fortsetzer »entdecken«.

Aber wenn man von der »Warburg-Methode« spricht, muß man sich vor allem über deren spezifische Merkmale einig werden und klären, inwieweit und wie das Werk Warburgs von seinen Anhängern fortgesetzt wurde. Es ist deshalb nötig, wie die verstorbene Gertrud Bing in ihrer schönen Einleitung zur italienischen Übersetzung der Schriften A. Warburgs schreibt, die wirkliche Eigenart dieses Gelehrten wiederzuentdecken, der noch zu Lebzeiten versuchte, sich selber zurückzuneh-

Dieser Text erschien erstmals unter dem Titel *Da A. Warburg a E. H. Gombrich (Note su un problema del metodo)* in: »Studi Medievali«, 3. R., VII, 1966, S. 1015-1065.

men – indem er nämlich behauptete, er habe nur ein Werk wirklich zu Ende gebracht: die Gründung der Bibliothek in Hamburg, die dann von Saxl zu Beginn der Rassenverfolgungen nach London geschafft und dann zum jetzigen Warburg-Institut wurde.[3] Sein Programm – das Studium der Kontinuität, der Brüche und des Weiterlebens der klassischen Tradition – ist für Mediävisten nicht weniger von Interesse als für Althistoriker oder Historiker des Humanismus; um das zu belegen, muß man nur die Jahrgänge der »Vorträge« der Warburg-Bibliothek und des »Journal of the Warburg and Courtauld Institutes« oder die Bände der Reihen der *Studien* bzw. der *Studies* durchblättern. Unternehmungen wie die Herausgabe des *Corpus Platonicum Medii Aevi* sprechen für sich. Hier beschäftigen wir uns nicht mit der Tätigkeit des Instituts (auf die wir in der Anmerkung verweisen[3a]), sondern schlicht mit einem ziemlich eingegrenzten Problem der Methode, das im Mittelpunkt der Forschungen und der Meditationen Aby Warburgs stand und von seinen Fortsetzern wiederaufgenommen und unterschiedlich gelöst wurde: die Benutzung bildlicher Zeugnisse als historische Quellen.

1

In dem Kurzporträt von Saxl, das sinnvollerweise dem Anhang zur vorliegenden italienischen Sammlung beigefügt wurde, beschreibt Bing die erste Begegnung im Jahre 1911 zwischen dem jungen Forscher, der sich für Probleme, die mit der Astrologie in Zusammenhang standen, zu interessieren begonnen hatte, und Aby Warburg. Saxl, der angesichts des Luxus der Hamburger Patrizierwohnung zuerst mißtrauisch war, hörte Warburg, der über seine Forschungen zur Übertragung der astrologischen Gestalten in der Spätantike sprach, mit allmählich wachsender Begeisterung zu. ». . . Er wurde sich darüber klar, daß er sich einem Mann gegenüber befand, dessen Erfahrung seit langem tiefer und intensiver als die seine war, und die kleinen Versuche, die er auf diesem Gebiet gemacht hatte, erschienen ihm äußerst oberflächlich. Aber als er sagte: ›Vielleicht könnte ich Ihnen mein Material überlassen . . . Sie könnten es besser als ich verwerten‹, gab ihm Warburg eine Antwort, die Saxl nie mehr vergaß: ›Man löst die Probleme nicht, indem man sie anderen weitergibt‹.«[4] Dieses sehr starke Gefühl für die Verbindung zwischen Leben und Werk des Forschers fällt unmittelbar auf, wenn man sich der Persönlichkeit Warburgs nähert. Seine wechselvolle Biographie stellt sich im nachhinein wie die Etappen eines vorherbestimmten Schicksals dar. Der plötzliche Entschluß in seiner Jugend, eine Reise nach Neumexiko zu den Pueblo-Indianern zu unternehmen – anscheinend ein »Umweg« – brachte ihn mit einer Welt gewaltsamer und ungestümer Emotionen in Berührung, die in der Folge seine Interpretation des klassischen Altertums und der Renaissance beeinflußte.[5] Das Studium der Astrologie und der Magie des 15. und 16. Jahrhunderts verflocht sich dramatisch mit dem Wahnsinn, dem er lange Jahre verfiel – als ob die Anstrengung, rational diese zweideutigen, halb mit der Wissenschaft und halb mit einer mysteriösen und dämonischen Welt in Beziehung stehenden Kräfte zu beherrschen, einen tragischen Ausgleich auf der Ebene der Biographie erfordert hätten.[6] Ohne die mindeste Emphase konnte Warburg zum Beschluß der letzten Schrift, die zu seinen Lebzeiten erschien und die während der Jahre seiner Krankheit verfaßt worden war – *Heidnisch antike Weissagung in Wort und Bild zu Luthers Zeiten* (1920) – davon sprechen, »dem Problem, das uns kommandiert (wie den Verfasser die Frage nach dem Einfluß der Antike) . . . zu gehorchen« (*Die Erneuerung* . . ., II, S. 535). Die Neuordnung der Schriften Warburgs für die italienische Ausgabe durch Bing – in chronologischer Reihenfolge anstatt nach Problemkreisen wie in der deutschen Ausgabe – läßt den Leser die Geschichte dieses »Gehorchens«, die beharrliche Vertiefung des Problems, das Warburg seit seiner Jugendzeit bedrängte, erfassen.[7]

Zweifellos wurde Warburg sich nur langsam des Sinns und der Neuartigkeit seiner Arbeit bewußt. In dem auf dem internationalen Kongreß für Kunstgeschichte, der 1912 in Rom stattfand (einem in mancher Hinsicht außergewöhnlichen Moment im Leben dieses Forschers, der immer einen Abscheu gegen gesellschaftliche und akademische Ehrungen hatte)[8], gehaltenen Bericht zog Warburg eine rasche Bilanz der Untersuchungen, die er – mit der Doktorarbeit über Botticelli beginnend – angestellt hatte; und dann legte er den versammelten Forschern einen der großen Aufsätze seiner Reifezeit vor: *Italienische Kunst und internationale Astrologie im Palazzo Schifanoja zu Ferrara.* Warburg versuchte die uns bereits bekannte Frage zu beantworten: »Was bedeutet der Einfluß der Antike für die künstlerische Kultur der Frührenaissance?«. Und dabei hatte er sich – auch wegen des Einflusses des Buches von A. Hildebrand *Das Problem der Form in der bildenden Kunst* (Straßburg 1893)[9] – bei der Darstellung der Bewegung des Körpers, der Haare und der Kleider in den Abbildungen des Quattrocento in Florenz aufgehalten. Die Entdeckung, daß die Künstler dieser Epoche bei den Darstellungen der Bewegung unterschiedslos auf die Werke des klassischen Altertums zurückgriffen, wurde in den folgenden Aufsätzen vertieft. Der Rückgriff auf die »echt antike Superlative der Gebärdensprache« (*Die Erneuerung* . . ., II, S. 461) erschien Warburg allmählich nicht etwa als eine Lösung rein formaler Probleme, sondern als das Symptom für die gewandelte emotionale Orientierung einer ganzen Gesellschaft.

Gleichzeitig brachte die vertiefte Untersuchung der Bedeutung dieser Anleihen bei der Antike die die Kunst der Renaissance vornahm, Warburg dazu, seine Sicht der Antike selbst zu modifizieren. Diese doppelte Bereicherung des anfänglichen Ansatzes tritt sehr klar in dem Aufsatz über *Dürer und die italienische Antike* (von 1905, zwölf Jahre nach dem ersten Aufsatz über Botticelli) zutage. Hier wird zum ersten Mal die Anwendung der »gesteigerten Mimik« der antiken Meister als Rückgriff auf *Pathosformeln,* als »Versuche . . ., echt antike Formeln gesteigerten körperlichen oder seelischen Ausdrucks in den Renaissancestil bewegter Lebensschilderung einzugliedern« (*Die Erneuerung* . . ., II, S. 447), gesehen. An sie wandte man sich »überall da . . ., wo es galt, mittelalterliche Ausdrucksfesseln zu sprengen« (ebd., S. 449), und zwar auf allen Bedeutungsebenen, auch wenn manchmal dieser Bruch sich schließlich in einer Kompromißlösung niederschlug. So fügte der florentinische Kaufmann Francesco Sassetti bei der Abfassung seines Testaments im Jahr 1488 am Vorabend einer Reise, die sehr gefahrvoll zu werden schien, einen Hinweis auf die Göttin Fortuna ein – »Gradmesser«, schreibt Warburg, »seiner höchsten energetischen Anspannung« und zugleich »Ausgleichsformel zwischen ›mittelalterlichem‹ Gottvertrauen und dem Selbstvertrauen des Renaissancemenschen« (*Die Erneuerung . . .*, S. 151).[10] Von einem formalen Datum aus (der Darstellung der Bewegung der Kleider und der Haare) war Warburg auf die Grundhaltungen der Renaissance-Kultur zurückgegangen, die in der Nachfolge Burckhardts in ihrem radikalen Gegensatz zum Mittelalter gesehen wird. Aber die Antike, die an die florentinische Gesellschaft des ausgehenden 15. Jahrhunderts den Schatz ihrer höchsten stilistischen Ausdrucksmittel austeilte, war für Warburg nicht die apollinische Antike der Klassizisten, sondern die von »dionysischem Pathos« durchdrungene Antike (S. 229 und vor allem S. 176). Wieviel diese Sicht Warburgs Nietzsche verdankt, muß nicht unterstrichen werden. In dem Ausdruck *Pathosformeln* wurden die Abbildungen der Mythen, die die Antike hinterlassen hatte, als »Zeugnisse für Gemütszustände, die Bilder geworden waren«, in denen »die späteren Generationen . . . die dauerhaften Spuren der tiefsten Gemütsbewegungen der menschlichen Existenz suchten«[11], verstanden. Diese Definition, die Warburg durch das Buch Darwins *The Expression of the Emotions in Men and Animals* (1872) nahegelegt wurde, folgt der Interpretation der Mimik und der Gesten als Spuren heftiger Leidenschaften, die in der Vergangenheit erfahren wurden.[12] Diese »Pathosformeln« können, schreibt Bing, als wahrhafte bildliche *topoi* betrachtet werden; und hier wäre die Beziehung zu untersuchen, die A. Warburg mit E. R. Curtius verband, der Warburg sein größtes Werk widmete, das sich eben um das Thema der klassischen rhetorischen *topoi* in der mittelalterlichen Literatur drehte.[13]

Wir haben von einem Testament gesprochen. Bekanntlich bediente sich Warburg zur Lösung des Problems der Bedeutung, die die Kunst der Antike für die florentinische Gesellschaft des fünfzehnten Jahrhunderts hatte, eines überaus verschiedenartigen, ja scheinbar heterogenen Quellenmaterials. Testamente, Briefe von Händlern, Liebeszeichen, Wandteppiche, berühmte und nicht berühmte Bildtafeln; wie Bing schreibt, lehrte Warburg, »daß man artikulierte menschliche Stimmen auch aus Dokumenten von geringer Bedeutung zu Gehör bringen kann«[14], die vielleicht unter den »Kuriositäten« zu verzeichnen sind und nur die Historiker des Brauchtums zu interessieren vermögen. Auf diese Weise wollte Warburg die Verbindung zwischen den Abbildungen und den praktischen Erfordernissen, den Geschmacksempfindungen und der Mentalität einer bestimmten Gesellschaft – der florentinischen des 15. Jahrhunderts – rekonstruieren. Sehr scharf hebt Bing hervor, daß Warburg in diesem Zusammenhang wiederholt ein Schlüsselwort Burckhardts benutzte: das »Leben« (freilich ohne irgendwelche irrationalistischen Gefälligkeiten).[15] Aber auch in einem anderen Sinn anerkannte Warburg seine Schuld Burckhardt gegenüber, und hatte gleichzeitig den Wunsch, dessen Werk fortzusetzen. In den einleitenden Bemerkungen zu dem Aufsatz *Bildniskunst und Florentinisches Bürgertum* stellte er fest, daß Burckhardt in seiner »wissenschaftlichen Selbstverleugnung« das Problem der Renaissance-Kultur bevorzugt in äußerlich unzusammenhängenden Untergliederungen behandelt hatte: in *Kultur der Renaissance in Italien* hatte er »die Psychologie des sozialen Individuums ohne Hinblick auf die bildende Kunst« und im *Cicerone* »eine Anleitung zum Genuß der Kunstwerke«, wie der Untertitel lautete, geliefert. Warburg stellte nun seinen Aufsatz als Nachtrag zu den *Beiträgen zur Kunstgeschichte von Italien* vor, die 1898 posthum erschienen waren. Darin hatte Burckhardt nicht »die Mühe« verschmäht, »dem einzelnen Kunstwerk in seinem direkten Zusammenhange mit dem zeitgenössischen Hintergrund nachzuforschen, um die idealen oder praktischen Anforderungen des *wirklichen Lebens* als ›Kausalitäten‹ zu erfassen« (*Die Erneuerung* . . ., Bd. 1, S. 94; kursiv von mir).[16] Es war ein ziemlich explizites Programm, das durch die abschließenden Worte des bereits erwähnten Aufsatzes *Heidnisch-antike Weissagung in Wort und Bild zu Luthers Zeiten* bekräftigt wurde, in dem er sich eine *kulturwissenschaftliche Bildgeschichte* wünschte.[17] Acht Jahre zuvor hatte sich Warburg beklagt, daß es der Kunstgeschichte noch nicht gelungen sei, »ihr Material der allerdings noch ungeschriebenen ›historischen Psychologie des menschlichen Ausdrucks‹ zur Verfügung zu stellen« (*Die Erneuerung* . . ., Bd. 2, S. 478).[18] Auch wenn sich letzterer Satz in einem Kontext befindet, in dem Warburg die Bedeutung der »Ikonologie«[19] als Gegenmittel gegen die entgegengesetzten Gefahren des leichtfertigen Determinismus und der irrationalistischen Verherrlichung des Genies hervorhebt, kann man nicht sagen, daß sich die Methode Warburgs in der ikonologischen Analyse erschöpfte, noch daß letztere in seinen Augen einen bevorzugten Stellenwert hatte. Das Spektrum seiner Interessen war weiter. Wie Bing schreibt, waren die Warburg vor allem bedrängenden Probleme die »Funktion des gestalterischen Schaffens im kulturellen Leben« und die »variable Beziehung, die zwischen gestalterischem Ausdruck und gesprochener Sprache besteht. Alle anderen Themen, die als charakteristisch für seine Forschungen betrachtet werden, sein Interesse für den Inhalt der Abbildungen, seine Aufmerksamkeit für das Überleben der Antike, waren nicht so sehr wahrhafte Ziele als Mittel, um jenes Ziel zu erreichen«.[20]

2

Das Werk Warburgs erscheint uns so auf der einen Seite äußerst bruchstückhaft und unvollständig[21], auf der andern organisch um einen recht genau angebbaren Kern von Problemen herum gruppiert, wenn man über eine scheinbare thematische Zersplitterung hinaussieht. Diese doppelte Charakteristik spiegelt wahrscheinlich zwei entgegengesetzte Tendenzen Warburgs selbst wider, in dem, wie Saxl sagt,

»die historische Vorstellungskraft« – (»Warburg was a man of a very imaginative and emotional type«) – »immer mit einem brennenden Verlangen nach philosophischer Vereinfachung kämpfte«.[22] Jedenfalls war die Verlockung, den Voraussetzungen, die Warburgs konkrete Detailuntersuchungen (bekanntlich war sein Lieblingsmotto das bereits von Flaubert hoch geschätzte »Gott liegt im Detail«) anregten, eine systematische Ordnung zu geben, sehr stark. Das zeigte Edgar Wind, einer der Forscher im Umkreis Warburgs und der von ihm gegründeten Bibliothek, in seinem Aufsatz *Warburgs Begriff der Kulturwissenschaft und seine Bedeutung für die Ästhetik* (1931) und im Vorwort zu *Kulturwissenschaftliche Bibliographie zum Nachleben der Antike. Erster Band*, 1931 (1934), die von der Bibliothek Warburg besorgt und veröffentlicht worden ist.[23] Diese systematischen Auslegungen (es ist hier an einer gewissen Stelle von einem *Begriffssystem* Warburgs die Rede)[24] stellten zweifellos eine Verzerrung dar, auch weil Wind, der eine Generation jünger war, die Implikationen des Warburgschen Werkes unter Maßgabe anderer Interessen und in einer geänderten kulturellen Situation darlegte. Wir müssen diese Aufsätze Winds eher als programmatische Äußerungen eines maßgeblichen Repräsentanten der Bibliothek Warburg in den unmittelbar auf den Tod seines Gründers folgenden Jahren denn als Versuche einer historiographischen Bilanz oder als Hinweise für eine kritisch exakte Lektüre der Warburgschen Schriften betrachten.

Darin stellt Wind die Tätigkeit Warburgs und das damit verbundene Konzept von »Kultur« (das sich im wesentlichen von Burckhardt herleitet) zwei recht genau angebbaren kulturellen Positionen gegenüber: auf der einen Seite die mit den Namen – untereinander so verschiedener – Personen wie Riegl und Wölfflin erfaßbaren Tendenzen, die sich zur Aufgabe machen, jede Verbindung zwischen Geschichte der Kunst und Geschichte der Kultur zu durchbrechen[25]; auf der anderen Seite die *Geistesgeschichte* (hier und im folgenden deutsch im Orig., d. Ü.), wie sie von Dilthey verstanden wurde. Den ersteren gegenüber betont Wind – gegen jeden Versuch, eine »autonome« Kunstgeschichte zu begründen – die Auffassung der Kultur als durchgängiger Einheit, die Warburg von Burckhardt übernommen hatte: eine Kultur, die in beinahe anthropologischem Sinne verstanden wird und in der neben der Kunst, der Literatur, der Philosophie, der Wissenschaft die Formen des Aberglaubens und die manuellen Tätigkeiten einen Platz finden. Diese *Gesamtheit* der verschiedenen Aspekte des kulturellen Lebens – künstlerische, religiöse und politische – war bekanntlich sowohl in den theoretischen Aufsätzen wie in den konkreten Forschungen Diltheys betont worden; aber Wind bemerkt (und hier liegt die andere Seite seiner Polemik), daß bei Dilthey diese Einheit eine aprioristische Forderung ist, die deshalb in der Gefahr steht, abstrakte Auffassungen von der Welt und vom Leben zu hypostasieren.

Mit dieser Betonung der Konkretheit der Forschung und mit dieser Polemik gegen jede vorweg unterstellte Parallelität erfaßte Wind zweifellos einen wirklichen und wichtigen Aspekt der Lehre Warburgs, die er jedoch in eine stark durch

Cassirer beeinflußte Kulturphilosophie einzubetten versuchte.[26] So scheint die Akzentuierung der Wichtigkeit des Symbols, die bei Warburg ausdrücklich mit dem Einfluß eines Aufsatzes F. T. Vischers zu tun hat[27], in diesen Schriften Winds eher an die große *Philosophie der symbolischen Formen* wiederanzuknüpfen, die Cassirer gleichfalls auf direkte Anregung durch das von Warburg gesammelte und gesichtete Material begonnen hatte.[28]

Parallel zu diesen Versuchen Winds, die theoretischen und konzeptionellen Voraussetzungen Warburgs zu systematisieren, gab es andere, wie F. Saxl, die eher auf den konkreten Ergebnissen des Hamburger Gelehrten insistierten. Die lange Schrift *Rinascimento dell'antichità. Studien zu den Arbeiten A. Warburgs*[29] stellt sich als organische, hier und da um neue Forschungen ergänzte Darstellung der Arbeiten Warburgs dar. Deren innere Einheit entging Saxl sicher nicht; aber für ihn war es – außer einer Einheit im Ansatz oder einer einheitlichen Methode – vor allem eine tiefgreifende thematische Kohärenz. Im Zentrum dieser Arbeiten, so Saxl, steht der Mensch der Frührenaissance als »Typus« mit seinen Gegensätzlichkeiten und Widersprüchen, die Warburg so gut freigelegt hat – Widersprüche zwischen Christentum und Heidentum, Gott und Fortuna, Naturalismus »alla francese« und antikisierendem Idealstil und so weiter. Wer Warburgs hauptsächliche Inspiratoren zu diesen Arbeiten waren, klärte Saxl in dem kurzen gehaltvollen Porträt, das den ersten Band der *Vorträge* der Bibliothek Warburg eröffnet.[30] Darin treten drei Namen auf: Burckhardt (bei dem sich vor allem Wind aufgehalten hatte), Nietzsche und Usener. Burckhardt wegen der Interpretation der Renaissance und der individualisierenden Auffassung der Geschichtsschreibung, Nietzsche wegen der Betonung des dionysischen Aspekts der Antike; Usener wegen des Ansatzes der Religionsgeschichte als Kampf zwischen Orient und Okzident, Alexandrien und Athen, Zwang und Freiheit.

Aber wenn sich Saxl in diesen Schriften im wesentlichen darauf beschränkt hatte, eine erste Bilanz der Tätigkeit Warburgs zu ziehen, dann stellte der breit angelegte und sehr schöne, in Zusammenarbeit mit Panofsky verfaßte Aufsatz *Classical Mythology in Mediaeval Art* (1933)[31] in jeder Hinsicht eine Vertiefung dar. Dieser Aufsatz war Ergebnis der bereits erprobten und exemplarischen intellektuellen Zusammenarbeit zweier sich ergänzender Forscher[32] und wurde nachträglich von Panofsky – mit einem Schuß liebenswerter Selbstironie – als die ersten positiven Früchte der erzwungenen Verpflanzung der deutschen Kunsthistoriker auf amerikanischen Boden betrachtet. Die Tatsache, in einer anderen Sprache als der Muttersprache und dazu in einer präzisen und unzweideutigen Sprache wie der englischen und für ein Publikum, schreibt Panofsky, wie das amerikanische, das sich nicht nur auf Spezialisten beschränkte, schreiben zu müssen, gab uns den Mut, »Bücher über ganze Meister oder ganze Epochen zu schreiben, statt ein Dutzend Spezialaufsätze (oder zusätzlich dazu), und wir wagten es, uns etwa auf das Problem der antiken Mythologie in der mittelalterlichen Kunst insgesamt einzulassen, statt lediglich die Verwandlungen der Venus oder des Herkules zu untersuchen (oder zusätzlich dazu)«.[33] Aber neben der gemeinhin nicht vorhandenen Fähigkeit zur Synthese und neben der Bedeutung des benutzten Quellenmaterials sollen an diesem Aufsatz (der sich noch einmal ausdrücklich auf Warburg und seine Methoden beinahe in der Absicht beruft, die eine oder die andere dem gebildeten Publikum jenseits des Ozeans vorzuführen) die Schlußfolgerungen hervorgehoben werden. Das klassische Erbe, das im Mittelalter über vielfältige (unter anderem orientalische) Vermittlungsinstanzen übertragen und verzerrt worden ist, wurde schließlich im 15. und 16. Jahrhundert »wiedergeboren«. Was aber bedeutete diese »Wiedergeburt« – eines der *revivals*, die, so schreiben die Autoren (indem sie ein bereits bei Burckhardt bestehendes Motiv wiederaufnehmen, das dann besonders von Panofsky[34] entwickelt wurde), immer wieder und in periodischen Abständen die Kultur Westeuropas auszeichnen. Bereits Warburg hatte bemerkt, daß die Übernahme der *Pathosformeln* der Antike durch die Renaissance-Künstler einen Bruch nicht nur mit der mittelalterlichen Kunst, sondern auch der ganzen mittelalterlichen Mentalität implizierte.[35] Panofsky und Saxl vertiefen diese Intuition; die Wiederentdeckung der Antike und vor allem der »Formen« der klassischen Antike impliziert das bestimmte Bewußtsein von der »kulturellen Distanz zwischen der Gegenwart und der Vergangenheit« und das heißt also die Begründung des modernen historischen Bewußtseins (the discovery of the modern ›historical system‹); dieser Begründung stellt Panofsky, hier und in anderen Veröffentlichungen, die Entdeckung der Linearperspektive in der Renaissance zur Seite – eine Entdeckung, die das Problem der »Entfernung zwischen Auge und Objekt« auf wissenschaftliche Weise aufwirft.[36] Wie man sieht, haben Panofsky und Saxl von einem Problem der Kunstgeschichte aus – der Wiederentdeckung der Formen der klassischen Kunst, die in einem bestimmten Bereich, nämlich dem der Bilder der antiken Götter rekonstruiert wurde – schließlich das allgemeine historische Problem der Bedeutung der Renaissance aufgeworfen, die mit der Entdeckung der Dimension des Historischen identifiziert wird[37] – eine Entdeckung, die mit dem neuen, vom mittelalterlichen so verschiedenen Verhältnis zur klassischen Antike zu tun hat. Es ist eine Interpretation, die viele Berührungspunkte mit der bei uns verbreiteten, in einem anderen Zusammenhang stehenden (die Bedeutung des bürgerlichen Humanismus in Florenz, die Verherrlichung der praktischen Tätigkeit und so weiter) Interpretation von E. Garin bietet.[38] Es ist auf jeden Fall sehr bezeichnend, daß sie um das Warburgsche Thema der *Pathosformeln* kreist, das so viel mehr Ergebnisse zeitigte als die Typologie des Renaissance-Menschen, auf die Saxl seinerseits in dem bereits erwähnten Aufsatz *Rinascimento dell'antichità* nicht sehr treffend hingewiesen hatte.

3

Wir haben auf die Aufsätze verwiesen, in denen Saxl die Themen und Methoden der Forschungen A. Warburgs wiederaufgriff. Ein Teil der Vorträge, die Saxl in England hielt, um die Tätigkeit und die Ziele des Instituts bekannt zu machen, ist ins Italienische übersetzt worden, versehen mit einer umfangreichen Einleitung von E. Garin. Garin versucht darin, die Tätigkeit der Forscher – an erster Stelle Saxls selbst und Panofskys –, die in der Richtung A. Warburgs wirkten, historisch einzuordnen. Dieser an sich sinnvollen Einordnung geht eine flüchtige, in den Details nicht ganz annehmbare Untersuchung des Schicksals voran, das dieser Typus von Forschungen in Italien erfahren hat.[39] Noch weniger überzeugend ist wegen ihrer extremen Allgemeinheit die Verbindung, die Garin zwischen dieser Tätigkeit der Gruppe um Warburg und der allgemeinen Situation der europäischen Kultur zwischen 19. und 20. Jahrhundert hergestellt hat.[40] Beide seien, schreibt Garin unter Berufung auf eine Bemerkung Cassirers, durch die Krise der allgemeinen philosophischen Systematisierungen geprägt, die durch die konkreten Spezialuntersuchungen der einzelnen »Humanwissenschaften« bewirkt worden sei.[41] Deshalb besteht Garin bei seiner Skizzierung »dessen, was in der Arbeit Panofskys und Saxls der wichtigste Aspekt war, nämlich eine bestimmte Methode und ein bestimmter Forschungstypus (ist aber die Behauptung nicht leicht übertrieben, daß »sie insgesamt beinahe, zumindest von den meisten, unbeachtet geblieben ist«?), auf den folgenden Punkten: Konkretheit und philologische Genauigkeit, Sachlichkeit (und damit verbunden: Ablehnung theoretischer Vorannahmen und abstrakter theoretischer Verallgemeinerungen), interdisziplinärer Ansatz, Bruch mit den akademischen oder einfach von der Tradition diktierten Absonderungen. Dies seien – über die sehr wichtigen, von jenen Forschern freigelegten oder vertieften Forschungsstränge hinaus – die wesentlichen Merkmale der »Warburg«-Methode, die deren Fruchtbarkeit und Mustergültigkeit gewährleisteten. Das alles ist nicht zu leugnen, aber diese große Forschungstradition verdient vielleicht doch eine etwas weniger allgemeine Würdigung. Die Tatsache, daß sich G. Bing, als sie das Werk Warburgs dem italienischen Publikum vorstellte oder neu vorstellte, gefragt hat, was die Schriften, die sich seit beinahe einem halben Jahrhundert auf den Namen Warburgs berufen, gemeinsam hätten und was die »Warburg-Methode« letztendlich sei, läßt vermuten, daß das Problem umfassender ist, als es auf den ersten Blick erscheint.[42] Wir werden weiter unten sehen, daß die methodologischen Ansätze keineswegs so problemlos sind; d. h. daß sie über ihre unzweifelhafte Fruchtbarkeit hinaus eine Reihe von Schwierigkeiten aufwerfen, die an erster Stelle von den Mitgliedern der Warburgschen *équipe* selbst gestellt und diskutiert wurden. Was Saxl angeht, den Garin als die kohärenteste Verkörperung der Warburg-Methode betrachtet und den er etwas vorschnell Panofsky gegenüberstellt, welchen er mehr als »Philosophen« und Theoretiker betrachtet[43], wollen wir die Komplexität dieser Gelehrtenpersönlichkeit festhalten, die absolut nicht auf das etwas abstrakte Cliché des unfehlbaren Philologen reduzierbar ist, der völlig in den »Dingen« aufgeht und sich ohne Wenn und Aber der Rekonstruktion der historischen Tatbestände verschrieben hat.[44] Diese Komplexität, die wir konkret an Beispielen zu belegen versuchen, ist ein weiteres verräterisches Zeichen für die Oberflächlichkeit der von Garin vorgetragenen Charakterisierung der Warburg-Methode.

Man sehe sich den berühmten Aufsatz *Veritas filia Temporis* an, den Garin am Ende seiner Einleitung – einer ironischen Bemerkung Saxls selbst folgend – dem gleichnamigen Aufsatz Gentiles gegenüberstellt.[45] Saxl hatte Gentile in der Tat zurückhaltend getadelt, er habe das Schicksal des in Frage stehenden Themas innerhalb eines rein philosophischen Zusammenhangs untersucht, ohne auf seine »kulturellen, religiösen und politischen« Zusammenhänge zu achten. Garin nimmt diese Bemerkung auf und kommentiert: »Es war die leicht ironische Verdeutlichung einer anderen Art, die Geschichte zu schreiben – und aufzufassen . . .«[46] Das heißt: auf der einen Seite der Philosoph, der nur die Ideen außerhalb des Kontextes, in dem sie entstehen, sieht; auf der anderen Seite der Historiker und Philologe in einem, der die Fakten mit keinen theoretischen Überlegungen überlagert, sondern in ihnen aufgeht und so weiter. Aber die Dinge verhalten sich eigentlich nicht so.

Saxl zeigt, wie das Motto »Veritas filia Temporis«, das zum ersten Mal von Gellius zitiert wurde (doch das Thema war in der klassischen Tradition weithin präsent), seit den ersten Jahrzehnten des 16. Jahrhunderts in verschiedenen Zusammenhängen benutzt wurde – mal in politisch-moralischen (im Sinne von: die Gerüchteküche an den Höfen muß im Laufe der Zeit der Wahrheit weichen), mal in religiösen, ja in kontrovers theologischen (die Zeit läßt die wahre Religion – die reformatorische oder die katholische, je nach dem, wer das Motto benutzte – aus der finsteren Höhle, in der sie verborgen war, ans Tageslicht treten). Was aber bedeutet – so Saxls Frage – dieser Rückgriff auf einen klassischen Mythos, auf das Motto und die damit in Verbindung stehenden Abbildungen[47] innerhalb eines Kontextes von Polemik, wenn nicht gar persönlichen Anspruches? Die Antwort sei in einem »wesentlichen Merkmal der Mentalität der Renaissance« zu suchen. Männer wie der Drucker Marcolino aus Forlì, der zum ersten Mal ein Druckerzeichen verwendete, das vom Mythos der Wahrheit, die die Zeit an den Tag bringt, inspiriert und mit dem entsprechenden Motto verziert ist, oder wie Aretino, der wahrscheinlich dieses Zeichen empfahl, sahen die Alltagsprobleme *sub specie aeternitatis*. Sie griffen auf klassische Metaphern zurück, insofern sie ihr eigenes Tun als etwas betrachteten, das der Sphäre des Klassischen und Universellen angehörte und seinen angemessenen Ausdruck *(proper expression)* nur in einem antiken Mythos finden konnte. Ganz deutlich nimmt hier Saxl, ohne es ausdrücklich zu erwähnen, zentrale Themen und Fragen des Werkes von Warburg auf: was bedeutete die klassische Antike für die Menschen der Renaissance? Es stimmt, daß Saxl hier nicht den »dionysischen« Aspekt der Antike hervorhebt (die *Pathosformeln* als angemessener Ausdruck für in letzter Instanz erregte Gemütszustände), wie es

Warburg getan hatte. Hier ist der Akzent auf das – sagen wir der Einfachheit halber – »apollinische« Element verschoben: Saxl spricht von Verwandlung des Alltäglichen *sub specie aeternitatis*, von »Würde«, von Universalität.[48] Es handelt sich um keine zufällige Verlagerung. Bereits in der erwähnten programmatischen Schrift, die die Reihe der »Vorträge« der Bibliothek Warburg eröffnet, betonte Saxl, daß Aby Warburg nicht die Geschichte des Wiederauflebens des apollinischen Momentes, der Befreiung des Okzidents aus den Ketten des Orients (entsprechend der von Usener stammenden Gegenüberstellung) geschrieben hatte: und er gab damit implizit zu bedenken, daß die Bedeutung des antiken dionysischen Elementes in der Renaissance von Warburg vielleicht etwas zu einseitig (und nicht zufällig – möchten wir hinzufügen) akzentuiert worden war.[49] Ähnlich tendiert Saxl, wenn er den Ausdruck *Pathosformeln* wiederaufgreift, um die Übermittlung der Bildwelt der Antike zu erklären, systematisch dazu, sie von ihren »dionysischen« und letztlich historisch-religiösen Implikationen zu befreien.[50] Um zum Aufsatz *Veritas filia Temporis* zurückzukehren, hier tritt in jedem Fall die untergründige Abhängigkeit von den Warburgschen Themen sozusagen negativ in Erscheinung – auch im Schlußteil, in dem die Philosophen erscheinen und dem die gegen den Aufsatz von Gentile gerichtete Bemerkung beigefügt ist. Der Leser hätte sich eine Untersuchung der bildlichen Ausdrücke – falls es welche gab – des von Bruno und dann von Bacon formulierten Gedankens erwartet, daß nämlich die Nachkommenden wegen ihrer größeren Erfahrung der Wahrheit näher stehen als die Alten (»Recte enim Veritas Temporis filia dicitur, non Auctoritatis«, hatte Bacon gefolgert).[51] Doch Saxl schickt beinahe entschuldigend eine Bemerkung voraus: »es ist bezeichnend, daß die von den Philosophen gegebene Interpretation keinen angemessenen künstlerischen Ausdruck fand *(found no appropriate expression in the arts)*, bis sich Künstler von Rang damit beschäftigten. Die abstrakten Theorien *(abstract theories)* werden zuallerletzt in Bilder umgesetzt.« Und mit einer gewissen Ungeduld analysiert er ein höchst bedeutsames Dokument, das er entdeckt hat: einen (in formaler Hinsicht zweifellos kalten und akademischen) Stich »eines gewissen« Bernard Picart mit dem Datum von 1707, der beinahe wie ein Kommentar zu dem Abschnitt von Malebranche erscheint, den Gentile in seinem Aufsatz zitiert hatte.[52] Die ZEIT vertreibt die Wolken vor der glänzenden Gestalt der WAHRHEIT, deren Strahlen die Gruppe der antiken Philosophen von der Seite anleuchtet: Plato, Aristoteles und Zenon gehen durch Schatten und Licht, hinter Descartes, der sie führt; dieser schreitet – von der PHILOSOPHIE an der Hand geführt – im vollen Schein der WAHRHEIT voran. Aber für Saxl ist dieser so minutiös konzipierte, so schwunglose Stich ein Zeichen dafür, daß hier das Ende des von ihm rekonstruierten Ablaufs erreicht ist; und er bemerkt, daß dies nicht »the representation of an idea but the illustration of a theory« ist.[53] So in der englischen Übersetzung; wie der deutsche Text eigentlich geklungen hat, wissen wir nicht. Vielleicht war der platonisierende Akzent jener »idea«, der die (abstrakte) Theorie gegenübergestellt wird, im Original nuancierter. In jedem Fall ist der Sinn klar. Mehr als die historische Bedeutung dieser neuen bildlichen Darstellung der Beziehungen zwischen WAHRHEIT und ZEIT liegt es Saxl am Herzen zu betonen, daß im Unterschied zum Großteil der bis dahin analysierten Werke, die als Antwort »to the demand of some specific, genuine human situation« (der politischen, religiösen und so weiter) entstanden sind und die daher in der Lage gewesen sind, den Betrachter zu bewegen und hinzureißen, der Stich von Picart »zu weise, unvoreingenommen, abstrakt, weithergeholt und bewußt« ist. Der Schluß wäre oberflächlich, daß hier das historisch-kulturelle und das ästhetische Urteil nicht zusammenfallen; sicher war auch das Zeichen des Druckers Marcolino aus Forlì – um von anderen gar nicht erst zu reden – für Saxl kein großes Kunstwerk. Mehr noch, in dieser von Saxl eingeführten Gegenüberstellung von »Ausdruck« einer menschlichen Situation und »Illustration« einer kalten Theorie spürt man den Nachhall auf das Warburgsche Konzept der *Pathosformeln;* es sind Darstellungen von Mythen, die die Antike als »Zeugnisse für Gemütszustände, die Bilder geworden waren«, hinterlassen hat, in denen »die späteren Generationen . . . die dauerhaften Spuren der tiefsten Gefühlslagen der menschlichen Existenz aufsuchten«.[54] Was Saxl vor allem am Herzen liegt, ist das Schicksal des antiken Mythos der WAHRHEIT, die von der ZEIT enthüllt wird; sobald deren Darstellung sich mit fremden, rein illustrativen Elementen auflädt, schwindet sein Interesse, oder schwächt sich zumindest stark ab. Und das wird zuletzt durch die den Aufsatz beschließende Seite bestätigt: angesichts einer englischen Fassung des Stiches von Picart, der jenem völlig ähnlich ist bis auf die Gestalt des Anführers – nicht mehr Descartes, sondern Newton – hat Saxl eine seltsame moralische Aufwallung (»a page from the history of human folly«, »English parody of Picart's print«, »silly enterprise of the English copyist«).[55] Die Ersetzung Descartes' durch Newton als Held der WAHRHEIT, die durch die ZEIT entschleiert wird, stellt aber – auch wenn sie von einem Gefühl nationaler Aufgeblasenheit diktiert war – ein Dokument dar, das ein Kulturhistoriker nicht übergehen dürfte.

Saxls Forschungsrichtung erscheint also durch das für Warburg zentrale Motiv der Bedeutung der klassischen Antike, seiner Mythen, seiner Bilderwelt für die Menschen der Renaissance tief beeinflußt; und wie man gesehen hat, war dieses Motiv bei Warburg keineswegs unbeeinflußt von den »Philosophen« (um nur mit Nietzsche zu beginnen!). Was Saxl betrifft war auch seine Philologie – wie alle Philologie – nicht ohne »Vorannahmen«. Und es ist bezeichnend und überraschend zugleich, daß Garin bei der Skizzierung der Persönlichkeit Saxls als »reinem«, ganz sachlichem Historiker ohne theoretische Hirngespinste beinahe die überreiche und gequälte Persönlichkeit Warburgs ignoriert hätte, dem Saxl so tief und sicher auch in widersprüchlicher Weise verbunden war.[56]

4

In einem programmatischen Abschnitt hatte sich Warburg, wie wir gesehen haben, auf das Beispiel Burckhardts im Namen einer Kunstgeschichte mit längerem und tieferem Atem als dem der traditionellen akademischen berufen – einer Kunstgeschichte, die in die *Kulturwissenschaft* einmündete. Es wurde jegliche »impressionistische«, ästhetisierende (und auch rein ästhetische) Art, die Kunstwerke zu lesen, abgelehnt. In Parenthese: gerade dieser Ansatz erlaubt es jemandem, der nicht Kunsthistoriker ist, über die Tätigkeit dieser Forscher zu sprechen, wenn auch am Rande und als Laie. Wie C. G. Heise richtig bemerkt hat, war das Ziel der Forschung Warburgs ein doppeltes: auf der einen Seite war es notwendig, die Kunstwerke im Lichte der historischen Zeugnisse jeden Typs und jeden Niveaus zu betrachten, die deren Genese und Bedeutung beleuchten könnten; auf der anderen Seite mußte das Kunstwerk selbst und die bildlichen Darstellungen allgemein als Quelle *sui generis* für die historische Rekonstruktion interpretiert werden.[57] Es sind dies zwei unterschiedliche Ziele, auch wenn sie, wie wir immer besser sehen werden, gegenseitig verbunden sind.

Räumen wir auf diesem Terrain sofort mit einem möglichen Mißverständnis auf: in dieser Perspektive war die eigentlich ästhetische Einschätzung de facto nicht vorhanden. Die relative Indifferenz Warburgs dieser Frage gegenüber ist uns von Leuten bezeugt, die ihm nahestanden, und kann nicht in Zweifel gezogen werden.[58] Seine wirklichen Interessen lagen anderswo. Auf einer allgemeinen, methodologischen Ebene ist der Diskurs ein anderer. Es ist unbestritten – oder müßte es zumindest sein –, daß die Klärung verborgener Anspielungen auf einem Gemälde (falls es welche gibt), das Aufzeigen der Verweise auf einen literarischen Text (falls sie existieren), die Untersuchung (falls sie möglich ist) der Existenz von Auftraggebern, ihrer sozialen Stellung, eventuell ihrer künstlerischen Geschmacksrichtungen nicht nur das Verständnis fördert, sondern auch die genaue Wertschätzung eines Kunstwerks erleichtert. Als Croce – um ein berühmtes Beispiel zu geben – bezüglich eines aus dem Umkreis des Warburg-Instituts hervorgegangenen Buches[59] die Meinung vertrat, es sei zum Zwecke des ästhetischen Genusses irrelevant, die mythologischen Anspielungen eines Gemäldes der Renaissance aufzudekken, insofern es sich in jedem Fall um »kalte« Allegorien, folglich um unpoetische oder außerpoetische Überlagerungen handelte, leugnete er im Namen seiner Definition von Allegorie ein reales historisches Problem. Indes ist klar, daß eben jene Definition im Lichte der historischen Tatsachen, die er nicht erklären konnte, hätte revidiert und kritisiert werden müssen. Aber wenn diese vorgängige Arbeit der Interpretation und der Entzifferung dem Betrachter hilft, sich in angemessener Weise vor ein Gemälde zu stellen, fällt dies zweifellos nicht mit einer eigentlich ästhetischen Einschätzung zusammen. Ein Gemälde kann für den Historiker bedeutsam sein, weil es bestimmte kulturelle Beziehungen bezeugt, oder für den Ikonographen wichtig sein und es kann gleichzeitig vom ästhetischen Gesichtspunkt aus irrelevant sein.[60] Aber zu diesem Problem werden wir weiter unten zurückkehren. Untersuchen wir vielmehr das andere Ziel, das sich A. Warburg bei seinen Forschungen stellte: das Verständnis »einer historischen Situation auf Grundlage bildlicher und dokumentarischer Quellen«.[61] In welchem Maße ist das möglich? Und welche Beziehung haben diese beiden Quellentypen möglicherweise untereinander?

Momigliano hat zu recht angemerkt, daß angesichts der Spannweite der Interessen und der Verschiedenartigkeit der Ansätze, die Warburg eigen waren, Saxl dazu neigt, die ikonographische Analyse zu bevorzugen, um schließlich daraus ein allgemeines Werkzeug historischer Rekonstruktion zu machen.[62] Um uns auf zwei Aufsätze zu beschränken, die sich unter den jüngst dem italienischen Leser vorgestellten befinden, hat daher die Entzifferung des »Programms«, das hinter den Fresken der Farnesina steckt, zum Endpunkt, ein allgemeines historisches Problem zu verstehen, nämlich welche Bedeutung die astrologischen Glaubensformen im 16. Jahrhundert angenommen haben, wie sie beispielhaft und konkret in der Person des großen Kaufmanns Agostino Chigi verkörpert werden.[63] Entsprechend ist die glänzende Auflösung des Rätsels der Fresken und Ausschmückungen des Appartamento Borgia, die sich auf die verwirrende Figur des Stiers stützt, der nach und nach mit dem Totemtier der Familie Borgia und dann direkt mit Alexander VI. selbst identifiziert wird, ein außergewöhnlich sprechender Beitrag nicht nur zur künstlerischen, sondern auch religiösen und politischen Geschichte der Zeit.[64] In solchen Aufsätzen profitiert Saxl aus seiner sehr weitläufigen Bildung, die keinerlei Zunftgrenzen kennt: politische Geschichte, Ägyptologie, Mythographie des 16. Jahrhunderts werden auf den Plan gerufen, um Probleme zu lösen, die immer beschränkt und eingegrenzt sind, die aber – einmal gelöst – in einen weiteren Kontext hineinführen, den wir auch – vorausgesetzt, daß dieser Begriff nicht eine verwaschene und abstrakte *Geistesgeschichte* wachruft – Kulturgeschichte nennen können.[65] Was aber geschieht, wenn das Werkzeug der ikonographischen Analyse ausfällt?

Versuchen wir die Frage anhand einiger Schriften Saxls zu beantworten, die nicht in der italienischen Sammlung enthalten sind, da sie italienischen Themen gewidmete Vorträge versammelt. Beginnen wir mit *Holbein and the Reformation*, der in englischer Übersetzung den Text eines 1925 in Hamburg gehaltenen Vortrags wiedergibt.[66] Von Anfang an beschreibt Saxl seine Absicht sehr klar. Er will »ein historisches Problem mit den von der Kunstgeschichte bereitgestellten Mitteln angehen« und benutzt daher als Quellen Holzschnitte, Kupferstiche oder Gemälde, betrachtet sie aber, soweit möglich, unabhängig von ihrer Qualität als Kunstwerke. Auf der andern Seite gibt er sich sehr wohl Rechenschaft darüber – und diese Einsicht muß hervorgehoben werden –, daß der rationale Diskurs dazu neigt, die Feinheiten der malerischen Ausdrucksmittel zu vergröbern und zu verallgemeinern.[67] Das historische Problem, dessen Lösung Saxl sich vornimmt, ist das der religiösen Position Holbeins. Ein Dokument aus Basel vom Jahre 1530 unterrichtet uns, daß der Maler den Wunsch hatte, daß die reformierte Gemeinde ihm gewisse Zweifel bezüglich des Abendmahls kläre.[68] Auf der andern Seite zeigen uns zwei Holzschnitte vor 1526 einen Holbein, der bereits Anhänger der Reformation ist. In beiden Fällen lassen die ikonographischen Daten keine Zweifel: auf dem ersten sehen wir, wie Christus die Demütigen und Armen zu sich zieht, während auf der gegenüberliegenden Seite die traditionellen Mittler – der Papst, die Mönche, die Philosophen wie Plato und Aristoteles – in eine Schlucht fallen. Auf dem zweiten wird die Polemik gegen die Vermittlung zwischen Gott und Mensch, wie sie von der römischen Kirche angeboten wird, mit gleichem Nachdruck vorgetragen: vor Leo X., der von Ablässe verkaufenden Mönchen umgeben ist, stehen drei ins Gebet versenkte Personen – David, Manasse und ein armer Mensch mit zerrissenem Kleid – gegenüber, denen sich Gott im Himmel mit feierlicher Geste kundtut. Es handelt sich zweifellos um antirömische Propagandablätter. Aber kann man sagen – so Saxls Frage –, daß sie »den Geist Luthers widerspiegeln«? Der Verlust der Bildunterschriften, die ursprünglich den Holzschnitten beigefügt waren, zwingt hier zu einer »indirekten« Untersuchung.[69] Er vergleicht daher die beiden Werke Holbeins mit dem berühmten, von Luther kommentierten Stich des Kalbsungeheuers, das einem Mönch gleicht. Beide, der Stich und der Kommentar, zeigen, sagt Saxl, eine »Derbheit«, die in den Holzschnitten von Holbein völlig fehlt, ja dazu in Antithese steht. Holbein bildet nicht Ungeheuer ab, sondern »klare und regelmäßige Formen der organischen Welt . . .; er verwandelt den übernatürlichen Glanz in natürliches Licht«. Daher die Hypothese eines Holbein, der der lutherischen Religiosität fern steht – eine Hypothese, die Saxl durch den Vergleich mit einem anderen Holzschnitt Holbeins bestätigt sieht, der Jesaja in Meditation und die berühmten Worte Luthers auf dem Reichstag in Worms darstellt. Der Jesaja Holbeins »spiegelt zweifellos eine neue Religiosität wider«; aber es handelt sich um eine nicht eben lutherische, sondern erasmische Frömmigkeit.[70]

Aber die Weise (die Weise, nicht das Ergebnis), in der Saxl zu diesem Schluß gelangt, ist nicht allzu überzeugend. Einen Holzschnitt mit dem Bericht über eine mündliche Erklärung zu vergleichen, ist immer gewagt; ein Bild ist unvermeidlich zweideutiger, offen für verschiedene Interpretationen[71]; und seine Schattierungen sind, wie Saxl selbst bemerkt, um den Preis einer gewissen Vergewaltigung nicht auf eine klar artikulierte und rationale Ebene zu übertragen (auch wenn es sich um jene besondere Rationalität handelt, die zwei verschiedene religiöse Positionen gegeneinander abgrenzt). Auf der andern Seite hat der Vergleich zwischen den beiden antirömischen Holzschnitten Holbeins und dem von Luther kommentierten Stich, der das monströse Mönchskalb darstellt, kein sehr viel größeres Gewicht.[72] Diese Schmähschrift, die den volkstümlichen Drucken der Zeit nachgeahmt wurde, in denen Wunderzeichen und Ungeheuerlichkeiten in astrologisch-prophetischem Sinne kommentiert wurden, war Luther durch eine vom Astrologen des Markgrafen Georg von Brandenburg gegen ihn gerichtete Prophezeiung nahegelegt worden; der hatte seinerseits eine Mißgeburt zum Anlaß genommen, die sich 1522 in

Waltersdorf, einem Dorf nahe bei Freiberg, ereignete.[73] Wir wissen eben dank der Forschungen A. Warburgs[74], daß Luther obwohl er den Sternenglauben ablehnte, die Rechtmäßigkeit von mit Monstren oder Wunderzeichen zusammenhängenden Vaticinien einräumte; und das erklärt zur Genüge die Ernsthaftigkeit, mit der er den Kommentar zu dem Stich in eschatologischem Sinne abfaßte. Aber die von Saxl nicht erwähnte Tatsache, daß Luther auf eine ihm ungünstige Prophetie antworten mußte, mußte bei der Entscheidung, auf diese Ebene der Propaganda herabzusteigen, eine Rolle gespielt haben. Und dann: weshalb sollte man den Vergleich auf ein zwar wichtiges, aber in gewissem Sinne außergewöhnliches Zeugnis wie diesen Stich einschränken? Eine Paralleluntersuchung der beiden Holzschnitte Holbeins und zum Beispiel der Bildreihe *Passional Christi und Antichristi*, deren Kommentare wahrscheinlich von Luther selbst inspiriert worden waren und die als ein typisches Beispiel lutherischer Propaganda gelten können,[75] hätte offensichtlich andere Ergebnisse gezeitigt. Das von Cranach geschnittene *Passional* weist insgesamt weder »Derbheiten« noch Ungeheuerlichkeiten auf, die als Prophezeiungen gedeutet werden: diese typisch lutherischen Elemente so einzustufen, wie es Saxl macht, scheint zu einfach und oberflächlich in Anbetracht der Tatsache, daß hier nicht bestimmte psychologische Züge des Mannes Luther (»Derbheit«), sondern fest umrissene religiöse Positionen in Frage stehen, deren Verfechter sich von einem gewissen Augenblick an auf eine trennscharfe Auseinandersetzung (Erasmianertum, Luthertum) eingelassen hatten. Folglich ist der von Saxl vorgetragene Vergleich zwischen den beiden Holzschnitten Holbeins und dem Stich des Mönchskalb am Ende ein wenig zu schlagend, um überzeugend zu sein.

Aber die Interpretation der religiösen Position Holbeins als Anhänger des Erasmus ist richtig, und die Sicherheit, mit der Saxl diese an sich ziemlich zweideutigen Zeugnisse interpretiert, ist leicht erklärlich. Zunächst besitzen wir das berühmte Basler Exemplar des *Lobs der Torheit*, das der junge Holbein mit Federzeichnungen am Rande illustrierte.[76] Dann gibt es einen Holzstich, der auf 1522 zurückgeht und allgemein Holbein zugeschrieben wird, auf dem Luther in Gestalt des *Hercules Germanicus* dargestellt ist; daher ist er mit einem Löwenfell geschmückt und im Begriff, Aristoteles, den hl. Thomas, Occam und so weiter mit einer Keule zu prügeln, während ihm von der Nase ein Strick herabhängt, an dem er den Papst angebunden hält. Es stimmt, räumt Saxl ein, dieses Bild scheint in seiner »schmucklosen Rohheit« etwas von der charakteristischen *atrocitas* Luthers auszudrücken. Aber es »scheint« eben nur; das Bild und die Bildunterschrift in lateinischen Versen weichen charakteristischerweise voneinander ab. Letztere fordert den Leser nicht zum Kampf, sondern schlicht zur inneren Läuterung auf; und als ein Anhänger der Reformation wie Ulrich Hugwald das Flugblatt einem Freund schickte, brandmarkte er es bezeichnenderweise mit heftigen Worten und beurteilte es als Werkzeug der erasmianischen Propaganda, ja unterstellte sogar, daß Erasmus selbst sein Autor war.[77]

Ich habe es etwas sehr genau mit dem Vorgehen Saxls in diesem Aufsatz genommen, denn es ist in gewissem Sinn exemplarisch – exemplarisch für die mit einer Methode verbundenen Gefahren, auch wenn diese Methode von einem großen Gelehrten wie Saxl angewandt wird. Er kann nicht von sich sagen, daß er das Ziel, das er sich zu Beginn des Aufsatzes gesteckt hat (»ein historisches Problem mit den von der Kunstgeschichte bereitgestellten Mitteln angehen«), erreicht hat. Der Schlüssel zur Interpretation wird nicht schon durch die Kunstwerke geboten (auch wenn sie, ohne auf ihren ästhetischen Wert zu achten, betrachtet werden), sondern durch die *Bildunterschrift* zum *Hercules Germanicus.* Eben diese Bildunterschrift sowie die heftige Reaktion Hugwalds darauf erlaubt uns, mit soviel Sicherheit die Holzschnitte Holbeins als Ausdruck seiner erasmianischen Gesinnung zu interpretieren. Sie liefern uns in Ermangelung eindeutiger ikonographischer Hinweise (denn vom ikonographischen Gesichtspunkt aus kann man sie nur als unbestimmt antirömisch definieren) schlicht die Bestätigung für eine Interpretation, zu der man auf anderem Weg gekommen ist; daher stimmt es, daß die Bildanalysen wenig überzeugend erscheinen, denn sie stehen ganz am Anfang der Deutung. Um überzeugend zu sein, müßte der Gang der Interpretation umgedreht werden.

Der Aufsatz über Holbein ist von 1925; der über *Dürer and the Reformation* ist von 1948, dem Todesjahr Saxls. Es ist beachtenswert, daß er einleitend die Ziele der Forschung mit beinahe denselben Worten wie zwanzig Jahre zuvor eingrenzt: die Holzschnitte, die Propagandablätter und Pamphlete der Reformationsepoche sind nicht große Kunstwerke, sondern liefern uns einen »Spiegel« für die zeitgenössischen Haltungen.[78] Auf der anderen Seite dienen die Bildunterschriften, die Texte, die diesen Abbildungen beigefügt sind, lediglich als zusätzliche Bestätigung (»additional evidence«). Saxl beabsichtigt, die gleiche Methode auf das Werk eines großen Künstlers, Dürer, anzuwenden. Wir merken sogleich an, daß wir auch in diesem Fall über jenes sekundäre (»additional«) Quellenmaterial verfügen, das hier aus den Tagebuchnotizen Dürers besteht. Auch in diesem Aufsatz übernimmt diese Art von scheinbaren Hilfsquellen in Wirklichkeit eine zentrale Funktion für die von Saxl gegebene Interpretation.

In den Jahren um 1514 stellt Dürer in dramatischem und leidenschaftlichem Stil Themen dar, die aus der klassischen Antike übernommen worden sind, wie den Raub der Proserpina, oder aus den Evangelien, wie den Todeskampf Christi am Ölberg. Wie kommentiert Saxl sie? »Wir nähern uns langsam der existentiellen Krise Dürers«.[79] Wenig später ändert sich Dürers Stil – eine Madonna mit dem Kind von 1518 zeigt uns einen Dürer voller Anmut und Beschwingtheit. Aber bei dieser Zwischenphase hält sich Saxl nicht auf; er bleibt bei den Stichen der unmittelbar folgenden Periode (1519-1521). Wir wissen, daß sich Dürer 1519 den Lehrern Luthers annäherte und in seinen Briefen auf Luther mit Worten lebhafter Zustimmung anspielte.[80] Saxl stellt sofort den Reflex dieser religiösen Krise im Werk Dürers fest. In einem Stich von 1520 ist die Madonna mit dem Kind ohne Bewegung auf dem Hintergrund eines dramatischen Dämmerhimmels dargestellt:

»Diese Änderung des Stils Dürers erfolgt im Jahr, in dem er mit Luther in Berührung kam.« Es ist ein leiser Hinweis, der eher an eine Koinzidenz als an eine Verbindung zwischen den beiden Ereignissen denken lassen könnte. Aber kurz darauf ist Saxl bei der Beschreibung einer Zeichnung von 1521, die Christus am Ölberg darstellt, deutlicher: die Szene ist finster, die Landschaft öde, der Leib Christi ist auf dem Boden ausgestreckt und bildet ein Kreuz. »Die Zeichnung drückt den Gemütszustand Dürers aus; das Heil besteht in einer völligen Unterwerfung unter den Glauben. Die Krise ist überstanden und die Zeichnung hat vollkommene Klarheit, Fülle und Kraft.«[81]

Das Ziel dieser Analysen Saxls ist offenkundig, nämlich aus den Engpässen einer rein formalistischen »Lektüre« herauszukommen und das einzelne Kunstwerk als komplexe und aktive Reaktion (natürlich *sui generis*) auf die Ereignisse der Zeitgeschichte zu betrachten. Völlig zu recht: aber auch diesmal überzeugt die Methode Saxls – abgesehen von den erzielten Ergebnissen – nicht.[82] Es ist zu klar, daß es ganz willkürlich wäre, aus diesen erregten oder ruhigen Bildern unmittelbar die Wechsellagen der religiösen Entwicklung Dürers zu lesen; und diese Methode legitimiert sich nur durch die Existenz oder das Fehlen von Dokumenten anderer Art, die mißbräuchlich eingeführt werden. Wenn es Dokumente gibt, werden die Bilder psychologisierend oder »biographisch« gelesen; wenn sie fehlen oder nicht allzu beredt sind, zieht man sich auf einen mehr deskriptiven und weniger interpretierenden »Lektüre«-Typus zurück. Zuletzt riskiert man dabei Simplifizierungen, die Saxl explizit wahrscheinlich nie zugestanden hätte: brüchiger und erregter Stil / religiöse Krise im Anzug; dramatischer, aber kraftvoller Stil / religiöse Krise überwunden – und so weiter.

Die Schäden, die eine derartige »physiognomische«[83] Lektüre der bildlichen Dokumente anrichten kann, sind ziemlich offenkundig. Der Historiker liest darin das, was er *bereits* auf anderem Wege *weiß*[84] oder zu wissen glaubt und »beweisen« will. Letzteres ist bei Saxl natürlich nicht der Fall; aber die implizite Gefahr bei diesem Ansatz ist gleichermaßen deutlich. Solange man in den Siegeln, den Medaillen, den Fresken bloße Tatsachenangaben sucht[85], steht der Historiker vor relativ einfachen Problemen. Aber wenn eine behutsame und moderne Geschichtsschreibung – vielleicht in der Nachfolge Marc Blochs und seiner *Apologie der Geschichte*[86] – versucht, einer widerborstigen Vergangenheit »unfreiwillige« Zeugnisse über Mentalitäten und Gemütszustände zu entreißen, vervielfacht sich sozusagen die Gefahr, sich durch eine »physiognomische« Lektüre der bildlichen Zeugnisse in die berüchtigten »zirkulären« Argumentationen zu verstricken. Die mehr oder weniger bewußte Voraussetzung für diese Haltung des Interpreten ist natürlich die Zuversicht, daß die Kunstwerke im weiten Sinne eine Fülle an Informationen über die Mentalität und das Gefühlsleben eines vielleicht weit zurückliegenden Zeitalters liefern, die aus erster Hand stammen und *ohne Zwischenglieder* (das ist der Punkt) interpretierbar sind.[87]

Das Problem der unvermeidlichen »Zirkularität« der Interpretation – sei es in den Geisteswissenschaften oder in den Naturwissenschaften – ist von E. Wind in einem Aufsatz, der von E. Panofsky wiederaufgegriffen und vertieft worden ist, scharfsinnig und mit einem gewissen Willen zum Paradoxen angegangen worden.[88] Es stimmt, daß die den historischen Dokumenten innewohnende Dialektik so beschaffen ist, daß »die Informationen, die man mit Hilfe des Quellenmaterials zu erhalten sucht, vorausgesetzt werden müßten, um dieses adäquat zu interpretieren«; aber es stimmt auch, wie Panofsky unterstreicht, daß dies kein *circulus vitiosus* ist, denn »jede Entdeckung einer unbekannten historischen Tatsache und jede neue Interpretation einer bekannten ›paßt‹ entweder in die herrschende allgemeine Konzeption und bestätigt und bereichert sie dadurch, oder sie zieht eine subtile oder sogar fundamentale Änderung der herrschenden allgemeinen Konzeption nach sich und wirft damit neues Licht auf alles, was bisher bekannt war«.[89] Aber was geschieht, wenn diese Wechselbeziehung abbricht? Die »Zirkularität« wird zum *circulus vitiosus:* die erasmische Haltung Holbeins oder der Verlauf der religiösen Krise Dürers, die durch Quellenmaterial bekannt sind, werden stillschweigend vorausgesetzt und folglich mittels der Analyse der bildlichen Zeugnisse »bewiesen«.[90] Selbstverständlich kann eine solche Analyse – und muß möglicherweise – auf Zeugnisse anderer Art zurückgreifen, zum Beispiel auf die Reaktionen Hugwalds auf den *Hercules Germanicus* oder auf die Tagebücher Dürers; das Problem liegt darin: man muß sehen, wie in diesen Fällen die Beziehung zwischen »Überresten« (ital.: »monumenti«) und »Tradition« (ital.: »documenti«), zwischen »Primärquellen« und »Sekundärquellen« gelagert ist.[91]

Fazit: jene Möglichkeit, von den ikonographischen Angaben zum allgemeinen historischen Verständnis zu gelangen (was die Größe von Aufsätzen wie die über die Farnesina oder den Appartamento Borgia und so vieler anderer ausmachte), entfällt, wenn sich die ikonographische Angabe als unwichtig oder marginal herausstellt und die stilistischen Gegebenheiten an die erste Stelle rücken. Und wenn wir hier von »Stil« reden, sehen wir natürlich von allen Problemen der Wertung ab. Wir wollen einfach sagen, daß für den, der die Kunstwerke und allgemein die bildlichen Zeugnisse als eine historische Quelle *sui generis* betrachten will, sich die ikonographische Analyse in vielen Fällen als unzureichend erweisen kann; es stellt sich folglich das Problem der Beziehung zwischen ikonographischen und stilistischen Daten sowie der Relevanz der letzteren für eine allgemeine historische Rekonstruktion. Diese Probleme stehen seit einigen Jahrzehnten im Mittelpunkt der Überlegungen Panofskys, eines Gelehrten, der bekanntlich ein enger Freund und Mitarbeiter Saxls war.

5

Die Persönlichkeit und das Werk Panofskys würden eine umfassende Erörterung erfordern.[92] Hier beschränken wir uns darauf, in Beziehung zu den bisherigen Bemerkungen rasch die Bedeutung der Unterscheidung Panofskys zwischen Ikonographie und Ikonologie zu untersuchen, und verzichten, ein auch nur knappes Porträt dieses großen Gelehrten zu zeichnen; außerdem werden wir bewußt bei den Problemen verharren, die er offen gelassen, und nicht bei denen, die er tatsächlich gelöst hat.

Wir haben bereits gesehen, daß die ikonographischen Forschungen für A. Warburg nur einer der möglichen Zugänge zu den Problemen waren, die ihn bedrängten. In gewissem Sinn ergab eine rein ikonographische Forschung für Warburg keinen Sinn; die Wahl bestimmter Themen – der Tod des Orpheus zum Beispiel – war ebenso wichtig für die Rekonstruktion der Mentalität der florentinischen Gesellschaft des 15. Jahrhunderts wie der Stil, der zur Anwendung kam. Der Begriff *Pathosformeln* selbst – antikisierende stilistische Formeln, die sich sozusagen durch besonders gefühlsbetonte Themen und Situationen aufdrängten – verband in der Analyse eng Form und Inhalt.

Dieser Nexus, der in den Schriften Warburgs niemals analysiert oder in Zweifel gezogen wird, wurde von Panofsky in einem bestimmten Zusammenhang näher untersucht; es war die Auseinandersetzung mit Wölfflin und der ›formalistischen‹ (purovisibilistica) Forderung, »reine« Beschreibungen der Werke der bildenden Kunst zu liefern. Indem er einige Bemerkungen im Vorwort zu *Hercules am Scheidewege* von 1930[93] weiterentwickelte, zeigte Panofsky in einem Aufsatz, der zwei Jahre später unter dem Titel *Zum Problem der Beschreibung und Inhaltsdeutung von Werken der bildenden Kunst* erschien, daß sich selbst bei der elementarsten Beschreibung eines Gemäldes die Angaben zu Inhalt und Form unlösbar verschmelzen.[94] Panofsky wies auf die Unmöglichkeit einer »rein formalen« Beschreibung hin und streifte damit ein Problem (nämlich das der *Zweideutigkeit* jeder Abbildung), das wir im Mittelpunkt der Betrachtungen E. H. Gombrichs, in einem ganz anderen Kontext, finden werden.[95] Aber Panofsky lag etwas anderes am Herzen: die theoretische Rechtfertigung der eigenen ikonographischen Forschungen. In diesem Sinne unterscheidet er in Grünewalds *Auferstehung* 1) eine »vorikonographische« Schicht (»ein schwebender Mensch mit durchlöcherten Händen und Füßen«), die auf rein sinnliche Erfahrungen verweist; 2) eine ikonographische Schicht, die auf bestimmte literarische Kenntnisse angewiesen ist (in diesem Fall die entsprechenden Abschnitte der Evangelien) und 3) eine weitere – die höchste – Schicht, die Panofsky als *Region des »Wesenssinns«* definiert und die er in der Folge (in impliziter Anknüpfung an einige Überlegungen von G. J. Hoogewerff) »ikonologische« Schicht nennen wird.[96] Panofsky zeigt in sehr überzeugender Weise, daß auf jeder dieser Ebenen die Beschreibung die Interpretation voraussetzt; selbst auf der elementarsten und anscheinend unmittelbarsten Ebene setzt die Möglichkeit, den Christus Grünewalds als »einen in der Luft schwebenden Menschen« zu beschreiben, die Kenntnis bestimmter stilistischer Bezugspunkte voraus (in einer mittelalterlichen Miniatur könnte eine Figur, die sich im leeren Raum befindet, ebensogut ganz und gar keine Anspielung auf eine Verletzung der Naturgesetze sein). Aber wenn das Problem der Interpretation auf den ersten beiden Ebenen – der des »Phänomensinns« oder vorikonographischen und der der Bedeutung oder ikonographischen Ebene – generell zu keinen Einwänden Anlaß geben kann, ist bei der dritten Ebene, der des »Wesenssinns« oder der ikonologischen, ein anderer Diskurs notwendig; denn sie setzt die beiden anderen voraus und ist in gewisser Hinsicht deren Krönung.

»So nun, nur in viel tieferer und allgemeinerer Bedeutung«, schreibt Panofsky, »scheint uns auch den Hervorbringungen der Kunst über ihren Phänomensinn und über ihren Bedeutungssinn hinaus ein letzter wesensmäßiger Gehalt zugrunde zu liegen: die ungewollte und ungewußte Selbstoffenbarung eines grundsätzlichen Verhaltens zur Welt, das für den individuellen Schöpfer, die individuelle Epoche, das individuelle Volk, die individuelle Kulturgemeinschaft in gleichem Maße bezeichnend ist.« Deshalb »ist es auch die höchste Aufgabe der Interpretation, in jene letzte Schicht des ›Wesenssinnes‹ einzudringen. Sie hat erst dann ihr eigentliches Ziel erreicht, wenn sie die Gesamtheit der Wirkungsmomente (also nicht nur das Gegenständliche und Ikonographische, sondern auch die rein ›formalen‹ Faktoren der Licht- und Schattenverteilung, der Flächengliederung, ja selbst der Pinsel-, Meißel- oder Stichelführung) als ›Dokumente‹ eines einheitlichen Weltanschauungssinns erfaßt und aufgewiesen hat«.[97] Mit diesen Überlegungen rekapitulierte Panofsky den Kern seiner Erwägungen aus den vorangegangenen Jahren – insbesondere die zu Wölfflin und Riegl. Gegenüber der Kunstgeschichte als Geschichte des »Sehens« und den jeweiligen Gegenüberstellungen (»plastisch« – »linear« usw.), wie sie von Wölfflin formuliert worden war, hatte Panofsky eingewandt, daß solche Gegenüberstellungen »aus einem Ausdrucksstreben hervorgegangen (sind): aus einem der ganzen Epoche gewissermaßen immanenten Gestaltungs-Willen, der in einer grundsätzlich gleichen Verhaltensweise der Seele, nicht des Auges, begründet ist«.[98] Aber wie muß dieser »Gestaltungs-Wille« verstanden werden? Vielleicht als etwas dem Rieglschen *Kunstwollen* Analoges? In seiner Stellungnahme zu diesem Begriff klärte Panofsky die Implikationen seiner Aussage – und komplizierte sie in gewisser Hinsicht. Das *Kunstwollen* darf nicht auf eine individualpsychologische Wirklichkeit (auch wenn die Absichten des Künstlers bekannt sind, erklären sie nicht das Kunstwerk, sondern stellen ein »Parallelphänomen« dazu dar) und auch nicht auf die Psychologie einer gegebenen Epoche bezogen werden; es »kann nichts anderes sein als das, was (nicht für uns, sondern objektiv) als endgültiger letzter Sinn im künstlerischen Phänomene ›liegt‹. Von ihm aus können dann die formalen wie gehaltlichen Charakteristika des Kunstwerks nicht sowohl eine begriffliche Zusammenfassung, als vielmehr eine sinngeschichtliche Erklärung finden.«[99] Diese 1920 geschriebenen Worte verweisen präzis auf den bereits erwähnten Aufsatz von 1932 *Zum Problem der Beschreibung ...* und auf dessen Zusammenfassung, die das Vorwort zu den *Studien zur Ikonologie* bildet und aus dem Jahre 1939 stammt. Diese Kontinuität schließt Variationen wie auch wichtige Neuerungen keineswegs aus; so sehen wir, wie – unter dem Einfluß von Cassirer – im Vorwort zu den *Studien* neben dem Ausdruck

»Ikonologie«, der im Rahmen einer allgemeinen Glättung und Vereinfachung der Terminologie die Interpretation des »Wesenssinns« ersetzt, die »Geschichte *kultureller Symptome* oder ›Symptome‹ allgemein« als Rahmen oder »Korrektivprinzip« der ikonologischen Interpretation auftaucht.[100] Es handelt sich allerdings um eine sehr bedeutsame Kontinuität. Auch wenn Panofsky in seiner amerikanischen Zeit aufgehört hat, sich mit Kunsttheorie zu beschäftigen, und de facto die Dichotomie zwischen »(immanenter) sinngeschichtlicher Erklärung« (in der Folge – 1932 – »Interpretation des ›Wesenssinns‹«, schließlich – 1939 – »Ikonologie«) und Kunstgeschichte fallengelassen hat, die er im Aufsatz über das *Kunstwollen* von 1920 vertreten hat[101], bleibt zweifelsohne auch in den ausgereifteren und mehr mit der konkreten Forschung verwachsenen Formulierungen der Einleitung zu den *Studien* eine Spur der Transzendentalphilosophie der Kunst, die die theoretischen Aufsätze der deutschen Zeit durchzieht.[102]

Aber von Interesse ist vor allem die Art und Weise, in der Panofsky das wirklich großartige Programm, das er in dem Aufsatz *Zum Problem der Beschreibung ...* formulierte, zu realisieren versucht hat. Die in den *Studien zur Ikonologie* gesammelten Aufsätze, denen eine organische Darlegung der Ziele der ikonologischen Methode im Unterschied zur ikonographischen vorangeht, geben eine erste Antwort. Sie haben einen sehr großen Einfluß auf die amerikanische künstlerische Kultur ausgeübt und eine wahrhaft »ikonologische« Mode geschaffen. Einige Kritiken, die dagegen erhoben wurden, haben, auch wenn sie zu recht vor einer willkürlichen Ausweitung der ikonographischen Methode warnten (auch im 16. Jahrhundert wurden Bilder gemalt, die wir als »Genre« bezeichnen könnten, bei denen eine Forschung nach Bedeutungen und mythologischen Anspielungen oder solchen anderer Art offensichtlich fehl am Platz ist), weder die Gültigkeit der Methode selbst noch ihre eigentlich ikonologischen Implikationen in Frage stellen können.[103] Es war dagegen Panofsky selbst, der sich schließlich vorwiegend ikonographischen Forschungen widmete und nicht selten die Besinnung auf die Einheit der verschiedenen Aspekte des Kunstwerks (ikonographische, stilistische usw.) außer acht ließ, was die spezifische Aufgabe des Ikonologen hätte sein müssen.

Letztlich verschmilzt nur einer der Aufsätze, die in die *Studien zur Ikonologie* einflossen – der letzte: *Die neoplatonische Bewegung und Michelangelo* (S. 251-304) – die Analyse einiger grundlegender ikonographischer Motive mit einer vertieften Untersuchung des Stils, die, wenn ich nicht irre, einige Motive der formalistischen Kritik wiederverwertet. Auf beiden Ebenen, der stilistischen und der ikonographischen, erfaßt Panofsky einen Widerspruch, der entweder dem Individuum Michelangelo oder seiner ganzen Zeitepoche eigen ist, nämlich den zwischen klassischem und religiösem Ideal. Es ist ein methodologisch sehr eindrucksvoller Versuch; dennoch kann sich der Leser nicht des Eindrucks einer gewissen Gekünsteltheit erwehren. Wenn *alles* – von der Art der Schraffierung, die bei den Zeichnungen verwendet wird, bis hin zur Wahl der ikonographischen Themen – diesen fundamentalen Widerspruch ausdrücken muß, kann der Forscher dazu verleitet werden, entweder unwillkürlich die Texte überzustrapazieren (siehe gewisse psychoanalytische Annahmen zur Persönlichkeit Michelangelos, die etwas gewagt sind)[104] oder das Quellenmaterial, das nicht in das vorab gewählte Interpretationsschema paßt, auszuscheiden. Es ist bezeichnend, daß Panofsky, als er den Sieg des christlichen Ideals in den Werken Michelangelos nach 1534 zeigt, willentlich die Büste des Brutus übergeht, insofern sie eher politisches Dokument »als Manifestation künstlerischer Neigungen«[105] ist; er betrachtet sie damit als Ausnahme. Aber selbst wenn das richtig wäre, weshalb müßte der politische Michelangelo weniger relevant sein als der religiöse? Wäre diese Wahl nicht eine Folge einer grundlegenden interpretativen Alternative, die rational nicht recht begründet und letzten Endes einseitig ist? Man beachte, daß Panofsky sich vollkommen der »subjektiven und irrationalen« Natur der Herangehensweise des Ikonologen bewußt ist: »Wenn wir die Grundprinzipien erfassen möchten, die sowohl der Wahl und der Darstellung von Motiven wie auch der Herstellung und Interpretation von Bildern, Anekdoten und Allegorien zugrunde liegen und die sogar den angewandten formalen Anordnungen und technischen Verfahren Bedeutung verleihen, können wir nicht darauf hoffen, einen einzelnen Text zu finden, der mit jenen Grundprinzipien so übereinstimmt, wie Johannes 13,2 ff. mit der Ikonographie des letzten Abendmahls übereinstimmt. Um diese Prinzipien zu erfassen, benötigen wir eine geistige Fähigkeit, die derjenigen eines Diagnostikers vergleichbar ist – eine Fähigkeit, die ich nicht besser beschreiben kann als durch den ziemlich in Mißkredit geratenen Ausdruck ›synthetische Intution‹ und die in einem begabten Laien besser entwickelt sein kann als in einem belesenen Gelehrten.«[106] Er sieht die Gefahren dieses Appells an die Intuition und fordert deren Kontrolle auf Grundlage »von Dokumenten, die Zeugnis ablegen über die politischen, poetischen, religiösen, philosophischen und gesellschaftlichen Tendenzen der Person, der Epoche oder des Landes, die zur Debatte stehen«.[107] Es ist klar, daß ein Ansatz dieser Art zumindest prinzipiell in der Lage ist, der Gefahr zu entgehen, wie sie beispielhaft bei Saxl belegt wurde, nämlich in den darstellenden Zeugnissen das zu lesen, was man auf einem anderen Weg erfahren hat. Dennoch ist vielleicht die Annahme nicht völlig gewagt, daß bei Panofsky in den letzten Jahrzehnten ein leichtes Mißtrauen der eigentlich ikonologischen Methode gegenüber eingetreten ist. Als beredtes Symptom bietet sich uns – neben der immer deutlicheren, auch in einigen neueren Studien feststellbaren Neigung zu rein ikonographischen Untersuchungen eine von Panofsky am Neudruck (1955) des einleitenden Aufsatzes zu den *Studien zur Ikonologie* angebrachte Korrektur an. Der Gegenstand der Ikonologie, hatte er geschrieben, stellt sich dar durch jene »zugrunde liegende Prinzipien, die die Grundeinstellung einer Nation, einer Epoche, einer Klasse, einer religiösen oder philosophischen Überzeugung enthüllen, unbewußt modifiziert durch eine Persönlichkeit und verdichtet in einem einzigen Werk«; im Neudruck ist das Wort »unbewußt« weggelassen.[108] Das geht zweifellos in die jüngste Neubewertung des Beitrags von rationalen und bewußten »Programmen« zur künstlerischen Tätigkeit ein, die Panofsky de facto vollzogen hat. Diese Neubewertung ist von O. Pächt in einer wichtigen Rezension zu dem Werk Panofskys *Early Netherlandish Painting* hervorgehoben worden.[109] Auch wenn Pächt natürlich die große Bedeutung der ikonographischen Untersuchungen anerkennt, beklagt er die Tendenz Panofskys, die ikonologische Perspektive aufzugeben und die vom Künstler bewußt in sein Werk hineingetragenen Ideen als geeigneten Schlüssel zu betrachten, um das Werk selbst zu interpretieren. Er erwähnt polemisch, daß für den Panofsky von 1920 (denjenigen des Aufsatzes über das *Kunstwollen*) die Aussagen, die bewußt formulierten Absichten des Künstlers – die explizite »Poetik« würden wir sagen – keineswegs das Kunstwerk erklärten, sondern einzig als Parallelphänomen dazu, wenngleich als höchst interessantes, betrachtet werden konnten. Daß sich Pächt auf die »intrinsic, inner meaning« versteift, die nur durch eine ikonologische Betrachtungsweise zu erfassen wäre, mag ein wenig unverständlich scheinen; sehr klar und sehr überzeugend ist dagegen die Forderung nach einer methodologischen Koordinierung der ikonographischen und der stilistischen Herangehensweise. Die ikonographischen Forschungen sind äußerst wichtig und gewinnbringend: es hat nicht viel Sinn, das noch weiter zu betonen. Aber wenn sie sich so geben, als seien sie für sich genügend und ausreichend, das Kunstwerk nach allen Seiten hin zu interpretieren, wird die stilistische Analyse und die ästhetische Bewertung schließlich in die Hände derer fallen, die die widerlichste und abgeschmackteste impressionistische Kritik befürworten.

6

Wir haben gesehen, daß die bei der Untersuchung einiger Schriften Saxls zutage getretene Schwierigkeit, die bildlichen Zeugnisse – ausgehend von der Prüfung des Stils – als historische Quellen zu benutzen, in einigen Fällen nicht einmal mithilfe der von Panofsky ausgearbeiteten ikonologischen Methode überwunden wird. Die Irrationalität der Vorgehensweise des Ikonologen (auch wenn sie durch den Vergleich mit möglichst verschiedenartigem und weit ausholendem Quellenmaterial entdämonisiert worden ist) schafft erneut die Gefahr, in einen argumentativen »Zirkel« zu geraten. Hier berühren wir vielleicht eine grundlegende Aporie der historiographischen Erkenntnis; in jedem Fall ist anzumerken, daß eine radikale Lösung der bereits erwähnten Schwierigkeit von E. H. Gombrich im Rahmen einer Reihe von Überlegungen zum Problem des Stils gegeben worden ist, die ihn zu äußerst interessanten, wenn auch, glaube ich, von Widersprüchen nicht freien Positionen geführt haben.

Gombrich, der 1909 geboren wurde (also neunzehn Jahre jünger als Saxl und dreiundvierzig Jahre jünger als Warburg) und Schüler von Julius von Schlosser war, trat dem Institut Warburg, dessen Direktor er gegenwärtig ist, kurz vor der Invasion Wiens durch die Nazi-Truppen bei. In einem Aufsatz von 1945 verweist er mit einer gewissen Distanz, mit der er über die ikonologische Methode redete, auf »Warburg und dessen Anhänger«[110]; und sicher stehen seine Ausbildung und seine Interessen unter einem großenteils anderen Vorzeichen als sagen wir die eines Saxl, auch wenn man natürlich dessen Annäherung an den Wiener Kreis, die Mitarbeit Schlossers an den *Vorträgen* der Bibliothek Warburg und die Zugehörigkeit von O. Kurz (eines Schülers von Schlosser) zur Warburg-Equipe und so weiter erwähnen muß.[111]

Gombrichs Bindungen an den Wiener Kreis und allgemein an das kulturelle Ambiente Wiens erscheinen als ziemlich eng. Auch jener lebendige Bezug zwischen Interpretation der Kunst der Vergangenheit und gegenwärtiger künstlerischer Kultur, die – nicht ohne einige Deformationen[112] – das Werk eines Wickhoff, eines Riegl oder eines Dvořák charakterisiert hatte, findet sich – wenn auch mit sozusagen negativem Vorzeichen – in Gombrichs Schriften wieder. Wir werden bald sehen, in welchem Sinn das verstanden werden muß. Für jetzt soll nur ein wesentliches Merkmal der Persönlichkeit Gombrichs als Wissenschaftler hervorgehoben werden: seine vorwiegend theoretischen Interessen. Es handelt sich natürlich um eine Theorie, die abstrakte oder unklare Klügeleien, Allgemeinplätze oder Spitzfindigkeiten, die reiner Selbstzweck sind, absolut meidet[113] und die sich auf Schritt und Tritt in Beispielen und sehr präzisen und ausführlichen Analysen konkretisiert. Aber es ist bezeichnend, daß auch historische und nicht kunst-»theoretische« Aufsätze wie *Botticelli's Mythologies* oder *Icones Symbolicae* von einem theoretischen Problem ausgehen – der Zweideutigkeit der Gestalten Botticellis, die der Betrachter aufzulösen sucht, indem er um sie herum völlig willkürliche »physiognomische« Interpretationen aufbaut, oder der Unklarheit in der Beziehung zwischen Symbol und Darstellung bei den Allegorien der Renaissance und des Barock.[114]

Der zweite Band der bereits erwähnten *Bibliography of the Survival of the Classics*, der 1938 in London erschien, wird von einer Rezension des jungen Gombrich zur Sammlung der Schriften Warburgs eröffnet. In sehr abgewogener Weise bemerkte Gombrich, daß das Werk Warburgs trotz seiner beträchtlichen Implikationen auf der methodischen Ebene keinen systematischen Charakter hatte. Vor allem insistierte er auf der Tatsache, daß Warburg, statt sich mehr oder weniger zufälligen »geistesgeschichtlichen Parallelen« (im Original deutsch, d. Ü.) hinzugeben, verschiedene Wissenschaftsbereiche zusammengebracht hatte (Geschichte des Stils, Soziologie, Religions- und Sprachgeschichte), um durch die Rekonstruktion konkreter Beziehungen einzelne und begrenzte Probleme zu lösen. Dies war keine neue Beobachtung; auch Wind hatte sich – freilich flüchtig – in seiner Polemik gegen Dilthey bei diesem Punkt aufgehalten.[115] Dennoch handelte es sich bei Gombrich um eine Bemerkung voller Implikationen. In seiner im gleichen Band erschienenen Rezension des Aufsatzes von Panofsky und Saxl *Classical Mythology in Medieval Art*, bei dem wir uns schon aufgehalten haben, würdigte Gombrich die Forschung in umfassender Weise und bemerkte dabei, daß in manchen Fällen der Zweifel aufkomme, ob die Autoren nicht genetische Verknüpfungen, d. h. Herkunftsbeziehungen oder philologisch rekonstruierbare Abhängigkeitsbeziehungen durch einfache Analogien oder »geistesgeschichtliche Parallelen« ersetzten – ein Ausdruck, der selbstverständlich die Rezension zu den Schriften Warburgs einige Seiten zuvor in Erinnerung ruft. Eine dieser Parallelen »geisteswissenschaftlichen« Typs, die Gombrich hervorhob, war die (für Panofsky, wie wir gesehen haben, sehr wichtige) Analogie zwischen der Entdeckung der Linearperspektive und der Entstehung der Dimension des Historischen durch die neue in der Renaissance hergestellten Beziehung zur Antike.[116] Mit dieser nicht ganz unbegründeten Kritik stellte er eine richtige methodische Forderung auf und wies damit die zu leichtfertigen Parallelismen und historisch-kulturellen Analogien zurück; dennoch leugnete er am Ende die Möglichkeit der Rekonstruktion allgemeiner historischer Verknüpfungen überhaupt. Auf Grundlage welchen Quellenmaterials – so könnten wir Gombrich fragen – ist es dem Forscher erlaubt, eine Verbindung zwischen der Entdeckung der Linearperspektive und dem Entstehen eines historischen Bewußtseins im Zeitalter der Renaissance herzustellen? Vielleicht auf der Grundlage eines Zeugnisses, das beide Phänomene in ein und derselben Persönlichkeit aufweist – sagen wir in einer Schrift Brunelleschis oder Paolo Uccellos, die mit bewußter »historischer« Distanz auf die Antike, auf die *sacrosancta vetustas* verweist? Strenggenommen könnte auch ein Zeugnis dieses Typs als unzureichend betrachtet werden: es bleibt eben eine Parallele, eine *geistesgeschichtliche* Analogie, auch wenn sie sich auf ein Individuum und nicht auf eine Gesellschaft bezieht. Das einzig wirklich entscheidende Zeugnis wäre also dasjenige, das das *bewußte Wissen* der Analogie zwischen Entdeckung der Linearperspektive und der Entstehung einer historischen Dimension bei den Menschen des 15. Jahrhunderts dokumentieren würde. Je nach Fall beschränkt sich die Betrachtung schließlich entweder auf individuelle *Koinzidenzen,* ohne zu einer erweiterten Sichtweise zu gelangen, oder darauf, die Ansichten zu teilen, die die Menschen der diversen Zeitalter von sich selber gehabt haben. Denn es ist klar, daß der Historiker Verbindungen, Beziehungen, Parallelen zieht, die nicht immer *direkt* dokumentiert sind, d. h. es in dem Maße sind, in dem sie sich auf Phänomene beziehen, die einem gemeinsamen ökonomischen, sozialen, politischen, kulturellen, mentalen Zusammenhang entspringen – ein Zusammenhang, der sozusagen als *terminus medius* der Beziehung funktioniert.[117] Es ist die Existenz des florentinischen Humanismus des 15. Jahrhunderts mit all seinen Spezifizierungen und Implikationen, der es dem Historiker prinzipiell erlaubt, eine Beziehung zwischen Entdeckung der Linearperspektive und Entstehung eines historischen Bewußtseins im modernen Wortsinn herzustellen. Ohne diesen impliziten Bezug auf die humanistische Kultur des 15. Jahrhunderts hätten wir nur eine formale, inhaltsleere Analogie (Distanz zwischen Auge und Objekt – Distanz zwischen Individuum und Ereignissen in der Vergangenheit) – und deshalb eine irrelevante Analogie.

Um den Rahmen und die Implikationen dieser von Gombrich vorgebrachten Kritik zu verstehen, müssen wir auf einen beinahe gleichzeitigen Aufsatz von ihm,

Wertprobleme und mittelalterliche Kunst, zurückgreifen. In der Sammlung einer Gruppe von Aufsätzen zur *Kunsttheorie* von 1963 veröffentlichte ihn Gombrich wieder – als wolle er die innere Kohärenz seiner Arbeit im Laufe von beinahe dreißig Jahren unterstreichen.[118] In diesem Aufsatz, der seinen Ausgangspunkt bei einer Studie E. von Gargers hatte, bezieht Gombrich energisch Position gegen eine *physiognomische* Interpretation des nicht-naturalistischen Charakters der mittelalterlichen Kunst. Wie wir es beim Anblick und den Veränderungen einer Physiognomie – so erklärt er – gewohnt sind, unmittelbare Folgerungen über den Geisteszustand, die Gefühle, die Umstände der Person zu ziehen, die uns gegenüber steht, so schließen einige Forscher aus dem Zwang, dem die Künstler des Mittelalters die Formen unterwarfen, um sie an bestimmte Schemata anzupassen, auf »ein analoges Bedingtheitsgefühl ihrer Schöpfer in der Welt«. Es ist dies eine anscheinend verfeinerte interpretatorische Haltung, in Wirklichkeit aber ist es analog zu der Haltung dessen, der die Abwendung vom Realismus in der Kunst als Abwendung von der Welt interpretiert und in der sogenannten »Transzendenz« der mittelalterlichen Kunst einen unmittelbaren Reflex der Position sieht, die die zeitgenössische Philosophie der Transzendenz gegenüber einnahm. Abzulehnen ist nicht, behauptet Gombrich entschieden, die Annahme einer derartigen Haltung in der mittelalterlichen Mentalität, sondern die Problemlosigkeit, die Unmittelbarkeit der Parallele, die er in die Nähe der soziologischen Verallgemeinerungen bringt, die seinerzeit von Taine vorgetragen worden sind.[119]

Die Polemik Gombrichs hat zwei Ziele, die miteinander verflochten, aber auch (hier freilich nicht allzu klar) unterschieden sind. An erster Stelle die Auffassung des in einer historischen Periode vorherrschenden Kunststils als Ausdruck eines »hypostasierten Massenwesens« – beinahe wie ein »Überkunstwerk«, das ein »Überkünstler« ausgeführt hat –, eine Auffassung, die Gombrich zufolge ein Überrest der romantischen Geschichtsphilosophie ist. An zweiter Stelle die Auffassung des Stils als einem »vollständig expressiven System«.[120] Beim ersten Punkt klingen hier wahrscheinlich die Positionen des Philosophen und Epistemologen K. R. Popper an, dem Gombrich, wie er mehrmals betont hat, verpflichtet ist.[121] Die antihistorizistische Polemik Poppers, die sich Gombrich bald zu eigen machte – er verweist in diesem Aufsatz auf den »Historismus der ›expressionistischen‹ Kunstgeschichte« und lehnt ihn ab –, kehrt dann sehr oft und mit äußerst scharfen Akzenten in den folgenden Schriften wieder. Sie richtet sich insbesondere gegen Riegl und seine Interpreten, an erster Stelle H. Sedlmayr.[122] Diese Polemik ist unzweifelhaft sehr gerechtfertigt, wenn sie dazu auffordert, die einzelnen Kunstwerke einer spezifischen Prüfung zu unterziehen, ohne sich mit allzu bequemen und allgemeinen »Erklärungen« zufriedenzugeben, die in Wirklichkeit nichts erklären; aber sie birgt die Gefahr in sich, das Kind mit dem Bade auszuschütten, nämlich die Verbindung zwischen den Phänomenen der Kunst und der Geschichte zu kappen oder zumindest – infolge der Ablehnung des minderwertigeren Historismus – zu lockern. Der »Zeitgeist« ist doch immer noch ein – wenn auch annäherungsweiser und mythologischer – Versuch, ein reales Problem zu beantworten, nämlich das Problem, welche Verbindungen zwischen den verschiedenen Seiten der historischen Realität bestehen (dies abgesehen von der Tatsache, daß es Gombrichs Polemik, die vor allem gegen Hegel und seine Anhänger gerichtet ist, in Wirklichkeit vor allem mit Verallgemeinerungen in der Art Diltheys zu tun hat).[123]

Das gleiche kann zum zweiten Ziel der Polemik Gombrichs gesagt werden. Sehr zu recht lehnt er die »expressionistischen« Interpretationen der Kunst der Vergangenheit ab, die er, wie wir gesehen haben, in einem früher zitierten Abschnitt verurteilt hatte. Wenn man den erregten Stil gewisser mittelalterlicher Miniaturen (die nicht zufällig von einer gewissen modernen Kritik als Beispiele »expressionistischer« Kunst ästhetisch »neubewertet« worden sind) interpretiert, als seien es Zypressen, die von Van Gogh in einen Wirbel von Linien verwandelt worden sind, bedeutet das, jener Geschmacksverirrung nachzugeben, bei der nicht das einzelne Kunstwerk bewertet wird, sondern bei der man *unmittelbar* auf die Sprache reagiert, in der es ausgedrückt ist – und dabei wird die Sprache betrachtet, »als sei sie an sich Kunstwerk«.[124] Dies ist eine antihistorische Verzerrung, da man sich dabei weigert, das Kunstwerk im Kontext der zeitgenössischen stilistischen Konventionen zu sehen. Die Polemik Gombrichs hat hier sehr tiefreichende Wurzeln, denn damit geht er offensichtlich über den Expressionismus als historisch determinierter Bewegung hinaus. Abgelehnt wird die Überlagerung der Kunst der Vergangenheit mit einer in neuerer Zeit entstandenen Konzeption der Kunst als notwendigem Bruch mit der Tradition, der Kunst als *unmittelbarem* Ausdruck der Individualität (oder vielleicht dem Unterbewußten) des Künstlers.[125] Gombrich verfolgte diese Linie sehr kohärent und gelangte schließlich in Auseinandersetzung mit jeder Ästhetik »romantischen« Typs zu der Aussage, daß das Kunstwerk weder als ein »Symptom« noch als ein »Ausdruck« der Persönlichkeit des Künstlers betrachtet werden dürfe[126], sondern als Mittel zur Übertragung einer besonderen Botschaft betrachtet werden müsse; diese kann vom Betrachter in dem Maße verstanden werden, in dem er die möglichen Alternativen und den ausdrucksmäßigen Kontext kennt, in dem die Botschaft angesiedelt ist.[127] Diese – wenn auch vorsichtige – Zustimmung zu einer wohl definierten Strömung der zeitgenössischen Ästhetik[128], impliziert bei Gombrich eine grundsätzlich kritische Haltung gegenüber einem Teil der Voraussetzungen der bisher betrachteten Studien.

Denn worauf gründete die mehrmals erwähnte Kritik an Panofskys und Saxls Beitrag? Auf der Weigerung, eine Verbindungslinie »physiognomischer« oder »expressiver« Art zu ziehen – und das soll heißen, direkt von bestimmten formalen Eigenschaften der Gemälde des Quattrocento, die mit der Entdeckung des perspektivischen Raumes zusammenhängen, auf die allgemeine Haltung dieser Gesellschaft oder von denjenigen Gruppen, die dieser Gesellschaft angehören, der Realität gegenüber (Entstehung eines historischen Bewußtseins im modernen Sinn) rückzuschließen. Sie impliziert natürlich auch die Weigerung, die Kunstwerke Brunelleschis, Paolo Uccellos usw. als *Symptome, Ausdrücke* einer bestimmten allgemeinen Haltung, einer – wenn man will – Weltanschauung zu betrachten. Und damit knüpfen wir wieder bei den »antiromantischen«, »antiexpressionistischen« Positionen an, die Gombrich in jüngster Zeit formuliert hat.[129] An dieser Stelle wird ganz deutlich, daß Gombrichs Positionen eine Ablehnung der Legitimität der Panofskyschen Ikonologie implizieren – der Ikonologie, und wohlgemerkt nicht der Ikonographie.

Nehmen wir den Aufsatz Panofskys *Die neoplatonische Bewegung und Michelangelo* wieder auf. Nachdem er den Stil Michelangelos analysiert hat und bevor er zur Untersuchung der ikonographischen Dokumente übergeht, die die Bedeutung des Neoplatonismus für diesen Künstler und allgemein die historische Bedeutung seiner Persönlichkeit klären, schreibt Panofsky – und es handelt sich offensichtlich um einen entscheidenden Abschnitt: »Alle diese Stilprinzipien und technischen Gewohnheiten haben eine mehr als formale Bedeutung: sie sind symptomatisch für das Wesen der Persönlichkeit Michelangelos.«[130] Und tatsächlich: die Art der Schraffierung auf den Zeichnungen oder die Art der Meißelführung am Stein, die Michelangelo anwendet, *drücken* für Panofsky die Tiefenschicht der Persönlichkeit des Künstlers aus, sind *Symptome* für sie; mehr noch: sie sind es auch für den generellen historischen Gegensatz zwischen klassischem Ideal und christlichem Ideal in der Renaissance, der von einem außergewöhnlichen Individuum in offensichtlich exzeptioneller Weise erlebt wurde. Aber es ist klar, daß sich diese Art Ableitungen auf eine »physiognomische« Interpretation der Kunstwerke stützt – im vorliegenden Fall der Werke Michelangelos und der »mehr als formalen« (und von »mehr als individueller Bedeutung«) stilistischen Gegensätze, die sie Panofsky zufolge charakterisieren – und auf die damit verbundene Auffassung vom Stil als »vollständig expressivem System«; und das lehnt Gombrich ab.[131] Diese Ablehnung verbindet sich bei Gombrich mit einem sehr wachen Mißtrauen gegenüber dem Versuch (der, wie wir gesehen haben, die Forschungen Warburgs und seiner Anhänger beeinflußt hatte), Kunstwerke und allgemein bildliche Zeugnisse, die unter dem Aspekt des Stils betrachtet werden, als Quelle für die historische Rekonstruktion ganz allgemein zu verwenden.

Als Gombrich zu recht in sehr scharfen Worten über die *Sozialgeschichte der Kunst und Literatur* von A. Hauser sprach, die auch italienischen Lesern wohlbekannt ist[132], warnte er vor den »ständigen Gefahren der Geistesgeschichte, . . . dem *Zeitgeist* einer Epoche die physiognomischen Charakterzüge zuzuschreiben, die die herrschenden künstlerischen Typen dieser Zeit zur Schau tragen«.[133] Und in der – ebenfalls nicht wenig kritischen – Rezension zu A. Malraux *Stimmen der Stille* wiederum, die den bezeichnenden Titel *André Malraux und die Krise des Expressionismus* trägt, hat Gombrich hervorgehoben, daß die Hauptdarsteller der Kunstgeschichte für Malraux »jene fiktiven Hyperkünstler (sind), die wir Stile nennen« – Stile, die ihrerseits den Geist der entsprechenden historischen Perioden »ausdrükken« – und zwar aus dem unkritischen Glauben heraus (bemerkt Gombrich weiter), daß »die bildenden Künste uns einen unmittelbaren Zugang zur Mentalität von

Kulturen verschaffen könnten, die uns sonst verschlossen wären«.[134] Diese Warnung kehrt zusammen mit derjenigen, die mit dem »physiognomischen Trugschluß« in Verbindung steht, in der Antrittsvorlesung wieder, die er bei der Übernahme der Durning Lawrence Lehrkanzel für Kunstgeschichte am University College der Universität London im Jahre 1957 hielt.[135] Historiker wie J. Huizinga und E. R. Curtius, bemerkt Gombrich, haben vor einer solchen Gefahr gewarnt; und Huizinga, fügen wir hinzu, mußte sich dessen wohl bewußt gewesen sein, wenn er gestand, er sei durch das »Bedürfnis, die Kunst der Brüder van Eyck und derer, die ihnen gefolgt waren, besser zu verstehen und sie im Zusammenhang mit dem Leben ihrer Zeit zu erfassen«, veranlaßt worden, den *Herbst des Mittelalters* zu schreiben – nur führte er dann als eine der bevorzugten Quellen Jan van Eyck ein, weil der »den Geist jener Zeit in exemplarischer Weise wiederspiegelte«, und hat sich damit in einen typischen Zirkelschluß verwickelt.[136]

Es ist folglich leicht verständlich, daß Gombrich in der eben zitierten Antrittsvorlesung die Kunsthistoriker davor warnt, »in den Stilen vergangener Epochen nur den Ausdruck des Zeitgeistes, des Volksgeistes oder der Klassensituation« zu sehen (das Aneinanderrücken der beiden letzteren Ausdrücke ist charakteristisch für die ideologischen Vorannahmen des Autors); aber man hat den deutlichen Eindruck, daß dieses beständige Pochen ein geringes Interesse oder besser ein beträchtliches Mißtrauen gegenüber der Untersuchung der Verbindungen zwischen Kunstwerken und historischer Situation, in der sie entstehen, impliziert. Wir erinnern im Gegensatz dazu an den Ausspruch Saxls in einer Schrift, in der er auf dem Hintergrund der erneuten Problematisierung der modernen künstlerischen Historiographie eine Art kultureller Autobiographie von der positivistischen Gelehrsamkeit zu Wölfflin und zu Warburg nachzeichnete; nachdem er sich einmal die Lehre Wölfflins einverleibt hatte, »bestand das Hauptproblem meiner Ansicht nach darin, die Kunstgeschichte mit anderen Zweigen der Geschichte, der Politik, der Literatur, der Religion, der Philosophie, in Beziehung zu setzen«.[137] Zwar versäumt es auch Gombrich nicht – wie zum Beispiel in der Rezension zum Buch Hausers –, zu bemerken, daß es ein »mentales Klima, eine Haltung (gibt), die Gesellschaften und historische Perioden durchziehen«, weshalb die Kunst und die Künstler unvermeidlich auf die Veränderung der »vorherrschenden Werte« reagieren; aber nachdem er dieses – in Wahrheit recht allgemeine – Zugeständnis gemacht hat, kehrt er zu dem zurück, was ihm mehr am Herzen liegt: »wir wissen, daß ein Kunststil in Wirklichkeit ein recht fragwürdiges Symptom geänderter sozialer Verhältnisse oder geistiger Haltungen ist.«[138] Nach dem, was wir bis jetzt festgestellt haben, ist es unmöglich, die Triftigkeit dieses Schlusses nicht anzuerkennen. Aber zweifellos ist das Terrain, auf das uns Gombrich geführt hat, zwar fester, aber auch kahler.

7

Und dennoch scheint es, daß sich ein Ausweg aus der Gefahr, die in allzu schnellen und unmittelbaren Verbindungen in beiderlei Hinsicht zwischen historischer Situation und künstlerischen Erscheinungen besteht, über die ikonographischen Forschungen anbieten müßte. Im Unterschied zu den stilistischen Fakten stellen die ikonographischen Daten ein unzweideutig vermittelndes Element zwischen einer bestimmten kulturellen, religiösen oder politischen Umwelt und dem Kunstwerk dar; unzweideutig, d. h. objektiv kontrollierbar. Es ist sicher kein Zufall, daß Warburg und noch mehr Saxl eben auf dieser Art von Untersuchungen bestanden. Nun bezieht Gombrich in der bereits zitierten Antrittsvorlesung von 1957 Position gegenüber den ikonographischen Forschungen. Zum Anlaß nimmt er einen Artikel, in dem A. Momigliano zuerst die großen Meinungsverschiedenheiten hervorgehoben hatte, die zwischen den Gelehrten auftauchen, wenn es sich darum handelt, Bildmaterial zu interpretieren, um dann ein Buch von E. R. Goodenough über Philo zu kritisieren: dieser habe auf dieser Basis zu einem zirkulären Argument gegriffen (»G. will eine alte These über Philo bestätigen, indem er Bildmaterial interpretiert und dabei seine Philo-Interpretation bereits voraussetzt«).[139] Nun sagt Gombrich, ein Beispiel, wie man ähnliche Zirkel aufbrechen könne, sei eben von Warburg mit seinem berühmten Aufsatz über das Testament des Francesco Sassetti gegeben worden; in seinen Fußstapfen lernte man, Verbindungen mit »finsteren astrologischen Formen des Aberglaubens oder philosophischen Verlegenheiten« zu suchen, wo man bisher nur Bilder von heiteren Prozessionen gesehen hatte. In dieser Fähigkeit, die historischen Interpretationen, zu denen man unkritisch gekommen sei, zu zerstören und wieder neu zu formulieren, und nicht (das ist charakteristisch) in der Einordnung der Kunstwerke in einen allgemeinen historischen Kontext, besteht Gombrich zufolge die »Warburg-Methode«, die von Saxl zur Vollendung gebracht worden sei.[140] Aber jetzt – setzt er nicht ohne Ironie fort – laufe die Ikonologie (ein Ausdruck, den Gombrich hier und an anderer Stelle synonym zu Ikonographie gebraucht[141]) ihrerseits Gefahr, in zirkuläre Argumentationsweisen – wenn auch mit umgekehrtem Vorzeichen – zu verfallen; und zwar nicht-existente platonisierende Allegorien in Bilder der Renaissance zu projizieren, die nur eine heitere Sinnlichkeit ausdrücken. Wenn an dieser Stelle – und hier bleibt Gombrich bei den Problemen, die ihm mehr am Herzen liegen – die Ikonologie nicht ein nutzloses Instrument werden will, muß »das allgegenwärtige Problem des Stils in der Kunst neu gestellt werden.«[142]

Als Gombrich vor den Gefahren der ikonographischen Forschungen warnte, bezog er sich auf keine einzige spezielle Studie. Derlei Gefahren können dennoch anhand eines Buches beispielhaft belegt werden, das nach der Antrittsvorlesung von Gombrich erschienen ist: *Heidnische Mysterien in der Renaissance* von E. Wind.[143] Winds Bildung und interpretatorisches Fingerspitzengefühl sind bekannt; um so bemerkenswerter ist deshalb die Tatsache, daß hier die »kritische Distanz«

zwischen Kunstwerk und Text, der es kommentieren und erklären müßte, doch recht oft abhanden gekommen ist.[144]

Bekanntlich ergibt sich die Schwierigkeit (oder wenn man will die extreme Leichtigkeit) dieser ikonographischen Forschungen aus der Tatsache, daß wir für eine große Zahl der Gemälde aus dem Quattrocento oder dem Cinquecento mit absoluter Sicherheit die Existenz von detaillierten ikonographischen »Programmen« annehmen können, die uns dennoch nur ausnahmsweise erhalten sind. Das zwingt den heutigen Interpreten, sich tastend in dem Wald der sehr unterschiedlichen klassischen Texte und ihren Glossatoren und Interpreten – von Proklos bis Ficino – zu bewegen, ohne je die Möglichkeit zu haben, zu einer dokumentarisch bestätigten Verbindung zwischen Text und Gemälde zu gelangen. Eine zweifelsfreie Aussage, ob der Verfasser des »Programms« des Gemäldes an diesen oder jenen Abschnitt, an diese oder jene Interpretation eines bestimmten Mythos dachte, ist beinahe nie möglich. Das einzige Urteilskriterium ergibt sich aus der Plausibilität und der Kohärenz der vorgeschlagenen Interpretation. Es besteht offensichtlich die Gefahr, zur Stützung der eigenen Interpretation unbekannte oder dem Abfasser des »Programms« nicht geläufige Texte und Glossen zu benennen – eine Gefahr, die Wind mit einer scharfsinnigen, aber ein wenig sophistischen Argumentation[145] als ein unauslöschliches Merkmal dieser Forschungen über die Ikonographie der Renaissance geltend macht. Aber diese Gefahr zieht dabei eine andere, weit schwerwiegendere nach sich, nämlich die, zu einer willkürlichen, wenn auch anscheinend kohärenten Interpretation der in Frage stehenden Gemälde zu gelangen. Geben wir ein Beispiel, das dem Band von Wind entnommen ist, wobei wir dazu sagen, daß es sich um ein extremes Beispiel handelt: ein Fall einer Interpretation, die in einem textlichen Mißverständnis gründet. Darin kann man – in einer Art verzerrendem Spiegel reflektiert und akzentuiert – die Gefahren der Vorgehensweise Winds und in mancher Hinsicht der Methode insgesamt wahrnehmen. Das Gemälde, das Gegenstand der Interpretation ist, ist das Fresko von Raffael in der Stanza della Segnatura, das Apoll und Marsyas darstellt. Welche allegorische Bedeutung verbirgt sich hinter diesen Gestalten? Der Forscher erwähnt zunächst einen berühmten Brief Picos an Ermolao Barbaro, in dem – nach einer Anspielung auf Platos *Symposion* – ein Gegensatz zwischen dem irdischen Marsyas und dem himmlischen Apoll festgestellt wird: die Seele muß in sich wiedereinkehren und ausschließlich die Melodien des letzteren hören. Von hier aus geht Wind dazu über, die Anrufung Dantes an Apoll (*Paradies*, I, V. 13-21) und besonders folgende Verse zu untersuchen (nach der korrekten Übersetzung von H. Gmelin, Stuttgart 1975^2, d. Ü.): »Füll meine Brust und gib mir deinen Atem, / Wie einst, da du den Marsyas zur Strafe / Gezogen aus der Hülle seiner Glieder« (»Entra nel petto mio, e spira tue / Sìcome quando Marsia traesti / Dalla vagina delle membra sue«). Die Verse werden so interpretiert: »Enter my breast and so infuse me with your spirit *as you did Marsyas* when you tore him from the cover of his limbs.«[146] Es handelt sich um ein offenkundiges Mißverständnis: Dante erbittet für sich keineswegs die Marterung des Marsyas als unerläßlichen Übergang zur geistlichen Wiedererneuerung, sondern beschränkt sich darauf, Apoll um die Inspiration anzuflehen, um erhabene Melodien zu singen wie die, die der Gott während des Streites mit Marsyas sang (»Spira tue / Sìcome quando Marsia traesti . . .«). Aber diese irrtümliche Interpretation – »um den ›geliebten Lorbeer‹ Apolls zu erlangen, muß der Dichter durch die Todesqualen des Marsyas hindurchgehen«, kommentiert Wind[147] – wird unmittelbar durch die Tatsache »erwiesen«, daß das Fresko von Apoll und Marsyas sich zwischen dem *Disput* und dem *Parnaß* befindet, auf denen beidemale Dante erscheint, einmal unter den Theologen und das anderemal unter den Dichtern. Das ist für Wind eine Bestätigung dafür, daß *Apoll und Marsyas* »ein Beispiel poetischer Theologie (ist), die ein heidnisches Mysterium darstellt, mit dem Dante den ersten Gesang des *Paradieses* eröffnet« – ein Mysterium, das die Qual der menschlichen, von der Gottheit ergriffenen Seele, ihren Todeskampf in dem Augenblick ausdrückt, in dem sie die höchste Ekstase erreicht.[148] Aber diese Interpretation ist unhaltbar. Sie gründet sich, wie wir gesehen haben, auf ein Mißverständnis der Dante-Verse, das sich – und das ist der Punkt – weder aus dem Brief Picos (der auf den Mythos von Marsyas, aber nicht auf Dante anspielt), noch aus den Kommentaren der *Göttlichen Komödie* aus dem 15. und 16. Jahrhundert (siehe für alle stehend den neoplatonischen des Landino)[149] rechtfertigt. Aber es handelt sich um kein zufälliges Mißverständnis: Wind liest an dieser Stelle seine Autoren mit den Augen des florentinischen Neoplatonikers, so daß er – wie hier – neoplatonisierende Allegorien einführt, wo keine sind.[150] Es ist eine etwas seltsame Art, die *Einfühlung* (im Orig. deutsch, d. Ü.) des Historikers zu verstehen. Auf jeden Fall muß, so scheint mir, die Tatsache, daß diese neoplatonische Deutung Dantes in den Augen Winds eine (Schein-) Bestätigung in der zweifachen Anwesenheit des Dichters auf den Fresken der Stanza della Segnatura findet, zur Vorsicht vor dem (scheinbaren) Grad innerer Kohärenz und Korrelation zwischen Texten und Bildern gemahnen – ein Erfordernis, damit die ikonographische Interpretation wirklich annehmbar wird.[151] Denn sonst würde sie zu einem Instrument, mit dem man in den bildlichen Zeugnissen das lesen kann, was man will (und das außerdem noch so vielfach »belegt« ist). Wir kehren also (und damit schließen wir diese Abschweifung) zu dem »circulus vitiosus« zurück, von dem Gombrich sprach.

8

Als Gombrich das ungelöste Problem des Stils in den bildenden Künsten als Gegengift gegen die Erschöpfungssymptome der ikonographischen Forschungen neu stellte, die früher eine so bedeutende Funktion für den Umbruch in der Kunstgeschichtsschreibung und allgemein in der Geschichtsschreibung der Renaissance ausgeübt hatten, beharrte er, wie wir gesehen haben, auf den Themen, die ihm von Beginn seiner wissenschaftlichen Tätigkeit an sehr viel bedeutet hatten. Sie haben eine umfassende Formulierung in einem Buch gefunden, dessen Untertitel »Zur Psychologie der bildlichen Darstellung« mehr sagt und weniger zweideutig ist als der Titel *Kunst und Illusion*. Welche Zweideutigkeiten? Im Vorwort zur zweiten englischen Ausgabe, das in der italienischen Übersetzung weggelassen wurde, verweist Gombrich auf das Mißverständnis einiger Leser, die in dem Buch eine Verteidigung der illusionistischen Kunst gesehen haben. Es handelt sich offenkundig um eine Interpretation, die sich polemischer Voreingenommenheit und Abgestumpftheit verdankt, auch wenn sie auf einem differenzierteren Niveau von R. Arnheim in einer Rezension, die nicht ohne scharfsinnige Bemerkungen, aber im ganzen oberflächlich und verwaschen ist, wiederaufgenommen wurde.[152] Gombrich hätte nie im Traum die Meinung vertreten, daß Kunst gleichbedeutend mit der Fähigkeit zur illusionistischen, d. h. scheinbar naturgetreuen Darstellung ist. Es stimmt umgekehrt zwar, daß die Voraussetzung für das Buch selbst – die Tatsache, daß die Wiedergabe der sinnlichen Welt durch den Künstler problematisch wurde und nicht mehr selbstverständlich war – ohne eine nichtgegenständliche Kunstrichtung gar nicht denkbar gewesen wäre. Das wird vom Gombrich selbst am Ende des Bandes klar hervorgehoben.[153] Auf der anderen Seite ist Gombrichs Haltung diesen Kunstströmungen gegenüber bekanntlich nicht sehr positiv[154]; daher rührt zum Teil die Polemik R. Arnheims. Aber das ist hier nicht von Interesse.

Von diesem glänzenden Buch zu sprechen ist schwierig; noch schwieriger wäre, davon mit der nötigen Kompetenz zu sprechen – als Psychologe und außerdem als Kunsthistoriker. Außerdem ist die Darlegung Gombrichs sehr geschlossen und gedrängt – trotz der spürbaren Flüssigkeit und Brillanz des essayistischen Stils (das Buch ist ursprünglich als eine Reihe von Vorträgen entstanden). Hier befassen wir uns nur mit einigen Problemen, die an den bereits entwickelten Gedankengang anknüpfen.

Mit einer großen Fülle an Beispielen und Schärfe der Argumentation beweist Gombrich, daß der Künstler die Realität nicht nachbilden kann, *wie sie ist* oder *wie er sie sieht*. Diese Auffassung wird in einem erhellenden und nicht zufälligen Vergleich (man wird sich erinnern, daß Gombrich versucht hat, gewisse Muster der Informationstheorie – wenn auch bewußt nur durch Analogiebildung – zu benutzen, um die künstlerischen Erscheinungen zu interpretieren) mit jener alten Konzeption der Sprache als Nomenklatur nahegelegt; besonders die Arbeiten Whorfs haben unterstrichen, daß »die Sprache nicht bestehende Zusammenhänge benennt, sondern vielmehr die Welt, in der wir leben, für uns gliedert«. Analog »unterscheiden sich Stile . . . in der Anordnung und Gliederung des Materials und in der Anzahl der Fragen, die sie dem Künstler zu stellen ermöglichen; aber die Information, die uns die sichtbare Welt sendet, ist so komplex, daß kein Bild sie jemals zur Gänze wiedergeben kann. Wenn keine zwei Abbildungen desselben Motivs identisch sind, so liegt das nicht an der Subjektivität des Sehens, sondern an der Fülle der Gesichtseindrücke . . . (Ein getreues Abbild ist eben) nicht ein getreuer Bericht über ein visuelles Erlebnis, sondern ein konstruiertes Modell, das die wesentlichen

Beziehungen getreu wiedergibt.«[155] Bei der Konstruktion dieses Modells muß der Künstler vor allem das Mittel berücksichtigen, das ihm zur Verfügung steht.[156] Außerdem ist, wie Gombrich sehr gut beweist, die Darstellung der Realität unmöglich, ohne daß ein »Schema« – ein vorläufiges, vielleicht rudimentäres oder geradezu zufälliges – hinzutritt, das nach und nach durch den bei Psychologen wohlbekannten Prozeß von *trial and error* modifiziert wird.[157] Eine einleuchtende Bestätigung dafür gibt unter anderem das her, was Gombrich als »Pathologie der Repräsentation« definiert, das heißt die Irrtümer, die sich dem Hinzutreten eines nicht im Einklang mit der Realität befindlichen »Schemas« verdanken (der Litograph in den ersten Jahren des 19. Jahrhunderts, der so sticht, als seien die Rundbögen des Portals der Kathedrale von Chartres spitz, weil die Bögen einer gotischen Kathedrale spitz sein *müssen*). »Schema« ist also eines der Schlüsselworte des Buches; es ist dennoch angemerkt worden, daß es der Autor in immer wieder andere Bedeutungen ummünzt und so eine gewisse Verwirrung beim Leser erzeugt.[158] Auf jeden Fall bringt diese Entdeckung der entscheidenden Bedeutung des »Schemas«, dieser anfänglichen Vorannahme – dazu bestimmt, nach und nach korrigiert und modifiziert zu werden – Gombrich schließlich dazu, den ersten Satz seiner Grundhypothese zu beweisen: der Künstler kann die Realität einzig dadurch nachbilden, daß er sich auf andere Bilder bezieht (erster Teil: »Die Grenzen der Ähnlichkeit«). Der zweite Satz ist in gewisser Weise die Umkehrung des ersten: Gombrich beweist (dritter Teil: »Der Anteil des Beschauers«), daß die Lektüre eines Bildes niemals selbstverständlich ist, insofern sich der Betrachter immer einer zweideutigen Botschaft gegenüber befindet – »in der Mehrdeutigkeit«, schreibt er an einer Stelle, »liegt der psychologische Schlüssel zu dem ganzen komplexen Problem des Bilderdeutens«[159] – und gezwungen ist, unter den verschiedenen Interpretationen die richtige auszuwählen. Die typischsten Mittel der »illusionistischen«, oder naturalistischen – wie man sie auch nennen mag – Malerei (die Linienführung, die Linearperspektive) erfordern, um korrekt interpretiert zu werden, ein geübtes Auge, das in der Lage ist, das Bild auf dem Hintergrund eines durchlebten Erfahrungshorizontes zu prüfen. Wir können hier nicht die Argumentationsschritte Gombrichs referieren; sehen wir uns vielmehr die Schlußfolgerungen an: »Hiermit sind wir, glaube ich, nun wirklich zum Kernpunkt der Sache vorgedrungen, die uns von Anfang an beschäftigt hat: die Frage nämlich, warum die darstellende Kunst eine Geschichte hat und warum diese Geschichte so lang und verwickelt ist. Um es noch einmal kurz zu formulieren: Wenn wir, die Betrachter, künstlerische Darstellungen deuten wollen, unterwerfen wir sie einer Prüfung durch die verschiedensten versuchsweisen Interpretationen, indem wir unsere Erfahrungen und Kenntnisse der wirklichen Welt in sie hineinprojizieren. Wenn ein Maler ein Stück Welt als Bild sehen will, muß er genau umgekehrt vorgehen. Er muß von den Bildern, die er kennt, ausgehen und versuchen, ob sich eines von ihnen in einen Ausschnitt der Wirklichkeit hineinprojizieren ließe.«[160]

Diese psychologischen Tatsachen können jenes »so auffallende« Phänomen erklären, das in der »Beständigkeit der Stile in der Kunst« besteht.[161] Auf dieser »Beständigkeit« hatte Gombrich andererseits bereits in seiner schönen und zurecht erfolgreichen *Geschichte der Kunst* insistiert.[162] Diese Akzentuierung der Bedeutung der künstlerischen Konventionen und der Wichtigkeit der Tradition ist sozusagen die positive Kehrseite der Polemik gegen die »expressionistischen« Interpretationen der Kunstgeschichte. Außerdem verbindet sie sich eng mit dem bereits angedeuteten Versuch, die Informationstheorie auf die Analyse der künstlerischen Phänomene anzuwenden. Nicht nur ist die »Neuheit« einer Botschaft einzig dadurch zu würdigen, daß sie auf eine Tradition bezogen wird, sondern die Entzifferung selbst setzt die Existenz eines eingeschränkten Bereichs von Wahlmöglichkeiten voraus – sonst wäre die Mitteilung, betont Gombrich, gar nicht möglich.[163] Ist aber die Behauptung – wie etwa die Arnheims in der bereits erwähnten Rezension – richtig, daß die Betonung der Bedeutung der Tradition Gombrich die Möglichkeit versperrt, das zu erklären, was ihm eigentlich viel mehr am Herzen liegt – nämlich die Frage, warum die Kunst eine Geschichte hat?[164] Ist vielleicht die Erklärung der Beständigkeit des Stils nachteilig für die Erklärung der Wandlungen des Stils?

Auf einige Einwände Arnheims hat Gombrich antizipierend selbst geantwortet.[165] Aber sicher weist Arnheim auf eine reale Schwierigkeit hin, wenn er bemerkt, daß Gombrich zufolge die Wandlungen des Stils sich dann einstellen, wenn der Künstler sein Schema mit der Natur vergleicht und es ihm so gelingt, den Käfig des traditionellen Stils zu sprengen, um zu einer höheren oder anderen Wahrheit der Wiedergabe zu gelangen. Nicht weil diese Berufung auf die »Wahrheit der Wiedergabe« mit der Betonung der Bedeutung der Schemata, die von der Tradition zum Zwecke der Darstellung mit malerischen Mitteln bereitgestellt werden, unvereinbar wäre, wie Arnheim annimmt; Gombrich hat hierzu entschieden jede relativistische Überdehnung seiner Schlußfolgerungen abgelehnt; er betonte, daß bei jeder Darstellung ein Schema wirksam ist und daß es dennoch möglich sei, von einer mehr oder weniger korrekten Wiedergabe zu sprechen.[166] Aber das Problem ist dennoch immer noch dasjenige, das Arnheim gesehen hat, nämlich, weshalb in bestimmten historischen Perioden andere Schemata gewählt werden, die mehr oder weniger korrekte Darstellungen der Realität zulassen. Kommt das vielleicht nicht daher – so die Behauptung Arnheims –, daß sich die Einstellungen dem Leben und der Welt gegenüber ändern?[167] Arnheim zufolge »ist die Kunstgeschichte genau die Geschichte der Änderung dieser Anschauungen« – eine unannehmbare Behauptung, weil sie eben den spezifischen Gegenstand der Kunstgeschichte (die Gemälde, die Statuen, die Gebäude) aus dem Blick verliert und sich schließlich in eine oberflächliche und schwammige »Geschichte der Weltanschauungen« auflöst. Auf der anderen Seite ist die von Gombrich vorgeschlagene Definition von »Kunstgeschichte«, mit der sich Arnheim auseinandersetzt, sicherlich übermäßig verengt. Denn nachdem Gombrich hervorragend gezeigt hat, wie Constable die englische Landschaft durch die Bilder Gainsboroughs, und dieser sie durch die Bilder von Ruysdael und allgemein durch die der holländischen Maler hindurch gesehen hat, erklärt er: »Die nächste Frage ist dann folgerichtig, woher die Formensprache der Holländer stamme und so weiter *ad infinitum*. Auch darüber weiß man einiges, denn diese Fragen beziehungsweise die Antworten darauf sind ja eben das, was man unter ›Kunstgeschichte‹ versteht. Wie schon Wölfflin wußte, verdanken alle Bilder der Betrachtung anderer Bilder mehr als der direkten Beobachtung der Natur.«[168] Noch einmal wird ganz deutlich, daß für Gombrich die Behauptung, die Kunst habe eine *Geschichte*, einfach die Betonung dessen bedeutet, daß die verschiedenen künstlerischen Bekundungen nicht unverbundene *Äußerungen (espressioni)* sind, sondern Glieder einer Tradition.[169] Das Problem des Stilwandels bleibt offen.

Bevor wir uns ansehen, wie Gombrich dieses Problem angegangen ist (was Arnheim seltsamerweise in seiner Rezension übergangen hat), ziehen wir kurz die Bilanz dessen, was wir bis hierher gesagt haben. Wir haben gesehen, wie Gombrich von einer Ablehnung der »expressionistischen« Interpretationen der Kunstgeschichte ausgegangen war, die *unmittelbare* (»physiognomische« oder andersgeartete) oder jedenfalls voreilige Verbindungen zwischen Kunstwerken und historischen oder psychologischen Situationen herstellen, und wie er schließlich bis zum Extrem die Bedeutung der Tradition in der Kunstgeschichte akzentuiert hat; er zeigte dabei, daß die Wiedergabe der Wirklichkeit in der Malerei wortwörtlich durch die Existenz anderer Kunstwerke möglich gemacht wird, und machte folglich die Rekonstruktion der Verbindungen und Abhängigkeits- oder Gegensatzbeziehungen, die die einzelnen Kunstwerke untereinander verbinden, zur vorwiegenden, ja ausschließlichen Aufgabe der Kunstgeschichte. Um den Unterschied der beiden Ansätze von Gombrich und von Saxl zu erfassen, genügt es, noch einmal die Erklärung des letzteren zu erwähnen, der zufolge es das dringendste Problem der Kunstgeschichte sei, sie in Beziehung »zu den anderen Zweigen der Geschichte: Politik, Literatur, Religion, Philosophie« zu setzen. Wie eine Bestätigung wirkt die Tatsache, daß Gombrich nach einem Hinweis auf den Warburgschen Begriff *Pathosformeln* behauptet: »Seine [Warburgs] Entdeckung, daß gerade die Künstler des Quattrocento, die man bisher für die typischen Vertreter unbefangener Naturbeobachtung gehalten hatte, sich so oft erborgter Formeln bedienten, erregte allgemeines Interesse. Seine Nachfolger, die sich besonders für Ikonographie und Typologie interessierten, fanden immer neue Belege für den Umstand, daß auch solche Bildwerke der Renaissance oder des Barock, die man bisher für besonders naturalistisch gehalten hatte, in der Regel überlieferte Formen abwandeln . . .«[170] Offensichtlich reinterpretiert Gombrich hier scharfsinnig die Warburg-Tradition, indem er in sie die *eigenen* Probleme hineinverlegt – auch wenn es Probleme sind, die die mit dieser Tradition enger verbundenen Gelehrten offengelassen oder zu hastig gelöst hatten. Und Gombrich selbst hat implizit auf diese Neuorientierung der Forschung angespielt, als er in einem bewegten Nachruf auf Gertrud Bing vom Skeptizismus der jüngeren Generationen, die in einer anderen akademischen Tradition aufgewachsen waren, gegenüber der *Kulturwissenschaft* sprach, innerhalb derer Warburgs Probleme herangereift waren – ein Skeptizismus, den Gombrich sicherlich teilt.[171] Auf der anderen Seite war sich Bing selbst wohl bewußt, daß hier neue Probleme und wissenschaftliche Richtungen im Umkreis der Warburg-Tradition selbst aufgetaucht waren, wenn sie bei der Vorstellung der Schriften ihres Lehrers dem italienischen Publikum gegenüber dazu aufforderte, zur Quelle, d. h. zu den Schriften Warburgs zurückzukehren, um die Ungenauigkeit und Oberflächlichkeit des Ausdrucks »Warburg-Methode« zu begreifen, der für so verschiedene Untersuchungen wie die im Laufe von mehr als vierzig Jahren im Umkreis des Instituts entstandenen benutzt wurde.

Man könnte an dieser Stelle zu dem Schluß kommen, daß die von Gombrich mit seinen genialen Forschungen der Warburg-Tradition aufgeprägte Richtung auf der einen Seite einen Gewinn (die Vertiefung der Stilprobleme in der Malerei mithilfe der von der Psychologie angebotenen Instrumente) darstellt, auf der anderen Seite einen Verlust (das verringerte Interesse für die wechselseitige Beziehung zwischen den verschiedenen Seiten der historischen Realität und den künstlerischen Erscheinungen).[172] Dies wäre keineswegs eine einschränkende Schlußfolgerung – selbstverständlich besteht die einzige Art und Weise, eine Forschungstradition lebendig zu erhalten, darin, sie durch neue Beiträge zu befruchten –, wohl aber eine übereilte. Vor allem ist es nötig zu sehen, wie Gombrich innerhalb der von ihm eingeschlagenen theoretischen Perspektive das entscheidende Problem des Wandels der Stile löst.

9

Kunst und Illusion ist drei Personen gewidmet: Emanuel Loewy, Julius von Schlosser und Ernst Kris; Gombrich bezeichnet sie als seine Lehrer. In Zusammenarbeit mit Kris – der ehemaliger Schüler Schlossers war und dann von der kunsthistorischen Forschungsrichtung zur Psychoanalyse übergewechselt ist – veröffentlichte Gombrich 1937/38 einen Aufsatz mit dem Titel *Principles of Caricature*.[173] Darin unterstreichen die Autoren, daß die Karikatur im eigentlichen Sinn am Ende des 16. Jahrhunderts im Umkreis der Bologneser Malerfamilie Carracci entsteht und schließen die Frage nach dem Grund für diese relativ späte Entstehung an. Kris und Gombrich verwarfen die unhaltbare Hypothese, die diese Verspätung auf dem Hintergrund der Entwicklung der Fingerfertigkeit von Malern und Zeichnern interpretierte, und hielten sich dann bei der von Brauer und Wittkower zur Diskussion gestellten Wechselbeziehung zwischen der Entstehung der Karikatur und dem gleichzeitigen Entstehen der Individualität und dem Sinn für das Komische auf. Aber auch diese Erklärung wird abgelehnt – an erster Stelle, weil die beiden Phänomene nicht wirklich zusammenfallen (gab es etwa in der Renaissance keine Entdeckung des Individuums oder keinen Sinn für das Komische?), an zweiter Stelle aus Gründen allgemeiner Natur. Der Kunsthistoriker greift auf die Literatur, der Literaturhistoriker auf die Kunst zurück und beide auf die Philosophie, wenn sie bestimmte Probleme nicht lösen können, die sich im Bereich ihrer Disziplin aufgetan haben. Dieser interdisziplinäre Austausch kann trotz seiner Fruchtbarkeit nicht das methodologische Problem der historischen »Erklärung« verdecken. Da es der Historiker mit unwiederholbaren Ereignissen zu tun hat, muß das Konzept der Erklärung mit Vorsicht gebraucht werden. Aber die Karikatur ist außer einem historischen auch ein psychologisches Phänomen und insofern fügt es sich in einen wiederholbaren und beschreibbaren Prozeß ein.[174] Und in der Tat suchten die Autoren die Erklärung für den Mechanismus der Karikatur auf dem Terrain der Psychologie und fanden sie – im Anschluß an eine berühmte Schrift Freuds – in der Analogie zwischen Karikatur und Witz.[175]

Das alles ist bedeutsam – an erster Stelle, weil Gombrich in jüngster Zeit auf diese Schrift Freuds wieder zurückgegriffen hat, um seine Interpretation der künstlerischen Erscheinungen erneut darzulegen[176], und an zweiter Stelle, weil die in jenem weit zurückliegenden Aufsatz ausgedrückten Bedenken gegenüber der historischen Erklärung in einem entscheidenden Abschnitt von *Kunst und Illusion* wiederkehren. Die Notwendigkeit, zu »erklären«, was er als »griechische Revolution« definiert, d. h. den für die Geschichte der illusionistischen Kunst entscheidenden Übergang von der ägyptischen zur griechischen Kunst, zwingt Gombrich, das Terrain der Psychologie zu verlassen (wie er es in der Antrittsvorlesung von 1957 vorweggenommen hatte)[177]; und an dieser Stelle bestürmen ihn erneut die alten Bedenken über die historische Erklärung.[178] Beinahe widerstrebend führt er einen neuen Begriff ein – den Begriff »Funktion« *(function)*. Es ist die unterschiedliche Funktion, die die Kunst in Ägypten und in Griechenland einnimmt, die diesen entscheidenden Stilwandel erklärt. In Ägypten war eine Grabkunst nach Art der Bilderschrift erfordert, die in der Lage war, nicht leicht veränderliche Ereignisse, sondern – in Übereinstimmung mit einer fest umrissenen religiösen Auffassung – typische, dem Fluß der Zeit entzogene Situationen darzustellen – das »Was«, nicht das »Wie«.[179] In Griechenland löste das Wachsen einer sonst bei der Erzählung mythischer Geschichten nicht bekannten Freiheit und die daraus sich ergebende Möglichkeit des Künstlers (man denke an Homer), mit seiner Aufmerksamkeit bei marginalen und episodenhaften Aspekten der Wirklichkeit (also nicht nur beim »Wie«, sondern auch beim »Was«) zu verweilen, bei den Bildhauern eine Kettenreaktion aus. Sie führte dazu, daß sie den menschlichen Körper in neuer Weise, nicht mehr bilderschrifthaft oder schematisch abbildeten.[180] Dieser Begriff »Funktion« bringt Gombrich dazu, den magischen Zirkel zu sprengen, nämlich daß die Bilder anderen Bildern ähneln oder formale Probleme zu lösen versuchen, die von anderen Bildern dargestellt werden. »Die Form einer Darstellung ist untrennbar mit ihrem Zweck verbunden und mit den Anforderungen *(requirements)* der Gesellschaft, in der eine bestimmte visuelle Sprache Geltung hat.«[181] Die großen Wandlungen des Geschmacks erklären sich also für Gombrich durch das Sich-Wandeln der »Anforderungen«, die übrigens niemals von rein ästhetischen Gründen diktiert werden. Man sehe sich die Seiten über das Ende der klassischen Kunst an: »Durch die neuen Religionen, die aus dem Osten kamen, wurde diese ihre Form in Frage gestellt. Vielleicht war es auch unvermeidlich, daß die weite Verbreitung jener illusionistischen Fertigkeiten und eine Freude an technischen ›Taschenspielerstückchen‹ zu einer gewissen oberflächlichen Virtuosität führten und so die Kunst der Mimesis in Mißkredit brachten. Schon zur Zeit des Augustus sind Zeichen dafür vorhanden, daß sich der Geschmack wieder älteren Kunstformen, unter anderem den geheimnisvollen Gestalten der ägyptischen Kunst, zuwandte.« Die bestehenden Formeln mußten sich »an die neuen Forderungen des Kaiserkults und der Glaubensverkündigung [anpassen]. Im Laufe dieses Anpassungsprozesses wurden die Errungenschaften des griechischen Naturalismus nach und nach abgestreift. Man verlangte von dem Bild nicht mehr, daß es über das Wann und Wie des dargestellten Gegenstandes lebendige Auskunft gebe. Man begnügte sich mit einer unpersönlichen Antwort auf die Frage ›Was?‹. Und sobald die Beschauer aufhörten, ihre Fragen an die Bilder zu richten, hörten die Künstler auf, die Bilder zu befragen. Das Schema wurde nicht mehr ständig verglichen und korrigiert und folgte ohne diese ständige Korrektur einem natürlichen Zuge zu einem Mindestmaß an notwendigen Merkmalen . . . [In den Mosaiken von Ravenna] ist die Kunst wieder zu einem Mittel, zu einem Kultinstrument geworden, und die Veränderung der Funktion *(function)* führt zu einer Veränderung der Form.«[182] Aber mit den »Fragen des Beobachters an das Bild« kommt ein neuer Begriff ins Spiel, nämlich der der mentalen Haltung, der Einstellung *(mental set)* – ein wahrhaft entscheidender Ausdruck in dem Buch. Die Veränderung der »Funktion« der Kunst (die für Gombrich am Ursprung der Veränderung der Form liegt) setzt auf der einen Seite das Aufkommen verschiedener »Erfordernisse« voraus, die zum Beispiel mit den »neuen Forderungen des Kaiserkults und der Glaubensverkündigung« verbunden sind, auf der anderen Seite eine andere Einstellung beim Betrachter. Die Bedeutung des Begriffs *mental set* stammt direkt von der bereits dargelegten Auffassung der Kunst als »Botschaft«, als »Mitteilung« (»comunicazione«) her. »Alles menschliche Zusammenleben und jede Deutung eines Ausdrucks *(all culture and all communication)* beruht auf der Wechselwirkung zwischen Erwartung und Beobachtung, den Wellen von Erfüllung und Enttäuschung, von richtigem Raten und falschen Ansätzen, die unseren Erlebnisstrom ausmachen . . . In unserem Erleben von Kunstwerken sind wir denselben allgemeinen Gesetzen unterworfen. Genau wie eine Kultur oder eine Weltanschauung *(climate of opinion)* erzeugt auch ein Stil ein System von Erwartungen, eine Einstellung *(mental set)*, die gegenüber Abweichungen und Modifikationen geradezu übertrieben ist.«[183]

Einmal verglich Gombrich die künstlerische Mitteilung (comunicazione) mit der drahtlosen Telegraphie.[184] Indem wir den Vergleich wiederaufnehmen, könnten wir aus dem Buch von Gombrich eine Begriffssequenz folgender Art herleiten: *requirements – function – form – mental set.* Am Sendepol haben wir die »Erfordernisse« (nicht nur ästhetische, sondern politische, religiöse und so weiter), die von der Gesellschaft, »in der eine gegebene visuelle Sprache gültig ist«, gestellt werden; am Empfängerpol den *mental set* oder der Definition Gombrichs zufolge

»den Inbegriff von Haltungen und Erwartungsvorstellungen, die die Wahrnehmung beeinflussen und einen dazu prädisponieren, gewisse Dinge eher zu sehen und zu hören als andere«.[185] Aber es ist klar, daß diese Begriffe und ihre gegenseitigen Beziehungen eine Reihe von Problemen aufwerfen, die weit über die Behauptung Wölfflins, die sich Gombrich zu eigen machte, hinausgehen, daß »alle Bilder anderen Bildern mehr verdanken als der direkten Beobachtung« und daß sie weder durch die Psychologie noch durch die Informationstheorie noch durch die Kunstgeschichte, die sich darauf beschränkt, die bei den verschiedenen Malern und Malerschulen vorgekommenen Anleihen nachzuzeichnen, gelöst werden können.[186] Zwar sind diese Anleihen, diese außergewöhnliche »Zähigkeit« der künstlerischen Tradition reale und wichtige Tatsachen – Gombrich hat es in abschließender Weise gezeigt. Aber sie sind nicht in der Lage, die tiefen Veränderungen, die sich in der Tradition eingestellt haben, zu erklären; sie können nicht einmal die Kommunikation erklären, die sich zwischen Künstler und Publikum herstellt. Das ist von Gombrich selbst anerkannt worden; nachdem er auf die »Kontrolle, die der ›Künstler‹ über seine Ausdrucksmittel ausüben kann« und darauf verwiesen hatte, daß »der Künstler . . . in dem Bewußtsein, daß sein Publikum ihm folgen kann und auf die leisesten Andeutungen reagiert, allen Ballast, alles Überflüssige, ausscheiden kann«, fügte er hinzu: »Die sozialen Bedingungen dieses Wechselspiels sind noch kaum erforscht. Der Künstler schafft sich seine eigene Elite, und die Elite ihrerseits erzeugt ihre eigenen Künstler.«[187] Daß das geschieht, ist klar; aber wie es geschieht, bleibt etwas dunkel. Das gleiche Konzept, wie es in *Kunst und Illusion* für die Kunst als Kommunikation vorausgesetzt ist, wirft Probleme auf, die eine Lösung in einem weiter ausholenden Kontext verlangen. Die Geschichte (die Beziehungen zwischen den künstlerischen Erscheinungen und politischer, sozialer, mentaler etc. Geschichte), die stillschweigend zur Tür hinausgeworfen wurde, kommt durchs Fenster wieder herein. Sicher muß die Ablehnung der »physiognomischen« oder jedenfalls der unmittelbaren und oberflächlichen Bezugnahmen als Errungenschaft betrachtet werden. Dennoch kommt einem bei der Lektüre des am Ende des eigens für die italienische Ausgabe geschriebenen Vorworts vorsichtig formulierten Forschungsprogramms Gombrichs (»Wenn wir neue Fragen über die Verbindung zwischen Form und Funktion in der Kunst stellen, können wir vielleicht neue Kontakte mit der Soziologie und der Anthropologie anregen. Aber das gehört in weitem Maße der Zukunft an.«[188]) die Frage, ob das Schweigen über die Berührungspunkte mit der (politischen, religiösen, sozialen usw.) Geschichte zufällig ist oder nicht. Die neueren Arbeiten Gombrichs geben, obwohl sie einen beachtenswerten Aufsatz über *The Early Medici as Patrons of Art: a Survey of Primary Sources* enthalten, der bezeichnenderweise Warburgsche Themen, wenn auch in anderem Geiste, wiederaufnimmt, keine präzise Antwort auf diese Frage.[189] Mit Neugier, ja wohl auch mit Ungeduld erwartet der Leser, der der äußerst originellen Produktion dieses großen Gelehrten gefolgt ist, dessen weitere Entwicklungen.

Anmerkungen

[1] A. Warburg, *La rinascita del paganesimo antico*, Florenz, La Nuova Italia, 1966, Vorw. von G. Bing, übers. von E. Cantimori. Die Einleitung von G. Bing ist im »Journal of the Warburg and Courtauld Institutes« (ab hier abgekürzt JWCI), XXVIII (1965), S. 299-313 erschienen (es handelt sich um die weitgehend revidierte Fassung eines im Cortauld Institute 1962 gehaltenen Vortrags). Im Unterschied zur deutschen Ausgabe, die ebenfalls von G. Bing besorgt wurde (*Die Erneuerung der heidnischen Antike. Kulturwissenschaftliche Beiträge zur Geschichte der europäischen Renaissance*, 2 Bde., Leipzig und Berlin 1932; Nachdruck in einem Band, Nendeln/Liechtenstein 1969) sind die Aufsätze in chronologischer Reihenfolge angelegt; es wurden einige kleinere Schriften und die Anhänge ausgelassen (Andererseits enthält die italienische Ausgabe wichtige Vorträge Warburgs, die in der deutschen Ausgabe fehlen, Anm. d. Ü.). Letztere umfaßten sowohl Zusätze und Ergänzungen, die von den Herausgebern zugefügt wurden, als auch manchmal bedeutsame Verbesserungen von der Hand Warburgs (vgl. zum Beispiel das Vorwort von G. Bing zur deutschen Ausgabe, S. XVI); dennoch sind auch sie in der italienischen Ausgabe nicht berücksichtigt. Über Warburg vgl. die von Bing angegebene Bibliographie, Vorw. zu *La rinascita* . . ., op. cit., S. 1 Anm.; hinzuzufügen ist das privat gedruckte Heft *Aby M. Warburg zum Gedächtnis. Worte zur Beisetzung von Professor Dr. Aby M. Warburg*, Darmstadt, o. J. (doch: 1929), Reden und Zeugnisse von E. Warburg, E. Cassirer, G. Pauli, W. Solmitz, C. G. Heise; im Anhang sind die Grabreden von E. Panofsky und F. Saxl abgedruckt, die bereits an anderer Stelle erschienen sind. – F. Saxl, *La storia delle immagini*, Bari, Laterza, 1965, Vorw. von E. Garin, übers. von G. Veneziani, S. XXIX-223, 247 Tafeln. Auf die Veränderungen im Vergleich zur englischen Ausgabe und auf den Charakter der Auswahl wird in der vorausgeschickten Einleitung hingewiesen. Zu bedauern ist die Unordnung, in der die Tafeln veröffentlicht sind, die die Aufsätze *L'appartamento Borgia* und *La Villa Farnesina* illustrieren (Für die dt. Ü. habe ich mich hier auf die ital. Ausgabe gestützt, aber das engl. Original zum Vergleich herangezogen, d. Ü.). – E. H. Gombrich, *Kunst und Illusion: Zur Psychologie der bildlichen Darstellung*, Stuttgart und Zürich 1978, aus dem Engl. von Lisbeth Gombrich.

[2] E. Panofsky, *Aufsätze zu Grundfragen der Kunstwissenschaft*, Berlin 1964; ders., *Sinn und Deutung in der bildenden Kunst*, Köln 1975.

[3] Vgl. Bing, Vorw. zu *La rinascita* . . ., op. cit., S. 3, 6 und von ders., *Ricordo di Fritz Saxl (1890-1948)*, veröffentlicht im Anhang zu *La storia delle immagini*, op. cit., S. 187 (»Saxl betrachtete die Bibliothek immer als den vollständigsten Ausdruck der Ideen Warburgs und war besorgt, deren Ordnung möglichst unverändert zu lassen . . .«). – Über G. Bing, vgl. *Gertrud Bing, 1892-1964*, London 1965 mit Schriften und Zeugnissen von E. H. Gombrich, D. Cantimori, D. J. Gordon, O. Klemperer, A. Momigliano, E. Purdie (die Schriften von D. Cantimori und A. Momigliano sind bereits in: »Itinerari«, XI, 1964, S. 89-92 bzw. in: »Rivista storica italiana«, LXXVI, 1964, S. 856-858 erschienen).

[3a] Siehe übrigens in der gleichen Zeitschrift (3. R., II, 1961, S. 745-750) die Darstellung von F. S. Trapp »The Warburg Institute«.

[4] Bing im Anhang zu *La storia delle immagini*, op. cit., S. 182.

[5] Bing, Vorw. zu *La rinascita* . . ., op. cit., S. 7-8 (der Ausdruck »deviazione« ist von Bing benutzt worden (er hat einen leicht pejorativen Nebensinn, d. Ü.)); F. Saxl, *Die Bibliothek Warburg und ihr Ziel*, in: *Bibliothek Warburg. Vorträge 1921-1922*, Leipzig und Berlin 1923, S. 2; ders., *Warburg's Visit to New Mexico*, in: *Lectures*, London 1957, I, S. 325-330. A. Momigliano (»Rivista storica italiana«, 1964, S. 857) bemerkt, daß Saxl und Bing »einen weniger ›primitiven‹ (›primitiva‹) Begriff von Heidentum [hatten] als Warburg und bald den Forschungen über den Platonismus einen hervorragenden Platz im Arbeitsprogramm des Instituts gaben«.

[6] Vgl. C. G. Heise, *Persönliche Erinnerungen an Aby Warburg*, Hamburg 1959², S. 54 und auch G. Pasquali, *Aby Warburg*, in: *Vecchie e nuove pagine stravaganti di un filologo*, Turin 1952, S. 66-67.

[7] Über das alles siehe vor allem die Seiten von E. Cassirer, in: *Aby Warburg zum Gedächtnis* . . ., op. cit.

[8] Vgl. Heise, *Persönliche Erinnerungen* . . ., op. cit., S. 37-40.

[9] Vgl. G. Bing, *Aby M. Warburg*, in: »Rivista storica italiana», LXXII (1960), S. 105 und das Vorw. zu *La rinascita* . . ., op. cit., S. 14. Von der Schrift A. Hildebrands existiert eine italienische Übersetzung mit einem einleitenden Aufsatz – beide von S. Samek Lodovici (Messina 1949).

[10] Über das Thema der Fortuna vgl. vor allem A. Doren, *Fortuna im Mittelalter und in der Renaissance*, in: *Bibliothek Warburg. Vorträge 1922-1923*, Leipzig und Berlin 1924, S. 71-144. Ein Zeugnis, wie bewußt den Zeitgenossen die Komplexität und Dichte dieser Darstellung der Fortuna war, findet sich in einer Zeichenvorlage für die Kostüme der »Mascherata degli Dei gentili«, die 1565 in Forenz stattfand. Mit ihr beschäftigte sich auch Warburg. Sie stellt die Fortuna mit einem geblähten Segel dar; die Bildunterschrift lautet: »Dies ist die Fortuna; der Arm, mit dem sie das Segel hält, ist fingiert und wird als echt erscheinen, und es wird eine schöne Maske sein und wird eine große Bedeutung haben« (Bibl. Naz. Florenz, HS. Palat. C. B. 53. 3., II, f. 54).

[11] Bing, in: *Aby Warburg*, op. cit., S. 109.

[12] Vgl. E. Wind, *Warburgs Begriff der Kulturwissenschaft und seine Bedeutung für die Aesthetik*, in: »Zeitschrift für Aesthetik und allgemeine Kunstwissenschaft«, XXV (1931); der Anhang enthält die Akten des 4. Kongresses für Ästhetik und Kunsttheorie; er wurde in Hamburg vom 7. zum 9. Okt. 1930 über das Thema *Gestaltung von Raum und Zeit in der Kunst*, gehalten; S. 175. Bing, Vorw. zu *La rinascita* . . ., op. cit., S. 18.

[13] E. R. Curtius, *Europäische Literatur und lateinisches Mittelalter*, Bern 1948 (vgl. auch den Index); ders., *Antike Pathosformeln in der Literatur des Mittelalters*, in: *Estudios dedicados ad Menéndez Pidal*, Madrid 1950, I, S. 257-263, wo die ausdrückliche Berufung (nicht nur im Titel) auf Warburg besonders bedeutsam erscheint.

[14] Bing, *Aby M. Warburg*, op. cit., S. 107.

[15] Ein charakteristisches Beispiel für die florentinischen Cassone-Maler: »Was nun dieser Ausstattungskunst doch eine starke Anziehungskraft verleiht, ist also nicht der Kunstwert an sich, auch nicht das ›romantische‹ Stoffgebiet, vielmehr im Gegenteil die energisch ausströmende Freude an der festlich bewegten und prunkenden Existenz, die antike Schlachten und dichterische Triumphe als Stichwort zum Auftreten ungeduldig erwartet . . .« (*Die Erneuerung* . . ., I, op. cit., S. 188). Siehe auch das in der ital. Ausgabe unmittelbar folgende Zitat.

[16] Die Bedeutung dieses Abschnitts war bereits von Wind, *Warburgs Begriff* . . ., op. cit., S. 167 hervorgehoben worden.

[17] *Die Erneuerung* . . ., op. cit., II, S. 535.

[18] Dieser Satz wird beinahe wörtlich von Saxl wiederaufgenommen, um das Ziel der Forschungen Warburgs zu bezeichnen: *Three ›Florentines‹: Herbert Horne, A. Warburg, Jacques Mesnil*, in: *Lectures*, I, London 1957, S. 341.

[19] Siehe dazu G. J. Hoogewerff, *L'iconologie et son importance pour l'étude systématique de l'art chrétien*, in: »Rivista di archeologia cristiana«, VIII (1931), S. 60-61. Dieser Aufsatz stellt wegen seiner klaren Unterscheidung zwischen ›Ikonographie‹ und ›Ikonologie‹ einen bedeutsamen Vorläufer – vor allem vom Gesichtspunkt der Terminologie her – für die Schrift Panofskys *Ikonographie und Ikonologie. Eine Einführung in die Kunst der Renaissance*, in: *Sinn und Deutung* . . ., op. cit., S. 36-67 (ursprünglich veröffentlicht als Einleitung zu *Studies in Iconology*, New York 1929) dar; vgl. zum Beispiel den Vergleich mit dem Verhältnis von »Ethnographie« und »Ethnologie« (Hoogewerff, S. 58; Panofsky, S. 42). Es handelt sich freilich um einen bloßen Ausgangspunkt, den Panofsky in einen anderen und weiter ausholenden Kontext einfügt (siehe dazu weiter unten) und in dem er die in einem Vortrag von 1931 formulierten Gedanken entwickelt (siehe *Aufsätze zu Grundfragen* . . ., op. cit., S. 85-97). Auf die Bedeutung des Artikels von Hoogewerff in Beziehung zu den Formulierungen Panofskys weist Białostocki in dem wichtigen ›Stichwort‹ *Iconografia e iconologia*, in: *Enciclopedia universale dell'arte*, VII, Sp. 163-177 hin.

[20] Bing, Vorw. zu *La rinascita* . . ., op. cit., S. 5-6; und vgl. ebd., S. 20-21 in bezug auf die Übertragung der astrologischen Bilder. Siehe außerdem bereits in diesem Sinn die Anmerkung Bings zu dem oben zitierten Aufsatz von J. G. Hoogewerff, in: *Kulturwissenschaftliche Bibliographie zum Nachleben der Antike. Erster Band, 1931*, hg. von der Bibliothek Warburg, Leipzig und Berlin 1934, S. 77.

[21] Den beiden Bänden, die unter dem Titel *Die Erneuerung der heidnischen Antike* erschienen, hätten andere, nie erschienene Bände, folgen sollen, die Notizen, Briefe und die Fragmente des Atlas zu den in der Mittelmeerwelt verbreiteten Symbolen hätten enthalten sollen. Letzterer hätte den Titel *Mnemosyne* tragen sollen.

[22] F. Saxl, *Ernst Cassirer*, in: *The Philosophy of Ernst Cassirer*, hg. von P. A. Schilpp, New York 1958², S. 49.

[23] Beide bereits in Anm. 12 und 20 zitiert. Auf die Einleitung zum ersten Band der Bibliographie gab ein polemischer Artikel R. Oertels, der in: »Kritische Berichte zur kunstgeschichtlichen Literatur«, V (1932-1933), S. 33-40 erschienen ist, eine Erwiderung. Er verteidigte – wahrscheinlich unter dem Einfluß H. Sedlmayrs (zit. auf S. 40) – eine »strukturelle« und »autonome« Interpretation der künstlerischen Erscheinungen.

[24] *Warburgs Begriff . . .*, op. cit., S. 170.

[25] Einl. zur *Bibliographie*, op. cit., S. VII. Wind erwähnt auch die Polemik Warburgs gegenüber den korporativen Abkapselungen (aber das von Warburg gebrauchte Wort »Grenzwächtertum« war stärker und sarkastischer) und polemisiert gegen Wölfflin und seinen Versuch, eine *Kunstgeschichte ohne Namen* zu begründen, und darüber hinaus gegen Windelband und die Idee einer *Problemgeschichte*, die den historischen Kontext, in dem die philosophischen Probleme entstehen, übergeht.

[26] Vgl. den ganzen Paragraphen *Das Symbol als Gegenstand kulturwissenschaftlicher Forschung*, S. VIII-XI der zit. Einl. Auf die nicht geklärten Beziehungen Winds zu Cassirers Denken verwies Oertel, op. cit., S. 39.

[27] Vgl. Warburg, *La rinascita . . .*, op. cit., S. 3.

[28] Vgl. Saxl, *Ernst Cassirer*, op. cit., S. 47-51. Auch Cassirer berief sich an einer bestimmten Stelle ausdrücklich auf Vischer, aber nur um stärker seine eigene Auffassung des ›Symbols‹ herauszustreichen, das im Zentrum nicht nur der Kunst, sondern des gesamten kulturellen Lebens steht; vgl. *Das Symbol-Problem und seine Stellung im System der Philosophie*, in: »Zeitschrift für Aesthetik und allgemeine Kunstwissenschaft«, XXI (1927), S. 295 und 321-322.

[29] Erschienen in: »Repertorium für Kunstwissenschaft«, XLIII (1922), S. 220-272.

[30] *Die Bibliothek Warburg und ihr Ziel*, op. cit. In dieser Schrift spricht Saxl, ebenso wie in der vorhergehenden, von Warburg, der sich in der Klinik befand, immer in der Vergangenheitsform.

[31] E. Panofsky und F. Saxl, *Classical Mythology in Mediaeval Art*, in: »Metropolitan Museum Studies«, IV (1932-1933), S. 228-280.

[32] Zum Gegensatz zwischen den beiden Forschern, wie er von E. Garin gesehen wurde, siehe unten Anm. 43.

[33] *Sinn und Deutung . . .*, op. cit., S. 387. Mit den erwähnten Forschungen über die Verwandlungen des Herkules spielt Panofsky offensichtlich auf sein eigenes Buch an: *Hercules am Scheidewege und andere antike Bildstoffe in der neueren Kunst*, Leipzig und Berlin 1930 (Studien der Bibliothek Warburg, XVIII).

[34] Vgl. E. Panofsky, *Die Renaissancen der europäischen Kunst*, Frankfurt am Main 1979. Zu Burckhardt vgl. *Weltgeschichtliche Betrachtungen. Über geschichtliches Studium*, München 1978, S. 90-91.

[35] An dieser Stelle entwickeln die Autoren unter anderem einige Bemerkungen Gentiles über antiasketische Motive weiter, die im Werk Giannozzo Manettis vorhanden sind.

[36] *Classical Mythology . . .*, op. cit., S. 270-274, insbesondere S. 274. Panofsky hat diesen Ansatzpunkt, der ihm sehr viel bedeutete, mehrmals formuliert; vgl. zum Beispiel *Idea*, Berlin 1975^3 (1. Aufl. 1924), S. 25 f., 37 f.; *Sinn und Deutung . . .*, op. cit., S. 58 f.; *Die Renaissancen . . .*, op. cit., S. 112. Zur von Gombrich diesbezüglich formulierten Kritik siehe weiter unten.

[37] Es folgt ein Hinweis auf die gegen Ende des Renaissancezeitalters eingetretene Umwandlung dieses Bewußtseins der Distanz zur Antike in deren nostalgische und melancholische Vergötterung – jene Gefühlslage also, die Panofsky einige Jahre später in ihren historischen Implikationen in dem großen Aufsatz *›Et in Arcadia ego‹. Poussin und die Tradition des Elegischen*, in: *Sinn und Deutung . . .*, op. cit., S. 351-377 untersucht hat; einige Aussagen in diesem Aufsatz sind neulich von F. Della Corte, *Et in Arcadia ego*, in: »Maia«, N. R., XVI, 1964, S. 350-352 bestritten worden.

[38] Vgl. zum Beispiel *Der italienische Humanismus*, Bern 1947, S. 11-14 und passim; *Medioevo e Rinascimento, Studi e ricerche*, Bari 1954, S. 105-107 u.s.w.

[39] Abgesehen von den jüngsten Versuchen, sich willkürlich auf das Institut Warburg in einem mediokren und oberflächlichen Zusammenhang zu berufen (vgl. E. Battisti, *L'antirinascimento*, Mailand 1962), bei denen Garin sich nicht aufhält, arbeitet er in dem Vorwort nicht genügend die Verbindungen und Beziehungen heraus, die in der Periode zwischen den beiden Kriegen einzelne italienische Forscher mit der Gruppe Warburg verbanden, die somit im Gegensatz zur vorwiegenden Gleichgültigkeit und Oberflächlichkeit der herrschenden idealistischen Kultur standen (Die von L. Ginzburg aufgezeichneten Bemerkungen unbestimmten Datums, die aber sicher nach 1933 entstanden und in notizenhaftem Zustand geblieben sind, bezeugen ein gewisses Interesse an Saxl und Panofsky, wiewohl sie von einem orthodoxen Crocianismus beeinflußt sind; vgl. *Scritti*, Turin 1964, S. 478-479). Abgesehen von dem schönen Aufsatz Pasqualis, den Garin in Anmerkung erwähnt (Einl. S. X, XII, XVIII) ist es bezeich-

nenswert, daß der erste Jahrgang des »Journal« einen weitläufigen Aufsatz Cantimoris enthielt (*Rhetorics and Politics in Italian Humanism*, JWCI, I, 1937-1938, S. 83-102; Cantimori beteiligte sich außerdem in beträchtlichem Ausmaß an der Redaktion von *A Bibliography of the Survival of the Classics . . ., 1932-1933*, hg. vom Warburg Institute, II, London 1938). Ebenso bemerkenswert ist, daß nach Beendigung des Kriegs ein ganzer Band eben des »Journal« – der neunte –, der ausschließlich Aufsätze und Beiträge italienischer Forscher enthielt, veröffentlicht wurde: eine freundschaftliche Geste gegenüber unserem Land, aber auch Zeugnis für Bindungen zu Forschern, die der Krieg nicht auseinanderreißen konnte, Bindungen, die manchmal alt und von A. Warburg selbst geknüpft worden waren wie im Falle A. Campanas (vgl. A. Campana, *Vicende e problemi degli studi malatestiani*, in: *Studi romagnoli*, II, 1951, S. 15; der neunte Band enthielt Schriften von R. Bianchi Bandinelli, F. Ghisalberti, A. Campana, A. Perosa, G. C. Argan, N. Orsini, R. Pettazoni, A. Momigliano). Es sind Detail- und Feinstudien, auch wenn sie nicht völlig zu übergehen sind.

40 In jener Epoche »hatten nicht wenige begriffliche Werkzeuge, die das philosophische Denken des 19. Jahrhunderts entwickelt hatte, ihre Unzulänglichkeit erwiesen, während sich unterdessen ein Bild des Menschen und seiner Geschichte abnutzte. Gerade aus Detailforschungen erstanden eben auch die triftigsten Hypothesen und wichtigsten Gedanken. Wenn Historiker und Kustoden der ›Humanwissenschaften‹ in Grenzgebieten und beinahe über die gleichen Zeiträume arbeiten und sich am Rande und außerhalb der Muster der landläufigen Kultur befinden, zersetzen sie nicht nur diese Muster, sondern tragen die von diesen ausgefüllten und gerechtfertigten Kategorien ab. Sie lassen so die ersten Umrisse neuer Begrifflichkeiten zutage treten, enthüllen unvermutete Dimensionen des menschlichen Handelns, wagen sich in unerforschte Gebiete und legen gerade damit die Grundsteine, um den Begriff des Menschen, seines Wirkens, seines Empfindens zu verändern. Es gibt dafür zu viele – und zu viele auffallende – Beispiele, um sie in Erinnerung rufen zu müssen; es genügt, an gewisse tiefenpsychologische Analysen oder an die neu belebten Untersuchungen über die primitive Mentalität zu denken« (Einl., S. XVII-XVIII). So Garin. Dennoch ist nicht sehr klar, welches jenes »Bild des Menschen und seiner Geschichte« ist, das »sich . . . abnutzte«; welches jene »triftigsten Hypothesen und wichtigsten Ideen« waren, die damals »erstanden«; wer jene »Historiker und Kustoden der ›Humanwissenschaften‹« waren, die nicht nur »diese Muster zersetz*ten*« (welche?), sondern geradezu sie nicht weiter präzisierten »von diesen ausgefüllten Kategorien abtr*ugen*« – u.s.w. u.s.f. Um das alles zu begreifen, hilft auch Garins abschließendes Fazit nicht viel. Wieder ist der Leser gezwungen, sich aufs Raten zu verlegen. Was soll der merkwürdige Ausdruck »*gewisse* tiefenpsychologische Analysen« heißen? An Jung wird nicht angespielt, weil die Anm. 14 auf S. XVIII dies auszuschließen scheint (vgl. dagegen zu einer positiven, ziemlich überraschenden Einschätzung der Studien Jungs E. Garin, *Medioevo e Rinascimento . . .*, op. cit., S. 188); vielleicht wird auf Freud angespielt? Oder an einen seiner Schüler? Aber warum sagt man das nicht klar? Entsprechend: welches sind die »neu belebten Studien über die primitive Mentalität?« Vielleicht die *Primitive Culture* Tylers, die den jungen Huizinga so sehr beeindruckte (vgl. W. Kaegi, *Historische Meditationen*, II, Zürich 1946,L S. 250)? oder die Schriften Frazers? oder die Morgans? oder vielleicht gar – bei dieser Unbestimmtheit wird jede Hypothese zulässig – die Bachofens? auch hier: weshalb anspielen, statt näher zu bestimmen?

41 Einl., S. XVII.

42 Vgl. Bing, zit. Einl., S. 3. Garin schreibt, auch hier ohne zu spezifizieren: »Zweifellos war nicht alles an diesen Forschungen und Ansätzen von gleichem Niveau; zweifellos ist vieles, was in der Vergangenheit wirksam war, erschöpft oder ist in neue Positionen und Formulierungen übergegangen« (zit. Einl., S. XI).

43 »Bei der Lektüre Panofskys denkt man immer an die ›philosophischen‹ Lehren, die im Deutschland des 20. Jahrhunderts herangereift und während der beiden Kriege aufgeblüht waren, die aber nicht alle triftig und fruchtbar waren; bei der Lektüre Saxls denkt man immer weniger daran, während sich der spontane Vergleich mit den stichhaltigsten Untersuchungen der scharfsinnigsten Historiker auf den verschiedenen Gebieten der menschlichen Kultur einstellt. Daher der Eindruck einer besonderen Widerstandskraft seiner Arbeit, die nie ideenlos ist, sondern in der die ›Ideen‹ – anstatt sich den Dingen überzustülpen – zwischen ihnen kreisen, weil sich Fragen und Antworten entsprechen . . . Wenn Saxl den Abbildungen der Sternengottheiten vom Orient bis zum Okzident folgt, läßt er sich nicht zu tiefenpsychologischen Hypothesen hinreißen . . .« (Einl., S. XXIV; der Leser, der den kurz zuvor zitierten »gewissen tiefenpsychologischen Analysen« begegnet war, wird rasch beruhigt: jene Analysen, jene Hypothesen sind »Verführungen«, vor denen sich der Historiker gewissenhaft hüten muß). Sicher verdankt zum Beispiel Panofskys Aufsatz *Die Perspektive als ›symbolische Form‹* Cassirer (müssen wir vermuten, daß auch Cassirer für Garin ein »Philosoph« in Gänsefüßchen ist?) sehr viel,

was ausdrücklich anerkannt wird; und um so deutlicher ist heute, daß sich das kulturelle Klima geändert hat. Aber wäre jener Aufsatz (bei dem sich Garin nicht aufhält) ohne die theoretischen Anregungen Cassirers entstanden? Es ist doch wohl bezeichnend, daß die Bemerkungen über die Perspektive, die G. Hauck vom Standpunkt der Optik machte, mehrere Jahrzehnte lang tot gewesen sind, bis Panofsky sie wieder aufgriff. Wenn man sich darauf beschränkt, die »Philosopheme«, die »Theoretisierungen« hervorzuheben, die hinter Panofskys Aufsatz stehen, ohne dessen außerordentlichen Ertrag zu sehen – was auch heute noch wahrzunehmen ist, wenn angesehene Forscher das Problem der Perspektive von einem ganz anderen Gesichtspunkt aus neu aufrollen (vgl. die Sammlung von R. Klein, *Études sur la perspective à la Renaissance, 1956-1963*, in: »Bibliothèque d'Humanisme et Renaissance«, XXV, 1963, S. 577-587) – wäre engstirnig und beschränkt. Außerdem kann dieses Bild Panofskys als eines »Theoretisierers« nur für einige Aufsätze aus seiner deutschen Zeit Gültigkeit haben.

44 Man beachte, daß Garin, nachdem er die Namen Burckhardts, Nietzsches und Useners erwähnt hat, die Saxl für Warburg reklamiert hat, meint, daß es auch für Saxl »leicht wäre, sich bei Verwandtschaften und Bekanntschaften aufzuhalten«; dennoch werden derlei Verweise in der üblichen Manier des Anspielens oder Verschweigens dem Leser nicht mitgeteilt.

45 Vgl. G. Gentile, *Veritas filia Temporis. Postilla bruniana*, in: *Giordano Bruno e il pensiero del Rinascimento*, Florenz 1920, S. 89-110; F. Saxl, *Veritas filia Temporis*, in: *Philosophy and History. Essays presented to Ernst Cassirer*, hg. von R. Klibansky und H. J. Paton, New York 1963[2] (1. Aufl. Oxford 1936), S. 197-222. – Über den Aufsatz Gentiles hat Garin, *Medioevo e Rinascimento* . . ., op. cit., S. 195-197 richtige Bemerkungen gemacht. Siehe außerdem G. Aquilecchia, Einl. zu G. Bruno, *La cena de le Ceneri*, Turin 1955, der unter anderem einen sachlichen Fehler Gentiles verbessert (S. 58, Anm. 4).

46 Einl. zu *La storia delle immagini*, op. cit., S. XXIX.

47 Saxl (*Veritas filia Temporis*, op. cit., S. 201) vermerkt die Verbindung zwischen dem Zeichen Marcolinos (das bereits Gentile erwähnt; vgl. *Giordano Bruno* . . ., op. cit., S. 97, Anm. 1) und der Beschreibung der Calumnia, die von Lukian gegeben wird, und betont, daß Aretino, ein Freund und der wahrscheinliche Inspirator des Druckers aus Forlì, sich auf den Text Lukians nicht als gelehrte Allegorie, sondern als lebendige und gegenwärtige Wirklichkeit beruft. Vgl. auch Saxl, *Lectures*, op. cit., I, S. 167.

48 Saxl, *Veritas filia Temporis*, op. cit., S. 202.

49 Saxl, *Die Bibliothek Warburg* . . ., op. cit., S. 7-8. Vgl. außerdem oben Anm. 5 die Bemerkung Momiglianos über die unterschiedliche Beziehung Warburgs und Saxls zur klassischen Antike.

50 Der Warburgsche Ausdruck *Pathosformeln* ist von Saxl und von Panofsky wiederaufgenommen worden und in ziemlich bezeichnende unterschiedliche Bedeutungsrichtungen abgebogen worden. Saxl versteht ihn in »realistischem« Sinn, auch wenn er das Problem nicht sehr viel weiter vertieft; der zweite in »idealistischem« Sinn (unter Berufung auf den Goetheschen Gebrauch des Wortes (d. h. ›idealisch‹, d. Ü.)). Siehe Saxls Aufsatz *Continuità e variazione nel significato delle immagini*: das Bild des Herkules, der gegen den Stier kämpft, »wird in demselben Moment klassisch, in dem es erfunden wurde; aber in seiner olympischen und nicht in seiner delphischen Form, denn offensichtlich fand in Olympia das Kräftemessen *seinen logischsten Ausdruck*«, und weiter unten, immer noch diesbezüglich: »eine neue *realistischere und logischere Formel* als die von den orientalischen Gesellschaften geschaffene«, »eine neue, *logischere Form vom realistischen Gesichtspunkt aus*« (*La storia delle immagini*, op. cit., S. 6, 9, 15, kursiv von mir). Panofsky seinerseits schreibt in *Albrecht Dürer und die klassische Antike*: »[In der klassischen Kunst] erscheint nicht nur der Aufbau und die Bewegung des Körpers entsprechend den Begriffen *Symmetria* und *Eurythmia* zu idealer Natürlichkeit oder natürlicher Idealität emporgeläutert, sondern auch die mannigfachen Erregungen der wollenden und leidenden Seele. Edles Dastehen und wütendes Kämpfen, sanfte Begrüßung und wilder Tanz, olympische Ruhe und heroisches Pathos, Trauer und Freude, Schreck und Ekstase, Liebe und Haß – all das ist, um einen Ausdruck Warburgs zu gebrauchen, auf physiologisch oder psychologisch begründbare ›Pathosformeln‹ gebracht, die jahrhundertelang geblieben sind, *und die gerade deshalb so ›natürlich‹ erschienen, weil sie der Wirklichkeit gegenüber so ›idealisiert‹ waren, d. h. weil sich in ihnen ein ungeheurer Reichtum unmittelbar sinnlicher Anschauung schließlich dennoch zum Typischen verdichtet hatte*« (*Sinn und Deutung* . . ., op. cit., S. 292 f., kursiv von mir).

51 Zit. von Gentile, *Giordano Bruno* . . ., op. cit., S. 97, Anm. 1.

52 Ebd., S. 102-103.

53 Saxl, *Veritas filia Temporis*, op. cit., S. 218-219. Um freilich Mehrdeutigkeiten vorzubeugen, beachte man, daß das nicht einmal in diesen Zeugnissen unendliche Öffnung oder Fortschritt zur Wahrheit hin

bedeutet. Die Gegenüberstellung der antiken Philosophen und Descartes' (oder Newtons) ist sicher sehr bezeichnend; aber es bleibt die Tatsache bestehen, daß die Wahrheit sich *gänzlich* zu einem recht genau bestimmten Zeitpunkt der menschlichen Geschichte offenbart. Hier hat der Historismus nichts verloren.

54 Vgl. oben Anm. 11.

55 Saxl, *Veritas filia Temporis*, op. cit., S. 220-221.

56 Die Beziehungen Saxls zu Warburg nach dessen Heilung waren belastet; vgl. Bing, in: *La storia delle immagini*, op. cit., S. 191.

57 Heise, *Persönliche Erinnerungen ...*, op. cit., S. 23.

58 Ebd., S. 57: »Qualität im rein ästhetischen Sinne war für ihn nicht die oberste Wertkategorie ...«. Entsprechend bemerkt Saxl, daß es Warburg an »aestetic refinement« (der Vergleichspunkt ist J. Mesnil) mangelte (*Lectures*, op. cit., S. 343). Das widerspricht nicht der Tatsache, daß sich Warburg immer mehr über das Gewicht seiner Studien auch für die ästhetische Wertung der Kunstwerke bewußt wurde: bezeichnend ist, daß der Schlußsatz des Aufsatzes über das Testament Francesco Sassettis (»... um einseitig ästhetische Betrachtung historisch zu regulieren«) von ihm später in »einseitig hedonistische Betrachtung« verbessert wird (vgl. *Die Erneuerung ...*, op. cit., I. S. 158, 365 und XVI).

59 B. Croce, *Gli dèi antichi nella tradizione mitologica del Medio Evo e del Rinascimento*, in: *La parola del passato*, I (1946), S. 273-285, besonders S. 277 (zu J. Seznec, *La survivance des dieux antiques*, London 1940). Über die Position Croces siehe Gombrichs Urteil in: *Icones Symbolicae. The Visual Image in Neo-Platonic Thought*, in: JWCI, XI (1948), S. 163, Anm. 2.

60 Wie Warburg hervorhob, erleichtert der geringe oder nicht vorhandene ästhetische Wert eines Kunstwerkes tatsächlich die Rekonstruktion des zugrundeliegenden ikonographischen »Programmes«. Vgl. *Die Erneuerung ...*, op. cit., Bd. II, S. 464: »und schließlich (will) ich die Darstellung des Julimonats herausgreifen, weil dort eine weniger widerstandsfähige Künstlerpersönlichkeit das gelehrte Programm am greifbarsten durchscheinen läßt« (und vgl. auch S. 472). Es handelt sich wohlgemerkt um eine vereinzelte Bemerkung; Warburg will sicher nicht die Ansicht vertreten, daß die Treue zu einem ikonographischen Programm immer daran hindert, künstlerisch Wertvolles zu schaffen (womit wir in gewissem Sinne auf die weiter oben erwähnte Position Croces zurückfallen würden).

61 Bing, *Aby M. Warburg*, op. cit., S. 110. Die Implikationen einer »Kulturgeschichte«, die ähnlich wie die Jakob Burckhardts konzipiert ist und die die Kunst als charakterisierenden Bestandteil, als einigenden Nenner einer historischen Epoche annimmt, sind von F. Gilbert (vgl. *Cultural History and its Problems*, in: *XIe Congrès International des Sciences Historiques. Rapports*, I, Uppsala 1960, S. 40-58) untersucht worden. Zu einer extremen Tendenz in diesem Sinne vgl. C. J. Friedrich, *Style as the Principle of Historical Interpretation*, in: »The Journal of Aesthetics and Art Criticism«, XIV (1955), S. 143-151 und die zurecht scharfen kritischen Einwände von D. Cantimori, *L'età barocca*, in: *Manierismo, Barocco, Rococò: concetti e termini. Convegno internazionale – Roma 21-24 aprile 1960*, Rom 1962, S. 395-417. Aber mit diesen Diskussionen entfernen wir uns weit von den von Warburg und seinen Fortsetzern gestellten Problemen.

62 Vgl. Momigliano, *G. Bing*, op. cit., S. 857. Und siehe auch Saxls Erläuterungen in: *Verzeichnis astrologischer und mythologischer illustrierter Handschriften des lateinischen Mittelalters in römischen Bibliotheken*, in: Sitzungsberichte der Heidelberger Akademie der Wissenschaften, Phil.-hist. Kl., 1915, 6-7 Abh., S. V-VI.

63 Der Vortrag ist zit. in: *La storia delle immagine*, op. cit., S. 105-118. Saxl legt hier die Ergebnisse einer seiner Forschungen vor, die im Jahr zuvor in Buchform erschien (*La fede astrologica di Agostino Chigi. Interpretazione dei dipinti di Baldassarre Peruzzi nella sala di Galatea della Farnesina*, Rom 1934).

64 Vgl. *La storia delle immagini*, op. cit., S. 85-104. Die Schlußfolgerung ist typisch Warburgisch: »In der Periode, die wir Renaissance nennen, werden diese Symbole, die von Anfang an emotional aufgeladen waren, wieder erweckt und so zu neuem Leben gebracht. Eines davon ist der Stier. Andere sind die wahnsinnige Mänade und der getötete Orpheus« (S. 104). Bekanntlich hatte Warburg selbst die Mänade und Orpheus als Pathosformeln ausgesondert (vgl. *Die Erneuerung ...*, op. cit., II, S. 445 f.).

65 Vgl. Bing, zit. Vorw., S. 10-11.

66 Vgl. *Lectures*, op. cit., S. 277-285. Die Tatsache, daß dieser und die folgenden einfache Vorträge sind (aber von welchem Niveau!), ist für unseren Argumentationsgang irrelevant, der nicht auf die Neuheit der Ergebnisse, die oft durchaus vorhanden ist, sondern auf den Zuschnitt und die Verkettung der Argumentation abhebt.

[67] Vgl. *Lectures*, op. cit., I, S. 277. Man nimmt hier das Echo auf die Überlegungen Cassirers über das »Fehlen einer Semantik« in der bildenden Kunst wahr – Überlegungen, die Ragghianti seltsamerweise als »eine Unterwerfung des menschlichen Sehvermögens unter sein Sprachvermögen oder schlimmer als seine Auflösung in dieses« betrachtet (Vorw. zu K. Fiedler, *L'attività artistica*, Venedig 1963, S. 36). Indes sind sie das genaue Gegenteil, beinhalten nämlich die Forderung, die künstlerische Sprache zu spezifizieren – gegen jede abstrakt logizistische Position. Auf die »Polysemie« des Bildes weist in anderem Sinn und einem anderen Kontext C. Brandi, *Le due vie*, Bari 1966, S. 63-64 und passim hin. Vgl. unten Anm. 151.

[68] Veröffentlicht von E. His, *Holbeins Verhältnis zur Basler Reformation*, in: »Repertorium für Kunstwissenschaft«, II (1879), S. 156-159.

[69] *Lectures*, op. cit., I, S. 279.

[70] Ebd., S. 281-282.

[71] Siehe gerade in bezug auf Holbein das bezeichnende editorische Schicksal des *Totentanzes* von Lyon, das von N. Zemon Davis, *Holbein's Pictures of Death and the Reformation at Lyons*, in: »Studies in the Renaissance«, III (1956), S. 97-130 rekonstruiert worden ist; die Drucker, die das Werk veröffentlichten, fügten es in einen je nach dem mehr oder weniger orthodoxen Kontext ein, variierten die Bildunterschriften, ließen aber die Bilder immer unverändert.

[72] Vgl. über das ganze Problem H. Grisar, S. J. und F. Heege, S. J., *Der Bilderkampf in den Schriften von 1523 bis 1545*, Freiburg im Breisgau 1923, S. 1-23 (*Luthers Kampfbilder*, H. 3).

[73] Vgl. ebd., S. 14 und M. Gravier, *Luther et l'opinion publique*, Paris 1942, S. 293.

[74] Vgl. *Die Erneuerung . . .*, op. cit., Bd. II, S. 487-558.

[75] Vgl. Gravier, *Luther . . .*, op. cit., S. 294-295; Grisar und Heege (*Der Bilderkampf . . .*, op. cit., S. 20-21) behaupten, die beiden Gestalten des Papstesels und des Mönchskalbs seien »zweifellos« vom Urheber des *Passional*, d. h. von Cranach, geschnitten bzw. gestochen wurden. Andere Forscher schreiben sie Cranachs Werkstatt zu.

[76] Vgl. eben von Saxl, *Holbein's Illustrations to the ›Praise of Folly‹ by Erasmus*, in: »The Burlington Magazine«, LXXXIII (1943), S. 275-279.

[77] Vgl. *Lectures*, op. cit. S. 282-283. Vgl. zur Zuschreibung des *Hercules Germanicus* an Holbein, zu seiner Interpretation und zu dem Verweis auf den Brief Hugwalds D. Burckhardt-Werthemann, *Drei wiedergefundene Werke aus Holbeins früherer Baslerzeit*, in: »Basler Zeitschrift für Geschichte und Altertumskunde«, IV (1905), S. 33-37 und vor allem P. Burckhardt-Biedermann, *Über Zeit und Anlaß des Flugblatts: Luther als Hercules Germanicus*, ebd. S. 38-44. Der Druck (der anfänglich H. Baldung Grien zugeschrieben wurde) wurde fälschlicherweise als prolutherisch verstanden von F. Baumgarten, *Hans Baldungs Stellung zur Reformation*, in: »Zeitschrift für die Geschichte des Oberrheins«, N. R., XIX (1904), S. 249-255. E. Wind (*»Hercules« and »Orpheus«: Two Mock-Heroic Designs by Dürer*, in: JWCI, II, 1938-1939, S. 217-218) interpretierte den *Herkules* in nicht überzeugender Weise als satirische Antwort auf eine Zeichnung Dürers, die den *Hercules Gallicus* darstellt. Aber abgesehen von den Argumentationen Winds (darüber E. Panofsky, *Das Leben und die Kunst Albrecht Dürers*, Darmstadt 1977, S. 99-102, Abb. 108 sowie R. E. Hallowell, *Ronsard and the Gallic Hercules Myth*, in: »Studies in the Renaissance«, IX, 1962, S. 249, Anm. 28) kann der Druck nicht als »satirisch« bezeichnet werden. Man beachte vor allem, daß das Epitheton *Hercules Germanicus* zu Beginn des 16. Jahrhunderts dem Kaiser Maximilian I. zuerkannt worden war, der manchmal in der Aufmachung des Herkules dargestellt worden war (vgl. P. du Colombier, *Les triomphes en images de l'empereur Maximilian I*^er^, in: *Les fêtes de la Renaissance, II, Fêtes et cérémonies au temps de Charles Quint*, Paris 1960, S. 112, Anm. 33). Außerdem erscheint die Gestalt des Luther-Herkules als großartige Schrekkensgestalt, und nicht als grotesk oder karikaturenhaft. Um deren Bedeutung zu verstehen, muß man wahrscheinlich auf eine Gruppe von Abschnitten des Erasmus zurückgreifen, die nicht genügend in Betracht gezogen wurden von denen, die sich mit diesem Problem beschäftigt haben. Der Vergleich zwischen den eigenen literarischen Bemühungen und den Mühen des Herkules, die in dem Sinnspruch »Herculei labores« ausgedrückt sind (vgl. *Adagiorum chiliades quatuor cum sequicentura . . .*, [Genevae] 1558, Sp. 615-623), kehrt mehrmals in der Briefsammlung des Erasmus wieder. Erasmus, der von seinen Korrespondenten imitiert wird, spielt auf sich selbst als Herkules an – einen Herkules, dessen Mühen im Kampf gegen die Mönche und die Anhänger der Scholastik oder um die Reinigung eines Textes, den die Zeit überkrustet und verdorben hat, dargestellt werden (vgl. *Opus epistolarum*, hg. von Allen, II, S. 86, 406, 539-540; IV, S. 77, 266; VIII, S. 71, 117; IX, S. 117, 125; und vgl. außerdem *Briefwechsel des Beatus Rhenanus*, hg. von A. Horawitz und K. Hartfelder, Leipzig 1886, S. 393). Das alles scheint mir weiter die Bedeutung des Flugblattes vom *Hercules Germanicus* zu klären: es ist ein

scharfsinniger und politisch sehr geschickter Versuch (man beachte, daß wir im Jahre 1522 sind, in einen Augenblick also, in dem Erasmus, obgleich von verschiedener Seite dazu gedrängt, noch nicht offen Stellung gegenüber Luther bezogen hat), Luther als Erasmianer darzustellen, der dazu bereit ist, gegen Aristoteles, Thomas von Aquin, Occam, Duns Scotus und so weiter für die Läuterung der Theologie und der Literatur zu kämpfen. Und vgl., was bereits Burckhardt-Biedermann, *Über Zeit und Anlaß . . .*, op. cit., S. 42 geschrieben hat. – Seltsamerweise ist das Epitheton »Hercules Germanicus« von R. Bainton unter Absehung von seinen proerasmianischen Implikationen als Kapitelüberschrift seines schönen *Martin Luther* (deutsche Übersetzung, Göttingen 1971, S. 99) übernommen worden.

78 *Lectures*, op. cit., I, S. 267.

79 Ebd., S. 270.

80 Ein nicht sehr überzeugender Versuch in Zweifel zu ziehen, daß Dürer ganz der lutherischen Reformation anhing, ist von H. Lutz, *Albrecht Dürer und die Reformation. Offene Frage*, in: »Miscellanea Bibliothecae Hertzianae . . .«, München 1961 (Römische Forschungen der Bibliotheca Hertziana, Bd. XVI), S. 175-183 gemacht worden.

81 *Lectures*, op. cit., I, S. 271, 273.

82 Man beachte, daß Panofsky in seinem Buch über Dürer *(Das Leben und die Kunst Albrecht Dürers*, op. cit.), das Saxl sicher gegenwärtig war, als er diese Seiten schrieb, bei der Untersuchung der in den Jahren der religiösen Krise eingetretenen Wandlungen des Stils Dürers viel vorsichtiger war. An erster Stelle betonte er stärker (S. 266), daß sich die Erschütterungen nicht nur auf den Stil sondern auch auf die Ikonographie bezogen (mit wenigen Ausnahmen gab Dürer in jenem Zeitabschnitt die nichtreligiösen Themen auf). An zweiter Stelle: auch dann, wenn Saxl den Analysen Panofskys näher kommt (vgl. Saxl, *Lectures*, op. cit, I, S. 271, II, Abb. 190 a und 190 b; E. Panofsky, *Das Leben und die Kunst Albrecht Dürers*, op. cit., S. 265-267), neigt er dazu, die psychologisierenden Parallelen zu akzentuieren (als Panofsky Bilanz zieht, beschränkt er sich darauf zu sagen, daß der Akzent der Kunst Dürers in dieser Periode sich »von linearen Werten und dynamischer Bewegung auf ein einem Schema unterworfenes Volumen« verlagerte, S. 266 f.). Noch bezeichnender ist die von den beiden Gelehrten gelieferte unterschiedliche Interpretation des »Christus am Ölberg« von 1521. Während für Saxl, wie wir gesehen haben, die Haltung Christi, der mit ausgestreckten Armen am Boden liegt, »den Gemütszustand Dürers (ausdrückte): das Heil besteht in einer völligen Unterwerfung unter den Glauben«, ist sie für Panofsky (op. cit., S. 293) ein Nachklang auf die archaische Ikonographie, die sich auf eine »ungewöhnlich buchstäbliche« Auslegung der entsprechenden Abschnitte bei Matthäus und Markus gründet (Matth. 26, 39: »Et progressus pusillum procidit in faciem suam«; Mk. 14, 35: »Et cum processisset paululum, procidit super terram«). Für mich gibt es keinen Zweifel, daß Panofskys Interpretation weit begründeter und überzeugender ist.

83 Zu diesem Ausdruck, der hier in der von E. H. Gombrich vorgeschlagenen Bedeutung benutzt wird, siehe weiter unten.

84 Das gilt auch für einen Vortrag über Velasquez, den Saxl 1942 hielt (einer seiner weniger gelungenen, um es klar zu sagen), der sozusagen auf halber Strecke zwischen den stilistischen Ableitungen der Aufsätze über Holbein und Dürer und einer Verwendung des Kunstwerks als »Photoersatz der Vergangenheit« liegt (vgl. zu diesem Ausdruck G. Bandmann, *Das Kunstwerk als Gegenstand der Universalgeschichte*, in: »Jahrbuch für Ästhetik und allgemeine Kunstwissenschaft«, VII, 1962, S. 146-166, der im ganzen sehr viel weniger bietet, als der Titel verspricht). Darin gibt es einen letzten Endes etwas mechanischen Parallelismus zwischen den politischen Ereignissen in Spanien auf der einen und den von Velasquez in verschiedenen Zeitabschnitten ausgeführten Porträts Philipps IV. auf der andern Seite. Auf dieser Linie kann Saxl auf dem ersten Porträt einen jungen elegant gekleideten Mann erblicken, »dessen Hauptinteressen in jener Zeit Frauen und Pferde waren und den Olivares unter Drohungen zu seinem Beruf als König zwingen mußte (*Lectures*, op. cit., S. 313); auf einem andern eine gewisse *joie de vivre* zusammen mit einer ruhigen Würde (S. 314); auf einem folgenden Porträt eine monumentale Physiognomie voller Selbstbeherrschung, die nicht mehr die Tadelungen des Olivares fürchtet (S. 314-315); auf einem weiteren das Gesicht eines Königs »mit der Absicht, das wiederzuerlangen, was Olivares in den vergangenen zehn Jahren verloren hatte« (S. 319). Die positivistische Annahme, daß es genüge, sich ohne weiteres auf die Porträts Velasquez' zu beziehen, um zu wissen, »wie Philipp IV. in den verschiedenen Perioden seiner Existenz war«, ist durch den beharrlichen Verweis Saxls auf die wachsende Reife des Malers nicht abgeschwächt worden. Man beachte, daß H. I. Marrou (*De la connaissance historique*, Paris 1962^4) an zwei Stellen (S. 231-232, 295-296) auf das Beispiel der Porträts – das Cleopatras und das Ludwig XIV. – zurückgreift, um in Auseinandersetzung

mit den positivistischen Auffassungen »die unausrottbare Vermischung von Subjekt und Objekt« zu zeigen, die das historiographische Wissen kennzeichnet.

[85] Es wäre zwecklos, Beispiele anzuführen; es wird genügen, den immer und immer häufiger gemachten sehr weitschweifigen Rückgriff auf bildliche Zeugnisse bei den Althistorikern zu erwähnen.

[86] Vgl. zum Beispiel den Abschnitt von A. Grenier bezüglich der Augustus-Statue, die in Prima Porta gefunden wurde, und den Kommentar von R. Marichal, in: *L'histoire et ses méthodes*, hg. von Ch. Samaran, Paris 1961 (Encyclopédie de la Pléiade, XI), S. 1352 (der Verweis auf Bloch steht auf der vorangehenden Seite). (Man beachte, daß die Position Blochs hierzu ganz anders war; vgl. den von P. Francastel, *Art et Histoire: dimension et mesure des civilisations*, in: »Annales E.S.C.«, XVI, 1961, S. 297 zit. Abschnitt.

[87] Zu all dem vgl. weiter unten.

[88] Vgl. E. Wind, *Some Points of Contact between History and Natural Science*, in: *Philosophy and History* . . ., op. cit., S. 255-264.

[89] Vgl. ebd., S. 257; Panofsky, *Sinn und Deutung* . . ., op. cit., S. 15.

[90] Siehe weiter unten Anm. 106.

[91] Vgl. Panofsky, *Sinn und Deutung* . . ., op. cit., S. 13-16.

[92] Die Implikationen der theoretischen Aufsätze aus der deutschen Zeit Panofskys entgehen größtenteils dem, der – wie ich – nicht einmal eine entfernt angemessene Kenntnis der Diskussionen hat, die zwischen den beiden Kriegen in Deutschland über diese Themen stattfanden. Entsprechend entgeht mir, in welchem Maße es einen Bruch und in welchem Maße eine Kontinuität zwischen dem Panofsky der deutschen und dem der amerikanischen Zeit gab (bekanntlich emigrierte er 1933 in die Vereinigten Staaten). In jedem Fall hatte Panofsky, so frühzeitig und eng er auch mit der Gruppe um Warburg verbunden war, eine besondere Ausbildung, die er nie vollständig leugnete. Es ist symptomatisch – um nur ein Beispiel zu nennen –, daß Wind und Saxl gegen Wölfflin (vor allem) und gegen Riegl im Namen einer immer engeren Wechselbeziehung zwischen der Kunstgeschichte und den anderen historischen Disziplinen polemisieren, während Panofsky in seinen ersten Aufsätzen die psychologistischen und philologistischen Implikationen der Theorien Riegls und Wölfflins im Namen einer Transzendentalphilosophie der Kunst mit stark Kantscher Prägung kritisiert.

[93] Vgl. Białostocki, *Iconografia e iconologia*, op. cit., Sp. 168.

[94] Der Aufsatz befindet sich in: *Aufsätze zu Grundfragen* . . ., op. cit., S. 85-97.

[95] »Eine wirklich *rein formale* Beschreibung dürfte nicht einmal Ausdrücke wie ›Stein‹, ›Mensch‹ oder ›Felsen‹ gebrauchen, sondern müßte sich grundsätzlich darauf beschränken, die Farben, die sich in mannigfacher Nuancierung gegeneinander absetzen, miteinander verbinden und sich höchstens zu quasi ornamentalen oder quasi tektonischen Formkomplexen zusammenbeziehen lassen, als völlig sinnleere und sogar räumlich mehrdeutige Kompositionselemente zu deskribieren . . . Es ist nicht immer möglich, . . . das im Bilde Dargestellte zu ›*erkennen*‹. Wir wissen alle, was ein Mandrill ist, aber um ihn in diesem Bild [Franz Marcs in der Hamburger Kunsthalle] zu ›*erkennen*‹, müssen wir, wie man zu sagen pflegt, auf die expressionistischen Darstellungsprinzipien, die hier die Gestaltung beherrschen, ›*eingestellt*‹ sein.« (*Aufsätze zu Grundfragen* . . ., op. cit., S. 86, 87 f.).

[96] Siehe oben Anm. 19.

[98] *Das Problem des Stils in der bildenden Kunst*, ebd., S. 25.

[99] *Der Begriff des Kunstwollens*, ebd. S. 35. Das komplizierende Stück, das Panofsky in diesen Aufsatz einführt, ist folgendes. Er lehnt die Interpretation des *Kunstwollens* nicht nur in bezug auf die Psychologie des Künstlers, sondern auch in bezug auf die »Psychologie der Zeitepoche« ab. Das aus zwei Gründen. Entweder handelt es sich um »bewußt gewordene Absichten oder Erwartungen, wie sie in der zeitgenössischen Kunsttheorie oder Kunstkritik ihre Formulierung finden«, und dann müssen sie als »ein *Parallelphänomen* zu den künstlerischen Hervorbringungen der Epoche« betrachtet und mit dem selben Maßstab wie letztere interpretiert werden. Oder – und hier wird der Argumentationsgang interessanter – »wir erleben unbewußt wirksame, nicht in der Form irgendeiner dokumentarischen Überlieferung niedergeschlagene Strömungen oder Wollungen, die nur aus eben denselben künstlerischen Phänomenen erschließbar sind, die ihrerseits durch sie erklärt zu werden verlangen (so daß der ›gotische Mensch‹ oder der ›Primitive‹, aus dessen vermeintlichem Wesen wir ein bestimmtes Kunstprodukt erklären wollen, in Wahrheit nur die Hypostasierung eines Eindrucks ist, den wir von eben diesem Kunstprodukt empfingen)« (ebd. S. 33). Hier wird in sehr scharfsinniger Weise die Gefahr erkannt, in einen *circulus vitiosus* zu geraten, die einer »Erklärung« der künstlerischen Phänomene implizit ist, welche – aus einer oft sehr oberflächlichen Betrachtung der künstlerischen Phänomene selbst abgeleitete – historisch-kulturelle Kategorien verwendet; dennoch wird der Leser, der sich die

nachfolgenden Formulierungen Panofskys bezüglich der ikonologischen Methode vergegenwärtigt, anfänglich zu dem Gedanken verleitet, dieser »circulus« breche leicht auf, wenn die künstlerischen Phänomene – anstatt wie hier in einer Art künstlicher Isolierung betrachtet werden – in eine komplexe Sichtweise der Kulturgüter einer bestimmten Gesellschaft eingebettet werden, wie es Panofsky in der Folge selbst vorschlägt. Aber es ist kein Zufall, daß Panofsky bei der Perspektive, die künstlerischen Phänomene in einen allgemeineren historischen Zusammenhang einzufügen, innehält. In diesem Aufsatz gibt es eine deutliche Entgegensetzung von der künstlerischen Erscheinung »immanenter sinngeschichtlicher Erklärung« und Kunstgeschichte (siehe weiter unten Anm. 101).

100 Vgl. *Sinn und Deutung . . .*, op. cit., S. 50 und im Gegensatz dazu *Aufsätze zu Grundfragen . . .*, op. cit., S. 95. Vgl. außerdem E. Garin, Einl. zu *La storia delle immagini*, op. cit., S. XXI. Über das Vorwort zu den *Studien* vgl. die präzisen Bemerkungen von R. Klein, *Considérations sur les fondements de l'iconographie*, in: »Archivio di filosofia«, 1963, S. 419-436.

101 Vgl. *Aufsätze zu Grundfragen . . .*, op. cit., S. 35; die sinngeschichtliche Erklärung »ist freilich nicht mit der genetischen Erklärung zu verwechseln, wie sie uns die psychologistische Auffassung des Kunstwollens trüglicherweise in Aussicht stellte«. Und vgl. S. 38: »Und wenn hier einer derartigen ›transzendental-kunstwissenschaftlichen‹ Betrachtungsweise das Wort geredet wird, so geschieht das keineswegs, um sie etwa an Stelle der rein historisch vorgehenden Kunstgeschichtsschreibung anzupreisen, sondern nur um ihr ein Vorzugsrecht auf den Platz an ihrer Seite zu vindizieren: es soll lediglich gezeigt werden, daß die ›sinngeschichtliche‹ Methode – weit entfernt, die rein historische Arbeit verdrängen zu wollen – die einzige berufene ist, sie zu ergänzen . . .«. Wenige Seiten vorher hatte Panofsky präzisiert, daß es Aufgabe dieser »immanenten sinngeschichtlichen Erklärung« sei, eine wirkliche Tafel transzendentaler, *a priori* gültiger Kategorien abzuleiten: »So gewiß es für die Kunstwissenschaft Aufgabe ist, über das historische Verständnis, die inhaltliche Erklärung und die formale Analyse der künstlerischen Erscheinungen hinaus das in ihnen verwirklichte und allen ihren stilistischen Eigenschaften zugrunde liegende ›Kunstwollen‹ zu begreifen, und so gewiß wir feststellten, daß dieses Kunstwollen notwendigerweise nur die Bedeutung eines dem Kunstwerk immanenten Sinnes haben kann – so gewiß muß es auch Aufgabe der Kunstwissenschaft sein, a priori geltende Kategorien zu schaffen, die, wie die der Kausalität an das sprachlich formulierte Urteil als Bestimmungsmaßstab seines erkenntnistheoretischen Wesens, so an das zu untersuchende künstlerische Phänomen als Bestimmungsmaßstab seines immanenten Sinnes gewissermaßen angelegt werden können – Kategorien nun aber, die nicht wie jene die Form des erfahrungsschaffenden Denkens, sondern die Form der künstlerischen Anschauung würden bezeichnen müssen« (ebd. S. 36-37). Ergebnis dieses Momentes im Denken Panofskys ist der Aufsatz *Über das Verhältnis der Kunstgeschichte zur Kunsttheorie. Ein Beitrag zu der Erörterung über die Möglichkeit ›kunstwissenschaftlicher Grundbegriffe‹* (1925; ebd., S. 49-75).

102 Vgl. die synoptische Tafel in *Sinn und Deutung . . .*, op. cit., S. 50; das »Korrektivprinzip« der ikonologischen »Interpretation« ist in der »Geschichte *kultureller Symptome oder ›Symbole‹* (Einsicht in die Art und Weise, wie unter wechselnden historischen Bedingungen *wesentliche Tendenzen des menschlichen Geistes* durch bestimmte *Themen* und *Vorstellungen* ausgedrückt werden)« (hier und an anderer Stelle kursiv von Panofsky) gegeben.

103 Vgl. C. Gilbert, *On Subject and Not-Subject in Italian Renaissance Pictures*, in: »The Art Bulletin«, XXXIV (1952), S. 202-216. Die von Gilbert angezogenen Beispiele (der uns unter anderem mitteilt, daß in reaktionären amerikanischen Kreisen das Wort »iconologist« ein zweideutiger und beinahe beleidigender Ausdruck, annähernd wie »intellectual«, geworden war) sind dennoch nicht immer überzeugend. Er schließt (S. 216) mit dem Wunsch nach einer »iconology of richer scope« die auch die »non-subject pictures« einschließt (In Kürze hat Panofsky auf Gilbert im neuen Vorwort zur zweiten Auflage der *Studies in Iconology. Humanistic Themes in the Art of the Renaissance*, New York 1962, S. V-VI geantwortet). Vgl. außerdem zu einem von Gilbert berührten Problem E. H. Gombrich, *Renaissance Artistic Theory and the Development of Landscape Painting*, in: »Gazette des Beaux Arts«, 95, 6. R., XLII (1953), S. 335-360 (zu einer Beurteilung des Aufsatzes von Gilbert, das mit dem oben Gesagten übereinstimmt, vgl. ebd. S. 360).

104 Vgl. *Studien zur Ikonologie*, op. cit., S. 256 und Anm. 18.

105 Ebd., S. 289.

106 *Sinn und Deutung . . .*, op. cit. S. 47 f. An dieser Stelle könnte man einen Vergleich zwischen der ikonologischen Methode Panofskys und der Stilkritik L. Spitzers in Vorschlag bringen. Der Ausgangspunkt liegt bei der unstrittigen Analogie zwischen dem »methodischen Zirkel«, den Panofsky, wie wir gesehen haben, E. Wind entlehnt, und dem »philologischen oder hermeneutischen Zirkel« oder dem

Vorgehen »vom Umfeld zum Zentrum«, wovon Spitzer spricht; beide kommen von Dilthey her (auch wenn für Wind die dokumentarische Sicherheit fehlt), der sich seinerseits auf eine Rede Schleiermachers über die Hermeneutik beruft (vgl. L. Spitzer, *Critica stilistica e semantica storica*, Bari 1966², S. 94, 273-277). Diese Analogie kann vertieft werden (auch wenn man sich die offenkundige Unterschiedlichkeit dieser beiden großen Forscher vergegenwärtigen muß), insofern einige beiden Methoden gemeinsame Schwierigkeiten bestehen (zu Spitzer vgl. den sehr schönen Aufsatz von C. Cases, *Leo Spitzer e la critica stilistica*, jetzt in: *Saggi e note di letteratura tedesca*, Turin 1963, S. 267-314). Wie Spitzer fordert auch Panofsky – wenn auch vorsichtiger – eine Interpretationsmethode, nämlich die ikonologische, die sich auf eine irrationale Intuition stützt; beide haben auf der anderen Seite angesichts der unverhüllteren irrationalistischen Verdrehungen und Willkürakte (Heidegger für Panofsky; der Stefan-George-Kreis für Spitzer) die objektive Kontrolle zu Hilfe gerufen, die in Texten und dokumentarischem Material besteht. Nachdem Leo Spitzer 1930 das Ziel, »den unbewußten *Formwillen* eines Kunstwerks deutlich zu machen«, angegeben hatte, zog er sich außerdem (1948) ausschließlich auf die Analyse der bewußten Bedeutung zurück, indem er ausdrücklich vor der »Untersuchung der unbewußten Absichten des Dichters« warnte (vgl. Cases, *Saggi e note* . . ., op. cit., S. 270-271); Panofsky hat eine fast analoge Entwicklung durchgemacht (siehe weiter unten; gerade der Ausdruck »unbewußter Formwille« ruft die weiter oben zitierten Ausdrücke Panofskys in Erinnerung). Auch die Unmöglichkeit, zu einem ästhetischen Urteil zu gelangen, die Risiken der Einseitigkeit des ikonologischen Ansatzes und die damit verbundene Gefahr, sich letztlich auf nicht angemessen diskutierte Urteile und historiographische Kategorien zu berufen, finden in einem gewissen Maße eine Entsprechung in der Stilkritik Spitzers (wo dennoch die Willkürlichkeit zweifellos größer ist) (vgl. Cases, *Saggi e note* . . ., op. cit., S. 294 ff., 280-281). Diese Verweise wollen offentlichtlich schlicht auf einen gemeinsamen kulturellen Kontext dieser beiden Gelehrten hindeuten, der in gewissem Maße deren methodologischen Entwicklungsgang bedingt hat – nicht auf wechselseitige Einflüsse.

107 *Sinn und Deutung* . . ., op. cit. S. 49.

108 Das ist von E. Garin, Einl. zu *La storia delle immagini*, op. cit., S. XXI, hervorgehoben worden; er kommentiert: »es lohnt sich, das Verschwinden zu unterstreichen usw.«, jedoch ohne zu präzisieren, in welchem Sinn. Unter den neueren ikonographischen Forschungen Panofskys vgl. vor allem *The Iconography of Correggio's Camera di San Paolo*, London 1961. Analytisch ergiebig im engeren ikonologischen Sinn ist dagegen immer noch von Panofsky *Tomb Sculpture. Four Lectures on Its Changing Aspects from Ancient Egypt to Bernini*, hg. von *H. W. Janson*, London 1964. – (In der deutschen Übersetzung der Studien taucht das »unbewußt« im Anschluß an *Sinn und Deutung* wieder auf, Anm. d. Ü.).

109 Vgl. O. Pächt, *Panofsky's Early Netherlandish Painting* – II, in: »The Burlington Magazine«, XCVIII (1956), S. 276. – Ich mache darauf aufmerksam, daß mir für diesen Absatz die von Białostocki, *Iconografia e iconologia*, op. cit. gemachten Verweise sehr nützlich waren. Von diesem Autor sollte auch *Teoria i twórczość. O tradycji i inwencji w teorii sztuki i ikonografii*, Posen 1961 (mit einer Zusammenfassung in englisch auf den S. 210-213) gelesen werden.

110 E. H. Gombrich, *Botticelli's Mythologies. A Study in the Neoplatonic Symbolism of his Circle*, in: JWCI, VIII (1945), S. 13.

111 Zu Saxl vgl. G. Bing im Anhang zu *La storia delle immagini*, op. cit, S. 179; Saxl arbeitete auch an der *Festschrift für Julius Schlosser* (1927) mit dem Aufsatz *Aller Tugenden und Laster Abbildung* mit. Zu der zitierten Mitarbeit Schlossers an den *Vorträgen* vgl. den Aufsatz *Vom modernen Denkmalkultus*, in: *Bibliothek Warburg. Vorträge 1926-1927*, Berlin und Leipzig 1930, S. 1-21.

112 Vgl. O. Kurz, Einl. zu J. von Schlosser, *L'arte del Medioevo*, Turin 1921, S. XXVIII.

113 Typisch ist die ironische Abschweifung auf S. 288 von *Kunst und Illusion. Zur Psychologie der bildlichen Darstellung*, Köln 1967. Nur ausnahmsweise verleitet die Ungeduld, eine geschlossene theoretische Argumentation zu verfolgen, Gombrich dazu, sich nicht an die Mäander der philologischen Forschung zu halten; jene, wir wiederholen es, ungewöhnliche Tendenz »to oversimplify« (nicht zu verwechseln mit dem theoretischen »Extremismus«, auf den R. Arnheim verweist) hat der anonyme Rezensent von *Kunst und Illusion* im »Times Literary Supplement« (8. April 1960, S. 217-218) an ihm getadelt. Zu einem anderen Beispiel in diesem Sinn vgl. *Light, Form and Texture in* XVth *Century Painting*, in: »Journal of the Royal Society of Arts«, CXII (1963-1964), S. 844 hinsichtlich Albertis Kenntnis der flämischen Malerei.

114 *Botticelli's Mythologies* . . ., op. cit., in: JWCI, VIII (1945), S. 7-60; *Icones Symbolicae* . . ., op. cit., in: JWCI, XI (1948), S. 163-192. (Man beachte, daß das Bild der Historia, das C. Giarda, *Icones symbolicae* entnommen ist und auf Tafel 32 c – und vgl. auch S. 192 – reproduziert ist, sich, wie die

dreiköpfige Gestalt und die Bildunterschrift zeigt, aus dem von Panofsky in dem Aufsatz *Tizians Allegorie der Klugheit. Ein Nachwort*, in: *Sinn und Deutung* . . ., op. cit., S. 167-191 untersuchten ikonographischen Typus herleitet. Ein weiteres sehr klares Beispiel für die vorherrschenden theoretischen Interessen Gombrichs ist in dem Aufsatz *Raphael's Madonna della Sedia*, London 1956 gegeben.

115 *A Bibliography of the Survival* . . ., op. cit., S. 3-5.

116 Ebd., S. 100-101. Ein partielles Echo dieser Kritik, wenn auch ohne Bezüge auf Panofsky, befindet sich in G. Tonelli, *E. H. Gombrich e l'estetica delle arti figurative*, in: »Filosofia«, XIII (1962), S. 62-64.

117 Vgl. die ganz richtigen allgemeinen Bemerkungen in diesem Sinn von E. Garin, Rezen. zu A. Chastel, *Marsile Ficin et l'art*, Genf 1954, in: »Bibliothèque d'Humanisme et Renaissance«, XVII (1955), S. 455. D. Cantimori (*Il problema rinascimentale di Armando Sapori*, jetzt in: *Studi di storia*, Turin 1959, S. 377) bemerkt, daß »man sich, wenn man die Beziehung wirtschaftliches Leben – soziales, politisches, ›kulturelles‹ Leben mechanisch und statisch als *Koinzidenz*-Verhältnis versteht, auf einen Weg begibt, der . . . ein wirkliches historisches Verständnis ausschließt«; und er endet: »mir scheint, daß die Sorge um die Koinzidenz schließlich in eine Sackgasse führt, wie das Scheitern des Versuchs von Antal zeigt; denn man kann nicht alles auf die Beziehung Auftraggeber-Künstler zurückführen.« Das hier diskutierte Problem ist anders, aber die Bemerkung kann auch hierauf bezogen werden. Antal berief sich bekanntlich auf die Studien Warburgs und seiner Fortsetzer, wenn er ihn auch in oberflächlich soziologischem Sinn verstand (vgl. zum Beispiel *Remarks on the Method of Art History*: I, in: »The Burlington Magazine«, XCI [1949], vor allem S. 50).

118 Vgl. »Kritische Berichte zur kunstgeschichtlichen Literatur«, VI (1937), S. 109-116; jetzt in: *Meditationen über ein Steckenpferd. Von den Wurzeln und Grenzen der Kunst*, Frankfurt am Main 1978, S. 131-139.

119 *Wertprobleme* . . ., op. cit., S. 114 (*Meditationen* . . ., op. cit., S. 137). Die Ablehnung, eine Parallele zwischen Linearperspektive und historischem Bewußtsein zu ziehen, war in beinahe analogen Ausdrücken formuliert worden; vgl. *A Bibliography* . . ., op. cit., S. 100. Ich übersetze »physiognomisch« mit »fisiognomico« und nicht mit »espressivo«, um die implizite Anspielung auf Lavater (vgl. immer noch den glänzenden Aufsatz *Über physiognomische Wahrnehmung* [1960], jetzt in: *Meditationen* . . ., op. cit., S. 90-107, besonders S. 90, 93, 94) zu bewahren. Dieses Thema der »physiognomic fallacy« kehrt in den Schriften Gombrichs beständig wieder (siehe auch weiter unten). Es ist in sehr präziser Weise von M. Schapiro, *Style*, in: *Anthropology Today: Selections*, hg. von S. Tax, Chicago 1962 (die 1. Ausg. ist von 1953), vor allem S. 296-300) in äußerst ähnlichen Ausdrücken wie den von Gombrich gebrauchten, der dennoch nicht zitiert wird, formuliert worden (Zu einer Bezugnahme Gombrichs auf diese Schrift Schapiros vgl. *Meditationen* . . ., op. cit., S. 287 sowie *Kunst und Illusion* . . ., S. 37, 41): Der Bezug auf die Ausarbeitung dieses Begriffs durch Gombrich ist dagegen explizit in L. D. Ettlinger, *Art History Today. An Inaugural Lecture delivered at University College, London, 9 March 1961*, London 1961, passim.

120 *Wertprobleme* . . ., op. cit., S. 114-115; *Meditationen* . . ., op. cit., S. 137-138, auch hier wurde es von M. Schapiro näher beleuchtet und entwickelt (*Style*, op. cit., S. 299: »A common tendency in the physiognomic approach to group style has been to interpret all the elements of representation as expressions ecc.«.

121 Mit besonderer Emphase im Vorw. zu *Kunst und Illusion* . . ., op. cit., S. 12. Gombrich erklärt, er sei mit Popper vor dem Einmarsch der Hitlertruppen in Wien in Kontakt getreten. Auf der anderen Seite gibt es in dem Aufsatz, den wir gerade untersuchen und der 1935 kurz vor der Emigration des Autors nach London geschrieben wurde (*Meditationen* . . ., op. cit., S. 12-13), ein vermutliches Anzeichen für den Einfluß Poppers, wenn er polemisch auf den »Historismus der ›expressionistischen‹ Kunstgeschichte« (*Wertprobleme* . . ., op. cit., S. 115 Anm.; *Meditationen* . . ., op. cit., S. 289 Anm. 15) hinweist. Die Polemik Poppers gegen den Historizismus ist wohlbekannt; und im Vorwort zur englischen Ausgabe (London 1960^2) zu *The Poverty of Historicism* erwähnt der Autor, daß eine erste Fassung des 1935 geschriebenen Buches bereits zu Beginn des Jahres 1936 mit dem gleichen Titel (der offensichtlich auf Marx und zuvor noch auf Proudhon anspielt) verbreitet worden war (*The Poverty* . . ., op. cit., S. VII; dt. *Das Elend des Historizismus*, Tübingen 1965; S. XIII). Über den eigenartigen Gebrauch des Ausdrucks »Historizismus« bei Popper vgl. die präzisen kritischen Bemerkungen von E. H. Carr, *Was ist Geschichte?* Stuttgart 1981^6, S. 64, Anm. 80, S. 90 Anm. 105.

122 Vgl. *Kunst und Illusion* . . ., op. cit., S. 29-30 und die äußerst scharfe Rezension zu dem Band einer Gruppe von Schülern Sedlmayrs in: »The Art Bulletin«, XLVI (1964), S. 418-420. Es war mir nicht möglich, Gombrichs Kapitel »Kunstwissenschaft« in: *Das Atlantisbuch der Kunst*, hg. von M. Hürli-

mann, Zürich 1952, einzusehen. Die Einleitung Sedlmayrs zu den Aufsätzen Riegls ist wiederveröffentlicht worden in: *Kunst und Wahrheit. Zur Theorie und Methode der Kunstgeschichte*, Hamburg 1958 (Rowohlts deutsche Enzyklopädie, 71), S. 14-34, mit dem Titel *Kunstgeschichte als Stilgeschichte (Die Quintessenz der Lehren Riegls)*. W. Hofmann hat den Gombrich von *Kunst und Illusion* Sedlmayr und seine »strukturale Analyse« in seiner Antwort auf die kürzliche Umfrage über »Strukturalismus und Kritik« *(Casa editrice Il Saggiatore. Catalogo generale 1958-1965*, Mailand 1965, S. XXXV-XXXIX) gegenübergestellt.

123 Zur antihegelianischen Polemik, die sich explizit auf Poppersche Annahmen stützt, vgl. vor allem *Die Sozialgeschichte der Kunst* (Rez. zu dem gleichnamigen Buch von A. Hauser), jetzt in: *Meditationen . . .*, op. cit., vor allem S. 157-159. Es handelt sich, um es klar zu sagen, um Seiten, die zu den weniger gelungenen Gombrichs zählen.

124 *Wertprobleme . . .*, op. cit., S. 115 (*Meditationen . . .*, op. cit., S. 138).

125 Gombrich ist sehr von Freud und der Psychoanalyse beeinflußt worden (zu seiner Zusammenarbeit mit E. Kris siehe weiter unten), aber er hat sie nie wort-wörtlich genommen; vgl. *Psychoanalyse und Kunstgeschichte* (1953), jetzt in: *Meditationen . . .*, op. cit., S. 65-89 und *Freud e l'arte*, in: »Tempo presente«, XI, Febr. 1966, S. 22-40. Jung gegenüber hat sich Gombrich immer zurecht in sehr kritischen Worten ausgedrückt; vgl. *Meditationen . . .*, op. cit., S. 14-15, *Kunst und Illusion . . .*, op. cit., S. 126-127 sowie in Verbindung mit einer Polemik gegenüber dem kritischen Impressionismus die Rezension sich zu K. Clark, *Piero della Francesca*, in: »The Burlington Magazine«, XCIV (1952), S. 178. Genaue Bemerkungen, ausgehend von ganz anderen Voraussetzungen, in: Brandi, *Le due vie*, op. cit., S. 174-179. Gombrich behauptet entschieden: »Es scheint wohl klar, daß die persönlichen Gefühle im Augenblick des Schaffens gar nicht hierher gehören, ebensowenig wie seine Persönlichkeit . . . wir sind uns heute nur allzusehr bewußt, wie unendlich kompliziert die Realität ist, die sich hinter diesem Wort verbirgt.« (*Meditationen . . .*, op. cit. S. 57) Auch hier erscheint klar, daß im Gegensatz zu dem, was im allgemeinen geschieht, der Einfluß der Psychoanalyse Gombrich nicht zu Vereinfachungen und voreiligen Erklärungen verleitet – ganz im Gegenteil. Aber die Ablehnung vorschneller Verbindungen zwischen der »Persönlichkeit« des Künstlers und dem Kunstwerk, die auch, wie wir gesehen haben, von einem Gelehrten wie Saxl bezüglich Dürer praktiziert wurde, kann nicht dazu verführen, die Existenz des Problems *tout court* zu leugnen. Aber in der konkreten Forschung weicht Gombrich die Härte dieser wie anderer theoretischer Aussagen wieder etwas auf; vgl. zum Beispiel den zit. Aufsatz *Psychoanalyse und Kunstgeschichte* (bezüglich Picasso).

126 Vgl. *Visual Metaphors of Value in Art*, jetzt in: *Meditationen . . .*, op. cit., vor allem S. 56-60 (aber der sehr schöne Aufsatz ist ganz einzusehen).

127 Vgl. *Ausdruck und Aussage*, jetzt in: *Meditationen . . .*, op. cit., S. 108-113. Eine weniger extreme Position in: *Kunst und Illusion . . .*, op. cit., S. 40: »Wenn wir Stile also wirklich als Symptome von etwas anderem betrachten wollen (und das kann unter Umständen sehr interessant sein), dann kommen wir ohne theoretische Alternativen nicht aus.« Aber man sehe sich auch die Auseinandersetzung mit der Ästhetik Croces an, die in dem Aufsatz *Das Stilleben in der europäischen Kunst* (1961), jetzt in: *Meditationen . . .*, S. 171-188 geführt wird.

128 Es wäre zwecklos, hier bibliographische Hinweise über die Versuche zu geben, die Informationstheorie oder die Semiotik auf die Ästhetik anzuwenden. Um die vorsichtige Position Gombrichs zu charakterisieren (der unter anderem behauptet: »Die Lehre, die ich aus der Informationstheorie zu ziehen wünsche, . . . soll mir nicht zu einer Erklärung des Wesens der Kunst verhelfen, sondern höchstens zu einer Kritik gewisser Lehrmeinungen«; *Meditationen . . .*, op. cit., S. 115), sehe man freilich die kritische Rezension zu Ch. Morris, *Signs, Language and Behaviour* (dt. Übersetzung, *Zeichen, Sprache und Verhalten*, Düsseldorf 1973), in »The Art Bulletin«, XXXI (1949), S. 68-73 an.

129 Derartige Ausdrücke werden von Gombrich unterschiedslos und nicht selten im metaphorischen Sinn gebraucht (vgl. zum Beispiel *Meditationen . . .*, op. cit., S. 108). Vgl. freilich ebd., S. 58-60.

130 Panofsky, *Studien zur Ikonologie*, op. cit., S. 256.

131 Der Kritik an den »physiognomischen« Verbindungen entgeht zumindest teilweise auch Panofskys *Gothic Architecture and Scholasticism*, Latrobe, Penn. 1951, nicht. Zwar stellt der Autor die Beziehungen her zwischen scholastischer Philosophie und gotischer Architektur auf einer Ebene diffundierender *(diffusion)* – und das heißt nicht rein individueller – Einflüsse und verwirft anschließend jede rein analogische Verbindung, indem er sich auf einen vermittelnden Begriff, die »Mentalität« *(mental habit)*, stützt, der durch die Scholastik eingeführt wird (S. 20-21). Dennoch kann sich der Leser trotz der gewohnten Reichhaltigkeit und dem gewohnten Scharfsinn der Argumentationsgänge Panofskys nicht des Eindrucks erwehren, daß dieser vermittelnde Begriff ungreifbar ist und der Autor in vielen

Fällen sich über ihn hinwegsetzt, um in »unmittelbare«, »physiognomische« Analogien zurückzufallen. Ein Beispiel: auf S. 43 behauptet Panofsky, daß die Frühscholastik zwischen Glauben und Vernunft eine Schranke errichtet hat, ähnlich wie ein romanisches Gebäude (und er verweist auf eine Illustration, die die Abtei Maria Laach, erbaut 1093-1156, wiedergibt). Liegt hier nicht die stillschweigende Unterstellung vor, daß der Stil eine vollständig »expressive« Gesamtheit ist? Dennoch muß man einfach M. Schapiro zustimmen (der, wie wir gesehen haben, die »antiphysiognomische« Kritik Gombrichs wiederaufnimmt), wenn er in Anspielung u. a. auf diese Studie Panofskys, die er jedoch nicht nennt, schreibt: »The common element in these two contemporary creations [der gotischen Architektur und der scholastischen Philosophie] has been found in their rationalism and in their irrationality, their idealism and their naturalism, their encyclopedic completeness and their striving for infinity, and recently in their dialectical method. Yet one hesitates to reject such analogies in principle, since the cathedral belongs to the same religious sphere as does contemporary theology« (*Style* . . ., op. cit., S. 297). Diese implizite Divergenz der Positionen Panofskys und Gombrichs ist, soweit ich weiß, noch nicht unterstrichen worden. P. O. Kristeller zum Beispiel, Rez. zu A. Chastel, *Marsile Ficin et l'art*, in: »The Art Bulletin«, XL (1958), S. 78 mißversteht vollständig letzteren Gesichtspunkt, wenn er schreibt, Panofsky, Saxl, Wind, Gombrich und Tolnay hätten in ihren Studien versucht, »the *stylistic analogies* between die different expressions of the same period and the other signs that may indicate that certain works of art and of thougt originated in a common intellectual climate or were conceived as a response to common problems or situations« (kursiv von mir) zu erfassen.

132 München 1978. Die Rezension Gombrichs, die 1953 erschien, jetzt in: *Meditationen* . . ., op. cit., S. 154-167.

133 Ebd., S. 161. Zu einer analogen Bemerkung Panofskys vgl. oben Anm. 99. Siehe außerdem die sehr eindrucksvollen Überlegungen Gombrichs in: *Botticelli's Mythologies* . . ., op. cit., S. 10-13; vgl. auch *Meditationen* . . ., op. cit., S. 100.

134 Ebd., S. 143. Man sehe sich in diesem Sinn den Abschnitt von K. S. Langer (Schülerin von Cassirer) an, der bezeichnenderweise in eine Polemik gegen die Versuche, die Kunst nach Art der Kommunikation zu betrachten, eingefügt ist: »Die Auffassung der Kunst als eine Art *Kommunikation* hat ihre Gefahren, weil man aus sprachlicher Analogie natürlich erwartet, daß die *Kommunikation* zwischen Künstler und Publikum stattfindet, was ich für einen irreführenden Begriff halte. Aber es gibt etwas, das ohne Gefahr, zu wörtlich genommen zu werden, *Kommunikation durch die Kunst* genannt werden kann, insbesondere durch die Auskünfte, die die Künste aus einer Epoche oder einem Volk den Menschen einer späteren Epoche bieten. Nicht einmal tausend Seiten Geschichtsschreibung können uns die ägyptische Mentalität besser illustrieren als ein Besuch in einem Museum oder eine Ausstellung ägyptischer Kunst . . .« (zit. von C. Brandi, *Le due vie*, op. cit., S. 43-44). Selbstverständlich betrachtet Gombrich die Position Langers als auf eine »expressionistische Auffassung« gegründet (*Meditationen* . . ., op. cit., S. 109).

135 *Künstler und Kunstgelehrte*, jetzt in: *Meditationen* . . ., op. cit., S. 189-211.

136 Stuttgart 1975 S. XIII; ital. Übersetzung: *L'autunno del Medio Evo*, Florenz 1953, S. XXXVIIII-XXXIX (Das letztere Zitat fehlt im deutschen Vorwort von 1924, d. Ü.). Völlig verschwommen ein diesbezüglicher Hinweis von C. L. Ragghianti, Vorwort zu K. Fiedler, *L'attività artistica*, op. cit., S. 31.

137 Saxl, *La storia delle immagini*, op. cit., S. 168.

138 *Meditationen* . . ., op. cit. S. 162

139 A. Momigliano, *Problemi di metodo nella interpretazione dei simboli Giudeo-Ellenistici*, in: »Athenaeum«, n. R. XXXIV (1956), H. III-IV, vor allem S. 239-241 (auf S. 243 Anm. 1 verweist er auf das Symbol-Material, das vom Warburg-Institut gesammelt wurde).

140 *Meditationen* . . ., op. cit. S. 206. Auf der gleichen Seite drückt Gombrich seine Skepsis gegenüber den Erklärungen in Begriffen individueller Mentalität aus, wie sie von Warburg gegeben wurden.

141 Vgl. zum Beispiel ebd. S. 32 und *Kunst und Illusion* . . ., op. cit., S. 33 und vor allem einen Abschnitt der zit. Rezension zu Ch. Morris, *Signs, Language and Behaviour*, S. 72.

142 *Meditationen* . . ., op. cit., S. 207.

143 London 1958 (2. Aufl. 1960) (Die deutsche Übersetzung *Heidnische Mysterien in der Renaissance*, Frankfurt am Main 1981 folgt der erweiterten Ausgabe von 1968. Ich beziehe mich daher auf die englische Zweitauflage, d. Ü.).

144 Wind, *Pagan Mysteries* . . ., op. cit., S. 7. Es ist in gewissem Sinne typisch, daß Wind zuerst die enge formale Ähnlichkeit zwischen der verloren gegangenen *Leda* von Michelangelo und der *Nacht* in der Medici-Kapelle feststellt und dann behauptet, daß »die beiden Werke vom ästhetischen Gesichtspunkt

aus [?] unabhängig sind« und daß »es eine Form von Neugier nach Antiquitäten ist, sie von einem einzigen Gesichtspunkt aus zu sehen« (S. 138). Aber Wind frönt eben dieser »Neugier nach Antiquitäten«, wenn er hinter der Assoziation Leda-Leto-Nacht herläuft, auf die Plutarch zufällig verweist, die aber entschieden irrelevant für das Verständnis der beiden Werke Michelangelos ist, was Wind selbst erkennt. (Dieser Punkt ist auch von R. Klein in seiner ausgewogenen Rezension, die in der »Zeitschrift für Kunstgeschichte«, XXIII, 1960, erschienen ist, auf S. 285 kritisiert worden). Es scheint, daß Wind in diesem Buch (das wegen der Themen und der allgemeinen Anlage in erster Linie von den *Studien zur Ikonologie* beeinflußt ist) für sich eben die Rolle des Altertumsforschers gewählt hat – eines Renaissance-Altertumsforschers, der stark von Neoplatonismus und picinischer Philosophie durchtränkt ist.

145 *Pagan Mysteries*, op. cit., S. 22.

146 Ebd., S. 144. Kursiv von mir. (Die deutsche Übersetzung folgt der Windschen Interpretation, vgl. ebd., S. 201; Anm. d. Ü.).

147 Ebd.

148 Noch auf S. 155 sieht Wind in dem geschundenen hl. Bartholomäus des *Jüngsten Gerichts* von Michelangelo, der in der Hand die eigene Haut mit dem Selbstporträt des Künstlers hält, eine Parallele zum neoplatonischen Marsyas, den er im ersten Gesang des *Paradieses* sieht (»Wie bei Dante, als dessen tiefsinniger Interpret Michelangelo bekannt ist, ist das auf Marsyas anspielende Porträt ein Gebet um Erlösung: durch den Todeskampf möge der äußere Mensch seine Häßlichkeit abschütteln und der innere Mensch, nach Abstreifen der *morta spoglia*, gereinigt auferstehen«). Es ist klar, daß sich Wind hier mit immer schwächeren Bestätigungen zufrieden gibt: zuerst hatte er einen Beweis zu seinen Gunsten in der Anwesenheit Dantes im *Parnaß* und der *Disputa* gesehen; jetzt genügt ihm einfach die Tatsache, daß Michelangelo ein »tiefsinniger Interpret« Dantes gewesen sei, um die Verbindung zwischen dem Marsyas Dantes, der in der gehabten Weise interpretiert wird, und dem Bartholomäus des *Jüngsten Gerichts* herzustellen. Im übrigen ist der Rückgriff auf Dante nicht nur widersprüchlich, sondern sinnlos: es würde genügen, sich den Neoplatonismus Dantes und die Interpretation des Marsyas-Mythos in Erinnerung zu rufen, die in neoplatonischen Kreisen zirkulierte. Aber auf diesen Grundlagen erscheint die Verbindung zwischen Marsyas und dem hl. Bartholomäus wirklich ein wenig zu inkonsistent.

149 Venezia, Pietro Quarengi, 11. Oktober 1497, Bl. CCXII *r:* »Entra nel pecto, ne la mente et spira in me tal canto quale usasti quando vincesti Marsia ecc.« (»Komm' in die Brust, den Geist und hauche in mich den Gesang, den du benutztest, als du den Marsyas besiegtest etc.«). Und vgl. auch den Kommentar des Vellutello (in Venetia 1564, S. 283).

150 A. Chastel kritisiert in seiner *Art et Humanisme à Florence au temps de Laurent le Magnifique*, Paris 1959 (S. 8, Anm. 2) zurecht dieses Buch Winds und die darin angezogene Methode. Eigenartigerweise jedoch gibt er darauf eine Interpretation der Verse Dantes, die völlig analog zu der Winds ist und die sich auf das gleiche Mißverständnis gründet (vgl. S. 51-52 und 109). Auf S. 52, Anm. 2 verwirft Chastel den richtigen Vorschlag von P. Renucci, der den Marsyas Dantes als Beispiel für verwegenen Hochmut interpretiert, der beschworen wird, um auf den Willen des Dichters hinzuweisen, sich »à l'intelligence céleste [zu unterwerfen] qui daignera l'inspirer« (und vgl. in diesem Sinn bereits Y. Batard, *Dante Minerve et Apollon. Les images de la Divine Comédie*, Paris 1952, S. 27). Grundlage dafür ist die eigenartige Begründung, daß »l'interêt du poète pour les 'arcanes de la religion païenne‹ . . . invite à admettre le ›sens mystique‹ sous le ›sens morale‹«.

151 Ettlinger, *Art History Today* . . ., op. cit. bemerkt (S. 16), daß für einige Forscher die Ikonologie (hier synonym mit Ikonographie) »becomes simply a meaningless display of free associations«. Das Bewußtsein dieser Gefahr, der die ikonographische Interpretation ausgesetzt ist, muß nicht in jedem Fall dazu führen, den Schlußfolgerungen beizupflichten, zu denen C. Brandi kommt, der jedenfalls diese Untersuchungen für völlig überflüssig für den ästhetischen Genuß des Werkes betrachtet (*Le due vie*, op cit., S. 179-187). »Bei der Exegese des kulturellen und semantischen Untergrundes eines Bildes, der, wie es gesagt und wiederholt wurde, aufgrund seiner Natur polysem ist«, bemerkt Brandi, »kann man nie sicher sein, den Grund berührt und die Bezüge erschöpfend behandelt zu haben« (S. 185). Aber damit hat die »Polysemie« des Bildes nichts zu tun; Brandi selbst bemerkt (S. 180), daß »die Suche nach diesen Botschaften, die dem Werk innewohnen oder ihm zur Seite stehen, natürlich an allen Ungewißheiten und möglichen Umbrüchen leidet, die die historische und philologische Forschung kennt, und es genügt oft, daß eine neue Quelle oder Nachricht gefunden wird, um die vorangegangene Interpretation umzustoßen.« Aber das gilt auch für ein Gedicht, bei dem es oft alles andere als leicht ist, den »kulturellen und semantischen Untergrund« auszumachen. Und im übrigen ist auch die »Polysemie« nicht ein Merkmal, das ausschließlich dem Bild eigen ist. »Eher als von Polysemie«, schreibt

Brandi, »müßte man von *Disposition*, von Trägheit des Bildes vom semiologischen Gesichtspunkt aus sprechen. Einem Bild läßt sich in den Mund legen, was man will. Auch einem Kunstwerk. Es genüge das Beispiel der Gioconda (= Mona Lisa), die als Wappenbild für ein Abführmittel genommen wurde . . .« (S. 63). Aber auch ein Vers der *Göttlichen Komödie* wurde als Werbeslogan für ein Abführmittel verwendet!

152 Vgl. »The Art Bulletin«, XLIV (1962), S. 75-79 (die Kritik am Ausdruck »Illusion« steht auf S. 76). Die hier gemachten Bemerkungen bezüglich dieser Rezension Arnheims (vgl. weiter unten) treffen sich weitgehend mit dem, was G. Previtali in: »Paragone«, XIII, Nr. 153, Sept. 1962, S. 74-79 dazu schreibt. Von Previtali siehe auch die Rezension zu *Kunst und Illusion*, ebd., XII, Nr. 141, Sept. 1961, S. 44-48, die mir dennoch zu verkürzend erscheint. Einwände gegen den Begriff »Illusion« erheben auch J. Beloff, *Some Comments on the Gombrich Problem*, in: »The British Journal of Aesthetics«, I (1960), S. 62-70 und R. Wollheim, *Art and Illusion*, ebd., III (1963), S. 15-37, besonders S. 26 ff. Wollheim untersucht sehr fein und scharfsinnig das Werk Gombrichs und erhebt technische Einwände, die nur indirekt die hier diskutierten Probleme betreffen (Zu einer nützlichen Übersicht der Rezensionen zu *Kunst und Illusion* vgl. Tonelli, *E. H. Gombrich e l'estetica*, op. cit., S. 54 Anm. 5).

153 *Kunst und Illusion*, op. cit., S. 451-452.

154 Vgl. den Aufsatz *Die abstrakte Malerei als Modebewegung*, jetzt in: *Meditationen . . .*, op. cit., S. 249-262; es handelt sich, um es recht zu sagen, um die am wenigsten überzeugende der gesammelten Schriften Gombrichs in diesem Band. Zweifel diesbezüglich sind von J. Stolnitz in der im »The British Journal of Aesthetics«, IV (1964), S. 271-274, erschienenen Rezension geäußert worden.

155 *Kunst und Illusion . . .*, op. cit., S. 113-114.

156 Ebd., S. 54-57.

157 Ähnliche Einwände (meiner Ansicht nach übertrieben formalistisch) sind diesbezüglich von Wollheim, *Art and Illusion*, op. cit., S. 33 und von Arnheim, zit. Rezen., S. 77 erhoben worden. Ich konnte nicht von Wollheim, *On Drawing an Object*, London 1965 einsehen, das von H. Osborne in: »The British Journal of Aesthetics«, VI (1966), S. 70-74 rezensiert wurde. Über die mögliche »Zufälligkeit« des Schemas vgl. H. W. Janson, *The ›Image Made by Chance‹ in Renaissance Thougth*, in: *De artibus opuscula*, XL, Essays in Honor of Erwin Panofsky, hg. von M. Meiss, New York 1961 (1. Ausg. 1960), S. 254-266, das gleichzeitig mit dem Buch von Gombrich erschien und auf beinahe analogem Material beruht.

158 Vgl. die zit. Rezen. in: »The Times Literary Supplement«, S. 218. Vor allem ist nicht klar, ob das Schema in transzendentalem Sinn verstanden wird (siehe das Kantsche Motto des Kapitels), oder als historisch determinierte Bedingung.

159 *Kunst und Illusion*, op. cit., S. 264.

160 Ebd., S. 351.

161 Ebd., S. 352.

162 Stuttgart und Zürich 1977 (engl.: *Story of Art*, London 1950, neubearbeitet, London 1966).

163 Vgl. die zit. Aufsätze *Ausdruck und Aussage* und *Das Stilleben in der europäischen Kunst*.

164 Arnheim, zit. Rezension, S. 79.

165 Man sehe bezüglich des »ersten Bildwerks« *Kunst und Illusion*, op. cit., S. 130 und ff., 351-352 und vor allem die in dem Aufsatz *Meditationen über ein Steckenpferd* (1951) formulierten Hypothesen an, den Arnheim nicht zu kennen scheint – jetzt wiederveröffentlicht in der Sammlung gleichen Titels S. 1-11. Andere Einwände sind von Arnheim, der bekanntlich ein glühender Adept der Gestaltpsychologie ist, gegenüber dem eklektischen Gebrauch der Theorien der Wahrnehmungspsychologie bei Gombrich erhoben worden (aber vgl. *Kunst und Illusion*, op. cit., S. IX), der sich seinerseits ausgiebig der Ergebnisse der Gestaltpsychologen bedient (das gleiche Beharren auf der Notwendigkeit, die stilistischen Phänomene nicht atomistisch, sondern in ihrem Kontext zu betrachten, liegt wahrscheinlich auch am Einfluß der Gestaltpsychologie; vgl. jedoch *Raphael's Madonna . . .*, op. cit., S. 15). Auf jeden Fall antwortet Arnheim auf einige ziemlich bemerkenswerte Einwände, die Gombrich gegenüber der Gestaltpsychologie erhoben hat, für die Gelerntes bei der Erfahrung eine unbedeutende Rolle spielt (vgl. *Kunst und Illusion*, op. cit., S. 291-294) nicht. Außerdem betrachtet er den Rückgriff Gombrichs auf das Beispiel der Zufallskleckse, mit dem er den aktiven Eingriff des Beschauers bei der Entzifferung des Bildes unterstreicht, für irrelevant, da es sich um eine »marginale« Erfahrung handle (zit. Rezen., S. 77); eine läppische Bemerkung, denn es ist nicht das erste Mal, daß offensichtlich marginale Fakten dazu beitragen, einen bestimmten wissenschaftlichen Ansatz in Frage zu stellen (und im übrigen haben nicht dieselben Gestaltpsychologen zu diesem Zweck die optischen Täuschungen benutzt?).

166 *Kunst und Illusion*, op. cit., S. 111-112.

[167] Zit. Rezen., S. 79.
[168] *Kunst und Illusion*, op. cit., S. 354.
[169] Vgl. ebd., S. 21.
[170] Ebd., S. 42. Hinsichtlich der Anhänger Warburgs verweist Gombrich in der Anmerkung vor allem auf die Arbeiten Saxls und Panofskys.
[171] Vgl. *Gertrud Bing 1892-1964*, op. cit., S. 3.
[172] Diese Schlüsse weichen im wesentlichen von denen L. D. Ettlingers ab (*Art History Today* . . ., op. cit.), der richtig die übergroße Bedeutung der Forschungen Gombrichs unterstreicht (meiner Ansicht nach zu simplizistisch) und dahinter eine Art ununterbrochenen Zuerwerbs – ohne Verluste und Widersprüche – von Warburg zu Panofsky und zu Gombrich selbst am Werke sieht.
[173] Wiederveröffentlicht in: E. Kris, *Die ästhetische Illusion*, Frankfurt am Main 1977, S. 145-161. Einige der in dieser Sammlung enthaltenen Aufsätze sind sehr bemerkenswert; man sehe sich zum Beispiel den Gebrauch der Kunstwerke zum Zwecke der psychoanalytischen Diagnose in: *Ein geisteskranker Bildhauer des achtzehnten Jahrhunderts* (F. X. Messerschmidt), S. 116-144 an.
[174] Ebd., S. 151-152 (hier beinahe wörtlich wiederaufgenommen).
[175] Die Autoren anerkennen dennoch, daß die Existenz bestimmter historischer Bedingungen – die neoplatonische Auffassung vom Künstler als Schöpfer, die stilistische Entwicklung, die eine kalkulierte Regression wie die Karikatur möglich machte – die Herausbildung dieses zeitlosen psychologischen Mechanismus in den bildenden Künsten zugelassen hat (ebd. S. 154).
[176] Vgl. *Raphael's Madonna* . . ., op. cit., S. 23 und *Freud und die Kunst*, op. cit.
[177] Vgl. *Kunst und Gelehrsamkeit*, in: *Meditationen* . . ., op. cit., S. 209.
[178] *Kunst und Illusion*, op. cit., S. 144-145.
[179] Vgl. ebd., S. 147-152.
[180] Vgl. ebd., S. 152-159.
[181] Ebd., S. 114.
[182] Ebd., S. 171-172.
[183] Ebd., S. 82.
[184] Vgl. *Ausdruck und Aussage*, in: *Meditationen* . . ., S. 114, 115.
[185] *Kunst und Illusion*, op. cit., S. 213.
[186] Vgl. oben. Und siehe außerdem die Rezension von G. Boas zu *Kunst und Illusion* in: »The Journal of Aesthetics and Art Criticism«, XIX (1960), S. 229.
[187] *Kunst und Illusion*, S. 260.
[188] Vorwort zur italienischen Ausgabe von *Kunst und Illusion*, Turin 1965, S. XXXIV. Kurz vorher behauptet Gombrich in Auseinandersetzung mit R. Arnheim: »Wie schwer dieses Vorhaben auch zu verwirklichen ist, meine ich immer noch, daß wir besser daran tun, und zwar für lange Zeit, die Untersuchung der Bilder getrennt von der visuellen Schönheit zu halten« (S. XXXIII). Und man sehe sich die Anspielung auf die »Grenzen der Aesthetik«, jenes Gebiet, das der Leser jedoch nur »wie das gelobte Land von Ferne erblicken wird« (*Kunst und Illusion*, op. cit., S. 49), an.
[189] Zu *The Early Medici* . . ., vgl. *Italian Renaissance Studies. A Tribute to the Late Cecilia M. Ady*, hg. von E. F. Jacob, London 1960, S. 279-311. Vgl. außerdem *Light, Form, Texture* . . ., op. cit., und *Moment and Movement in Art*, in JWCI, XXVII (1964), S. 293-306, die glänzend Themen entwickeln, auf die in *Kunst und Illusion*, op. cit., S. 368-372, flüchtig verwiesen wurde. Die Forderung nach einer engeren Verbindung zwischen den künstlerischen Erscheinungen und anderen Seiten der historischen Wirklichkeit wird von Gombrich (neben der wohlbekannten Polemik gegen Hegel und seine Nachfolger sowie die »physiognomischen« Interpretationen der Kunstwerke) bezeichnenderweise am Ende eines Vortrags mit dem Titel *Hegel and his Followers* vorgebracht, der im Courtauld Institute 1963 gehalten wurde. Ich habe den maschinenschriftlichen Text sowohl dieses Vortrags als auch der Gedenkrede, die Gombrich in Hamburg und (in etwas anderer Version) in London 1963 zum hundertsten Geburtstag Aby Warburgs gehalten hat, aufgrund der großen Liebenswürdigkeit des Autors, dem ich hier herzlich danke, einsehen können. Diese Gedenkrede stellt bis heute die reichhaltigste und tiefgehenste Interpretation der Gestalt Warburgs dar; leider war es mir nicht möglich, darauf spezifisch Bezug zu nehmen, da ich sie nach der Abfassung dieses Artikels zu Gesicht bekam. Ich danke außerdem Robert Klein, der diese Schrift in den Fahnen gelesen hat, für seine wertvollen Ratschläge.

Tizian, Ovid und die erotischen Bilder im Cinquecento

1

Eine der Personen im *Eunuchus* des Terenz, der junge Mann Chärea, dringt als Eunuch verkleidet in das Haus ein, in dem das Mädchen, das er liebt, wohnt (Die Szene hat sich bereits hinter den Kulissen abgespielt; Chärea selbst erzählt sie seinem Freund). Das Mädchen richtet sich gerade zum Bad her. Beider Blicke fallen auf ein Bild, das an der Wand aufgehängt ist; es stellt die Begegnung Jupiters mit Danaë dar. (». . . schaut sich ein Gemälde an. / Die Sage war dort dargestellt, / wie Jupiter den goldnen Regen / einst in Danaës Schoß gesandt«). Der junge Mann frohlockt innerlich bei dem Gedanken, daß er es in Bälde dem höchsten Gott gleichtun wird – dem, »der die höchsten Tempel / des Himmels im Donner erzittern läßt« – indem er die Frau verführt; »sollt' ich kleiner Mensch nicht desgleichen tun? / Ich tät desgleichen und tät es gern.«[1]

Dieser Passus wurde mehrmals vom hl. Augustinus zitiert, um die unseligen Auswirkungen der unzüchtigen Bilder anzuzeigen. Über Augustin ging er in die Bilder-Diskussion ein, die während des 16. Jahrhunderts in der katholischen Kirche ausgebrochen war. Der Theologe Johannes Molanus erwähnte die Verse des Terenz und den entrüsteten Kommentar des hl. Augustinus in einem Kapitel seines Traktats *De picturis et imaginibus sacris (Von heiligen Bildern und Gemälden;* 1570); es trägt den Titel »In picturis cavendum esse quidquid ad libidinem provocat« (»Vor Bildern sollte man sich in acht nehmen, wo immer die Wollust dadurch geweckt wird«). Ungefähr dreißig Jahre zuvor hatte der Kontroverstheologe Ambrosius Catharinus (vormals: Lancelotto) Politi dasselbe in seinem *De cultu imaginum (Vom Bilderkult;* 1542) getan, aber mit einem anderen Ziel, nämlich *per analogiam* an der Reaktion des jungen Chärea auf die Amouren Jupiters und Danaës die Wirksamkeit der heiligen Bilder zu beweisen.[2]

2

Der Abschnitt aus dem *Eunuchus* und sein Schicksal im 16. Jahrhundert werfen implizit und in gedrängter Form eine Reihe von zum Teil bekannten, zum Teil weniger bekannten Problemen auf, die untereinander eng verbunden sind. Versuchen wir sie aufzulisten.

Dieser Text erschien erstmals unter dem Titel *Tiziano, Ovidio e i codici della figurazione erotica nel Cinquecento* in: »Paragone«, Nr. 339, Mai 1978, S. 3-24.

a) Beginnen wir beim allgemeinsten: wie wirkt ein erotisches Bild? Die Antwort – so wurde gesagt – variiert, je nach dem, ob die sexuelle Handlung direkt dargestellt wird oder nicht. Im ersten Fall identifiziert sich der Betrachter/Genießer mit den handelnden Personen (Anzumerken ist, daß das Publikum, an das sich die erotischen Bilder wenden, aus ersichtlichen historischen Gründen ausschließlich männlich ist: es wird also die Identifikation mit dem männlichen Protagonisten nahegelegt). Im zweiten Fall identifiziert der Betrachter/Genießer die dargestellten Figuren (im allgemeinen nackte Frauen – aus dem bereits genannten Grund) mit den Partnern einer imaginären sexuellen Beziehung. In beiden Fällen ist die Rolle des Betrachters/Genießers wesentlich die eines Voyeurs.[3] Aber es gibt auch Zwischenvarianten. In den Abbildungen der Amouren zwischen Jupiter und Danaë wird der Sexualakt zwar dargestellt, aber in symbolischer Form (Jupiter erscheint in Gestalt eines Goldregens): das erlaubt dem jungen Chärea, sich im Geiste an die Stelle Jupiters im Bett von Danaë zu versetzen und sich gleichzeitig mit Jupiter selbst zu identifizieren. Der Voyeurismus des Betrachters/Genießers bekommt so eine narzißtische Füllung: durch den Koitus wird Chärea – irgendein Mann, ein Niemand, ein »Menschlein« – dem Höchsten, Jupiter, gleich, der mit seinem Donner die Himmel erzittern läßt.

b) Der psychologische Prozeß, den wir beschrieben haben, nimmt verschiedene Formen an je nach dem, welche Beziehung sich zwischen der Wirklichkeit, an der der Betrachter/Genießer teilhat, und der im erotischen Bild dargestellten Wirklichkeit herstellt. Diese Beziehung ist durch die – kulturellen und stilistischen – Kodierungen bedingt, in denen das Bild ausgedrückt ist. Die beiden Realitäten können homogen oder heterogen sein; in letzterem Fall kann es eine Abtrift (zum Komischen oder Vulgären hin) oder eine Auftrift (zum Tragischen oder Sublimen hin) geben.[4] Bei dem von Terenz erwähnten Bild kennen wir die kulturelle, nicht aber die stilistische Kodierung (auch wenn wir sie mit einem gewissen Näherungswert vermuten können).[5] Die Wirkung bestand jedenfalls in einer Auftrift: durch eine hohe Kodierung wie die mythologische konnte sich Chärea geradezu mit dem höchsten Gott, Jupiter, identifizieren.

c) Die Frage des Niveaus (hoch, mittel, tief) der Kodierungen, die bei den erotischen Darstellungen angewandt werden, verschiebt die Diskussion vom Betrachter/Genießer zum Werk.

Was ist ein erotisches Bild? In striktem Sinne ist es ein Bild, das ganz bewußt (wenn auch nicht ausschließlich) zum Ziel hat, den Betrachter/Genießer sexuell zu erregen.[6] So wurde das Bild von Chärea wahrscheinlich angesehen (die Szene spielt sich im Haus der Hetäre Thais ab). Aber die Intention, die hinter dem Bild steckt, ist oft schwierig zu entschlüsseln. Eine weiter gefaßte Definition müßte folglich auch jene Bilder einschließen, die jenseits der Absichten ihrer Schöpfer schließlich

– vielleicht nach einiger Zeit – in den Augen des Publikums (oder eines Teils davon) einen erotischen Inhalt annehmen.

d) Im Laufe des 16. Jahrhunderts wurde die Frage der absichtlich oder unabsichtlich erotischen Bilder Gegenstand einer immer besorgteren Aufmerksamkeit der katholischen Kirchenhierarchie, wie auch die bereits erwähnten Schriften von Politi und Molanus zeigen. Bei dieser Aufmerksamkeit kamen zwei verschiedene, aber eng miteinander verbundene Erscheinungen zusammen (in gewissem Sinn war die erste nur ein Aspekt der zweiten). Auf der einen Seite der Versuch, das sexuelle Leben in umfassender und durchdringender Weise zu kontrollieren. Auf der anderen Seite die Absicht, die Bilder dazu zu benutzen, eine oftmals gelockerte oder abgebrochene Beziehung zu den Massen der Gläubigen wiederherzustellen (aber zuweilen handelte es sich geradezu darum, eine nicht bestehende Beziehung auf eine gesunde Grundlage zu stellen). Dieses Vorhaben war nur zum Teil Reaktion auf die protestantische Polemik gegen Heiligenbilder. Vor allem war es Ausdruck eines immer klareren Bewußtseins über die entscheidende Funktion der Bilder, der »idiotarum libri«, der »Bücher für die Ungebildeten«, im Rahmen einer Propaganda, die sich an vorwiegend aus Analphabeten bestehende Massen wandte. Der regelmäßig wiederkehrende Verweis auf die Formulierungen Gregors des Großen war bezeichnend.[7] Auch wenn diese Propaganda im Vergleich zu früher entschieden andere Inhalte hatte und sich in einer Umgebung entfaltete, in der die Verbreitung des Buchdrucks die Beziehung des geschriebenen Wortes zu den Bildern weitgehend verändert hatte, konnte man – nicht völlig willkürliche – Analogien zu der Heidenmission ziehen, wie sie im Hochmittelalter durchgeführt wurde.

In den Augen eines so unvoreingenommenen und fast skrupellosen Theologen wie Politi bestand der gemeinsame Nenner von erotischen und heiligen Bildern in ihrer *Wirkung*. Die einen erregten die sexuelle Begierde, die anderen das fromme Gefühl. Dennoch wandten sie sich zumindest teilweise an unterschiedliche Adressaten. Schematisch können wir im Italien des 16. Jahrhunderts zwei – nennen wir sie: – eikonische Bereiche unterscheiden: den öffentlichen – übergreifend und sozial undifferenziert – und den privaten – begrenzt und sozial gehoben. Die Formen der ersteren waren Statuen, Fresken, Leinwandgemälde und großdimensionierte Bildtafeln – Gegenstände also, die in Kirchen und auf öffentlichen Plätzen zu sehen und allen zugänglich waren. In der zweiteren waren es außer Statuen und Fresken auch kleindimensionierte Leinwandgemälde und Bildtafeln, Gemmen und Medaillen, die in den Wohnräumen einer *élite* von Herren, Prälaten, Adligen und in einigen Fällen von Kaufleuten aufbewahrt waren. Gewiß ist diese Differenzierung schematisch, denn durch die wachsende Verbreitung des Buchdrucks wurde sie langsam aufgeweicht; man braucht nur an die beträchtliche Verbreitung religiöser Bilder in keineswegs gehobenen Kreisen zu denken.[8] Dennoch erscheint es sinnvoll, die zwei eikonischen Bereiche, den öffentlichen und den privaten, zumindest als erste Annäherung an das Problem, das uns interessiert, nämlich die erotischen Bilder, zu unterscheiden.

Die einzigen bewußt erotischen Bilder, die im öffentlichen Bereich zugelassen waren, waren, wie Gillio schrieb[9], die »schändlichen Bilder«, die »auf den Öfen und in den Wirtsschänken« angebracht waren. Von welchen ikonographischen Ideen sie angeregt wurden, in welchen stilistischen Kontext sie gehörten, wissen wir leider nicht. Mehr Informationen haben wir dagegen über die unbewußt erotischen Bilder, vor allem über die religiösen Charakters; ein Fall wie der, den uns Vasari berichtet, daß nämlich fromme Frauen durch ein Bild des nackten Heiligen Sebastian, den Fra Bartolomeo (della Porta) gemalt hatte, durcheinandergebracht wurden[10], war vielleicht keineswegs selten. Die gegenreformatorische Polemik gegen das Nackte zielte genau darauf ab, Bilder, die auch nur die geringste erotische Ausstrahlungskraft besaßen, dem Anblick der allerbreitesten Öffentlichkeit zu entziehen: daher die Entscheidung, den Mut zu Bildern mit Sujets aus der Heiligen Schrift wie die Trunkenheit Noahs, David und Bathseba, Susanna im Bade zu nehmen.[11]

Die bewußt erotischen Bilder – den Massen mit der besagten Ausnahme unzugänglich – waren dagegen in breitem Umfang im privaten eikonischen Bereich vertreten und der Elite vorbehalten. In der überwältigenden Mehrzahl waren sie mit einer kulturell und stilistisch hohen Kodierung, der mythologischen, versehen; es mochte sich dabei um antike Bilder oder um eigens von zeitgenössischen Künstlern gemalte oder geformte Bildwerke handeln. Die erotische Phantasie des Cinquecento fand in der klassischen Mythologie ein bereits fertiges Repertoire an Themen und Formen vor, das von einer internationalen Kundschaft, wie sie die Auftraggeber der *Poesie* Tizians darstellte, entschlüsselt werden konnte. Sogar ein Strang, der mehr mit der Genremalerei verbunden war, wie etwa die venzianischen Kurtisanenbildnisse, verbarg sich oft unter einem dünnen mythologischen Schleier.[12]

Auch gegenüber diesem Typus von Darstellungen wurde die kirchliche Polemik im Laufe des 16. Jahrhunderts allmählich heftiger. In seiner *Disputatio . . . de cultu et adoratione imaginum (Verhandlung . . . über den Bilderkult und die Bilderanbetung*; 1552) klagte Politi die Prälaten, die antike und moderne mythologische Bilder sammelten, geradewegs der Idolatrie, des Bilderdienstes, an. Die Entschuldigungen, die jene verdorbenen Männer abgaben – jene Bilder würden nämlich »nicht der Verehrung oder Anbetung halber, sondern zur Ergötzung und zur Erinnerung an die Alten und um seine Kenntnis der Künstler zu beweisen« gesammelt und aufbewahrt –, diese Entschuldigungen ließen ihn kalt. Jene Prälaten hätten besser daran getan, das zum Kauf derartiger Bilder aufgebrachte Geld den Armen zu stiften. Ganz anders hatte Gregor der Große gehandelt, als er die heidnischen Götterbilder niederreißen ließ; man braucht nur daran zu denken, daß der Humanist Platina alias Bartolomeo Sacchi ihn zu rechtfertigen versucht hatte und diese Tatsache leugnete! Aber gewiß, ein Mann wie Platina, der von heidnischer

Kultur durchsetzt war, mußte einfach viel Aufhebens um Dinge machen (bemerkte Politi), die das geistliche Auge mitnichten wertschätzt. Denn die Bilder der falschen Götter verleiten nicht nur zum Götzendienst, sondern auch zur Lüsternheit des Auges, wenn man »die nackten Glieder von Venus und Diana . . ., die geilen Gebärden der Satyrn und die unsittlichen und weinseligen Umtriebe des Bacchus und der Bacchantinnen . . .« ansieht.[13]

Wie vage und unbestimmt auch immer, die Polemik Politis muß einfach Bilder mit mythologischem Sujet wie die von Tizian gemalten in Erinnerung rufen. Unter ihnen finden wir – außer Darstellungen von Bacchanalien, der Venus und der Diana – die *Danaë*, die in Rom gemalt wurde und dann mehrmals wiederabgebildet wurde[14], offensichtlich um spezifischen Nachfragen der hochgestellten Kundschaft des Malers entgegenzukommen. Wie wir gesehen haben, konnten aufgrund des Urteilsspruches Augustins die Amouren Jupiters und Danaës im 16. Jahrhundert geradezu als Prototyp für das Bild betrachtet werden, das zur sexuellen Erregung des Betrachters gemalt wurde.

3

Aber darf man diese mythologischen Bilder Tizians als »bewußt erotisch« bezeichnen? In den letzten Jahrzehnten haben verschiedene Forscher unter dem Einfluß der ikonologischen Forschungsrichtung Panofskys darauf negativ geantwortet und in diesen Bildern eine Menge von Symbolen und verborgenen übersinnlichen Anspielungen philosophischen Charakters aufgespürt. Das posthum veröffentlichte Buch Panofskys über Tizian[15] hat sich für diese Forschungsrichtung am maßgeblichsten verbürgt. Die folgenden Seiten wollen einige der von diesen Forschern erzielten Schlüsse und vor allem einige diesen ikonologischen Studien über Tizian implizite Postulate wieder zur Diskussion stellen.

Vor allen Dingen muß ganz einfach betont werden, daß die Zeitgenossen auf die mythologischen *Poesien* Tizians als auf explizit erotische Bilder reagierten. An erster Stelle Tizian selbst; viele Male ist der Brief an Philipp II. zitiert worden, in dem er die *Danaë* erwähnt, die »man ganz aus der Frontansicht sah«, und dann versprach, eine weitere *Poesia* zu schicken, das heißt *Venus und Adonis*, auf der man »zur Abwechslung die Rückenpartie« sehen würde.[16] Aber man sehe sich auch an, was eben in bezug auf das letztere Bild Ludovico Dolce, ein Freund und großer Verehrer Tizians, an Allessandro Contarini schrieb: »Die Venus mit dem Rücken zum Betrachter gewandt – nicht aus Mangel an Kunstfertigkeit, (. . .) sondern um gedoppelte Kunst zu zeigen. Denn indem sie das Gesicht Adonis zuwendet und sich bemüht, ihn mit beiden Armen zurückzuhalten, und halb auf einem weichen Tuch in Violett sitzt, zeigt sie rundum manch zärtliches und lebhaftes Gefühl – und zwar so, daß alle auf sie blicken; und wiederum ist es die wunderbare Auffassungsgabe dieses göttlichen Geistes [Tizians], daß man an den Hinterpartien die vom Sitzen verursachten Druckstelle des Fleisches erkennt. Aber wie? kann man wirklich sa-

Tizian, *Venus und Adonis*

gen, daß jeder Pinselstrich einer von jenen Strichen ist, die die NATUR eigenhändig zu machen pflegt [. . .]. Ich schwöre Euch, mein Herr, daß sich kein noch so scharfsichtiger und urteilssicherer Mann findet, der sie beim Anblick nicht lebend glaubt; keiner ist von den Jahren so erkaltet und so knochenhaft, daß er nicht spürt, wie sein ganzes Blut in den Venen warm wird und in Strömung und Wallung gerät. Das ist das Wunderbare daran; denn wenn eine Marmorstatue durch die Reize ihrer Schönheit Mark und Bein eines Jünglings durchdringen konnte, daß er puterrot wurde (wörtlich etwa: »den Samen verlor«, d. Ü.), nun, was muß das anrichten, was Fleisch und Blut, was die Schönheit selbst ist, was zu atmen scheint?« Wie man sieht, geht die ästhetische Beurteilung in Begriffen von naturgetreuer Wiedergabe unmerklich zur ziemlich expliziten Wertschätzung der Eigenschaft des Bildes, erotisierend zu wirken, über. Das erklärt vielleicht das spärliche Echo dieses Briefes in der Tizianforschung, den ein bekannter Forscher in zensierter Form zitieren zu müssen meinte.[17]

Dennoch könnte man einwenden, daß Zeugnisse wie die erwähnten nicht die Möglichkeit der Existenz einer zweiten Ebene im Bild ausschließen, auf der die den

Ikonologen so teuren Symbole und gelehrten Anspielungen feststellbar sind. Aber ist es möglich, die Existenz dieser zweiten Ebene zu beweisen? Im Fall der mythologischen *Poesie*, die Tizian im reifen Alter malte, würde man nein sagen. Die einander wiedersprechenden Interpretationen, die jüngst für den *Raub der Europa* vorgeschlagen wurden, sind lehrreich. Ein Forscher, M. L. Shapiro, hat gemeint, die textliche »Quelle« dieses Bildes eben nicht bei Ovid (wie man immer glaubte), sondern in einer Ode des Horaz (*Carmina*, III, XXVII) ausmachen zu können. Von hier aus unternahm er den Versuch, in dem Gemälde ein kompliziertes Geflecht von Symbolen, die an die Stoa anknüpfen, herauszulesen. Das Bild der vom Stier weggeschleppten Europa, vom Äußeren her unmißverständlich erotisch, wurde in Wirklichkeit eine verwickeltere Botschaft verbergen, nämlich die von den Stoikern verurteilte Hingabe an die Leidenschaften. Der Fisch und der Delphin, die neben der Europa schwimmen, und die Amoretten, die sie begleiten, würden in Wahrheit die Passionen der Seele verkörpern: Furcht, Freude, Begierde, Schmerz. Der Fisch mit dem ungeheuerlichen Aussehen ist das Symbol der Angst; der Delphin ist das Symbol der Freude, vor allem, weil Moschos in seinem Gedicht *Europa* von »freu-

Tizian, *Der Raub der Europa*

digen« Sprüngen der Delphine spricht, und an zweiter Stelle, weil der von Tizian gemalte Delphin silbern ist und Horaz in einer anderen Ode (IV, IX, 6) sagt: »es lacht das Haus vor *Silber*«; eine der fliegenden Amoretten symbolisiert die Begierde und die andere muß einfach den Schmerz symbolisieren, wie »ziemlich adäquat« sein betrübter Ausdruck sowie »the rather angular outline of his form that should be compared with the soft roundness of both *Joy* and *Desire*« anzeigen.[18] Zum Glück sind Argumentationen von diesem Niveau schnell widerlegt worden. Ein anderer Forscher nämlich, D. Stone jr., hat völlig zweifelsfrei bewiesen, daß die »Quelle« des *Raubs der Europa* weder Ovid noch Horaz ist, sondern ein alexandrinischer Roman *Dell' amore di Leucippe et di Clitophonte* von Achilles Tatius, den Tizian in der italienischen Übersetzung des Freundes Ludovico Dolce hatte lesen können.[19] Von dem bei Achilles Tatius minutiös beschriebenen imaginären Gemälde übernahm Tizian insbesondere die Haltung der Europa auf dem Stier, deren ikonographische Einzigartigkeit Panofsky nicht entgangen war: »auf seinen Schultern saß die junge Frau nicht wie ein Mann auf dem Pferde sitzt, sondern seitwärts, und hatte die beiden Beine auf der rechten Seite untergebracht und hielt mit der linken Hand das Horn . . .«. Hinter dem Bild kann man also einen Text aufspüren, der außerdem gewissenhaft eingehalten wird; aber es handelt sich um einen rein beschreibenden Text ohne symbolische, stoische oder neuplatonische Implikationen. Auf die typisch ikonologische Frage, die Shapiro stellt, »is the Stoic program there to veil the pagan nudity?«[20], kann man also mit nein antworten, weil die Existenz eines mit der Stoa verbundenen »Programms« völlig unbeweisbar ist. Es bleibt die Nacktheit der Europa – eingehüllt oder besser – hervorgehoben durch das »blendend weiße Kleid«, wovon die italienische Übertragung des Achilles Tatius sprach und die Tizian in seinem Gemälde nicht darzustellen vergaß. Wie weit darf ein derartiger Schluß ausgeweitet werden, der im Falle des *Raubs der Europa* zweifelsfrei erscheint?

4

Nicht Ovid, sondern die italienische Übertragung eines alexandrinischen Romans. Dennoch wissen wir, daß Tizian von Ovid die Anregung für den größten Teil seiner mythologischen *Poesie* bezog – das heißt für jene Bilder, die in den Augen der Zeitgenossen, wie wir gesehen haben, einen wesentlich erotischen Charakter hatten. Panofsky hat von einer außerordentlich tiefgreifenden Beziehung Tizians zu Ovid gesprochen – eines Ovid, den er gelesen und bis in den hintersten Winkel des Textes hinein untersucht hat.[21] Des Textes – oder der italienischen Übertragung?

Panofsky zufolge »felt [Tizian] free to use all kinds of visual models, ancient or modern, while yet, on the whole, remaining independent of the specific tradition which flourished all around him in countless illustrated editions, translations and paraphrases of the *Metamorphoses*«. Denn in verschiedenen Fällen hätte er nicht gezögert, sich von dieser Tradition zu lösen, um direkt auf den Originaltext bei Ovid zurückzugreifen. Aber diese interpretatorische These, die Panofsky breit erläutert hat, ist in Wirklichkeit unhaltbar. Dagegen kann man beweisen: 1) daß Tizian nicht Latein konnte; 2) daß er die *Metamorphosen* ausschließlich in den italienischen Übersetzungen las; 3) daß seine Neuerungen gegenüber der ikonographischen Tradition auf die Übersetzungen und nicht bereits auf den Text Ovids zurückzuführen sind. Wenn das alles stimmt, befinden wir uns nicht eben einem humanistischen Maler, als der er oft beschrieben worden ist, sondern einem Maler gegenüber, der eng mit der zeitgenössischen italienisch sprechenden Kultur – das heißt der Kultur der Polyhistoren – verbunden war.[22]

Der erste Punkt ist natürlich entscheidend. Gewöhnlich stellt man den Gemälden Tizians – insbesondere den mythologischen – Texte der klassischen Autoren – lateinischer oder sogar griechischer – zur Seite, von denen sie sich herleiten würden. Um auf den bereits erwähnten Fall zurückzugreifen: nicht nur Ovid oder Horaz, sondern Moschos. Das impliziert zwei Möglichkeiten: entweder konnte Tizian diese Texte direkt lesen oder er ließ sie sich von irgendeinem Humanisten vorlesen und interpretieren. Die Existenz eines von einem Humanisten am Hof von Ferrara ausgearbeiteten »Programms« für die Gruppe von Bildern, die in den zwanziger Jahren des 16. Jahrhunderts für Alfonso d'Este gemalt wurden, ist bekanntlich nachgewiesen worden.[23] Bei den mythologischen Bildern des reifen Alters hat man sich getrost für die erste Hypothese entschieden. Aber es gibt ein Zeugnis des schon erwähnten Ludovico Dolce, das klar zeigt, daß Tizian nicht Latein lesen konnte (geschweige denn griechisch). Es handelt sich um die Widmung »an M. Tizian, Maler und Ritter« mit Datum vom 10. Oktober 1538, die einer Sammlung von Texten vorausgeschickt ist, die zwei Übersetzungen ins Italienische der sechsten Satire Juvenals und des Hochzeitslieds von Catull auf die Heirat des Peleus und der Thetis und schließlich einen Originaltext von Dolce selbst *(Dialogo in cui si parla di che qualità si dee tor moglie, et del modo, che si ha a tenere;* dt.: *Erörterung, worin davon die Rede ist, in welcher Weise man Frauen zum Weibe nehmen und halten soll)*[24] enthielt. Die Widmung kreiste um das traditionelle Thema der Gegenüberstellung der Künste, in diesem Fall der Literatur und der Malerei: »Juvenal, vortrefflicher M. Tizian, Juvenal, der äußerst scharfsinnige Spötter und Tadler der Bosheiten seiner Zeit, hinterließ unter den anderen schönen Satiren eine, in der er einen Freund aufforderte, aus der Bindung an die Ehefrau auszubrechen, und zeichnete dabei ein so erhabenes und vollendetes Bild der Ausschweifungen und Laster der Frauen, daß es ohne allen Zweifel die Wunder Eures göttlichen Talents übertreffen kann. Wenn daher die Bildwerke, die der vollkommenen Kunst entspringen, was nur Eure eigene Angelegenheit ist, sich so sehr der Natur annähern, daß – wenn sie begeistet werden, die Natur müßig gehen könnte –, dann fehlt dennoch das Lebendige. Aber auf dem Bild, von dem ich spreche, sieht man nicht nur die Ähnlichkeit mit dem Wahren und dem Lebendigen, sondern es ist das Wahre und Lebendige selbst. Davon habe ich ein Beispiel, wie ich es wußte und konnte, versammelt und zusammengewoben; nun schicke ich es Euch, damit Ihr, *da ihr es im Urtext nicht verstehen könnt, bei mir sehen könnt,* ob die guten Schriftsteller die Geheimnisse der Seele mit der Feder so gut, wie die guten Maler mit dem Pinsel das, was sich dem Auge dartut, wiedergeben können – oder ob sie zusammen mit Euch, der Ihr der Würdigste seid, für lange Zeit übertroffen bleiben.«

Um die besondere Note dieser von Dolce in freundschaftlicher Weise gestellten Herausforderung voll zu verstehen, ist eine Präzisierung nötig. Beim Übersetzen des Hochzeitslieds von Catull entfernte er sich etwas vom lateinischen Text und gab dafür eine lebhafte Beschreibung (die erste, über die wir verfügen) von *Bacchus und Ariadne*, die Tizian fünfzehn Jahre zuvor gemalt hatte, indem er sich eben durch diesen Text Catulls (siehe Anhang) inspirieren ließ. Auf diese Weise suchte Dolce die Überlegenheit der Feder über den Pinsel herauszustreichen. Aber das ist hier nicht von Interesse. Wichtig ist dagegen die klare Aussage, daß es für Tizian unmöglich war, einen Text eines lateinischen Autors zu verstehen, ohne auf die italienische Übersetzung zurückzugreifen.

5

Es bringt nichts, auf der Bedeutung dieses Punktes zu bestehen. In erster Linie, weil die italienischen Übersetzungen des 16. Jahrhunderts bekanntlich keineswegs textgetreue Übersetzungen waren. Sehr oft handelte es sich um mehr oder weniger verkürzte oder verworrene Neubearbeitungen. Geben wir ein Beispiel, indem wir noch einmal auf Danaë zurückgreifen.

Bereits Panofsky mußte anmerken[25], daß dem Mythos, wie er in der bildenden Kunst weiterentwickelt wurde (und Tizian war sicher nicht der Ausgangspunkt hierfür, auch wenn ihm von ihm ein kräftiger Impuls zukam), im klassischen Altertum eine zersplitterte und bruchstückhafte wörtliche Übersetzung entspricht. Auch die Hinweise des Mythenschreibers par excellence, des Ovid, sind kurz und beiläufig. Wodurch wird Tizian zu seinem Gemälde beeinflußt worden sein: von den ebenso flüchtigen Hinweisen bei Horaz? oder von den Scholien zur *Argonautica* Apollonio Rodios? oder umgekehrt von Fulgentius »metaforalis« und der mittelalterlichen mythographischen Tradition?

Es ist charakteristisch, daß diese Fragen nicht explizit gestellt wurden – soweit schien die Antwort darauf klar (was sie indes nicht war). In Wirklichkeit hatte Tizian einen Text zur Verfügung, der weder fragmentarisch noch von weit hergeholt war: die *Methamorphosi cioè trasmutationi tradotte dal latino diligentemente in volgar verso . . . per Niccolò di Agostini (Metamorphosen oder Verwandlungen, aus dem Lateinischen sorgfältig in italienischen Vers übersetzt . . . durch Niccolò di Agostini),* die mehrfach wiedergedruckt wurden (zum Beispiel 1522, 1533, 1537, 1538 . . .). Die im Titel gerühmte »Sorgfalt« hatte den Übersetzer nicht davon abgehalten, in gewissen Fällen ganze Einschübe vorzunehmen. Fünf Verse, die bei

Ovid in gedrängter Weise eine Anspielung darstellen (*Met.* IV, 607-611: »Einzig des Abas Sohn, Acrisius, welcher demselben / Stamme entsprossen, versuchte noch immer, von Argos den Bacchus / Fernzuhalten und ihn zu bekriegen; denn daß er ein Gott sei, / Glaubte er nicht. Auch Perseus, den Danaë einst in dem goldenen / Regen empfangen, ihn hielt er nicht für Jupiters Sprößling«) wurden so ausgeweitet, daß es drei Stanzen wurden:

Der Grund, weshalb Acrisius den Bacchus so verachtete,
War der: er hatte ihm einstens gesagt, Perseus,
Der feurige, den er so sehr achtete,
Sei nicht des erhabensten Gottes Sohn, Zeus'.
Doch das war wahr – weshalb er ihn auch mißachtete.
Und nun – das war nichts Neues –
König Acrisius hatte ein Töchterchen
Danaë mit Namen, lieblich und wunderschön.

Der Vater, wie er die so Anmutige ansah,
Fürchtete er um ihre Jungfernschaft.
Er sperrte sie in einen Turm – und das geschah
Mit großer Obhut und viel Ritterschaft.
Wie dieses dem Zeus nun wurde klar,
Verschmähte er eines Tages seine Götterschaft;
Er stieg herab zu ihrem Turm,
Um (wie gewohnt) sie zu nehmen in seinem Liebessturm.

Und als er sah eine Spalte im Dach,
Verwandelte er sich rasch in einen Regen aus Gold
Und schlüpfte hindurch in ihr Gemach,
So leise, daß es keiner sah – und hätt' er es gewollt.
Da er die höchste Lust wollt' büßen hiernach,
Tat er sich kund und sprang in ihren Schoß so hold.
Und wie schließlich Jupiter so lag bei ihr,
War sie mit Perseus schwanger allhier.[26]

Daß Tizian diese gelegen kommende Übertragung benutzte, anstatt mit der Hilfe irgendeines Humanisten eine Reihe von klassischen und mittelalterlichen Texten nachzuschlagen, ist eine ziemlich wahrscheinliche – wenn auch nicht bewiesene – Hypothese. Aber die Hypothese wird Gewißheit, sobald man entdeckt, daß in den italienischen Übersetzungen (unter anderen der von Nicolò Agostini) sich nicht nur jene Abweichungen von der gängigen ikonographischen Tradition finden, die Panofsky auf die genaue Lektüre des Ovid-Textes zurückführte, sondern sogar die Anstöße für manche Neuerungen gegenüber Ovid, die bisher der erfinderischen Freizügigkeit Tizians zugeschrieben wurden.

6

Beginnen wir bei diesem Fall, der in gewissem Sinn der überzeugendste für unsere These ist. Bei seiner Analyse der von Tizian für Philipp II. gemalten *Poesia »Aktäon überrascht Diana im Bade«* hat Panofsky betont, daß das Bild vom kompositorischen Gesichtspunkt her »is not significantly indebted to any previous illustration of the Actaeon myth«: es handele sich um eine »almost *ex nihilo*« geschaffene Ikonographie.[27] Das neueste Element – ohne Details wie das rote Tuch und die Anwesenheit einer Negerin unter den Nymphen im Gefolge Dianas zu berücksichtigen – ist »the unexpected presence of an architectural setting: a curious combination of a rusticated pier with a dilapidated Gothic vault, the only Gothic vault in Titian's oeuvre«.[28] Der Ovid-Text – so vermutet Panofsky – sei es gewesen, der einen Leser des 16. Jahrhunderts wie Tizian durch den Hinweis auf die Natur, die die Kunst nachahmt, zu diesem einzigartigen architektonischen Rahmen angeregt habe:

Da ist ein Tal, überwachsen von Kiefern und schlanken Zypressen,
Namens Gargaphië, heilig der aufgeschürzten Diana;
Hier lag eine umschattete Höhle im hintersten Winkel,
Keinerlei Schöpfung der Kunst; die Natur, in eigner Erfindung,
Hatte ein Kunstwerk geformt: aus lebendigem Bimsstein und leichtem
Tuff einen Bogen gezogen, der hier an der Stelle gewachsen.
Lieblich rauschte zur Rechten ein Quell; es floß in ein weites
Becken, von grasigem Rand umgürtet, das leuchtende Wasser.

(*Met.*, III, 155-163
Übers. H. Breitenbach, Zürich 1958)

Aber man sehe, wie viel näher an der bildlichen Lösung, die sich Tizian ausgedacht hat, die in Venedig 1555, vier Jahre vor der Vollendung des *Aktäon* erschienene, wieder einmal gehörig ausgeweitete italienische Übertragung durch Giovanni Andrea dell'Anguillara ist (das italienische Original in Stanzen, d. Ü.):

Besagtes Gargaphië ist jene feine Gegend,
Die die Göttin des Waldes umsorgt;
Die Grotte ist nicht als Kunstwerk gemacht,
Sondern die Natur hat die Kunst nachgemacht.
Ein gewachsener Bogen unterteilt jene Höhle,
Die inmitten der gewachsenen Wände liegt;
Ganz aus brüchigem Tuff ist die Höhle,
Die Front und die Seiten und so auch das Innere.

Überall tropft es im Innern der Höhle,
Und zur Rechten sprudelt ein klarer Quell.
Hier hat Natur etwas tiefer den Tuff
Zu einem Becken ausgehöhlt.
Ein Tropfen geht nieder – unterbrochen vom andern;
Und das Tröpfeln wird nicht fortgesetzt,
Aber je mehr Tropfen herniedergehn, schwellen sie zum Bach,
Der jenes Gefäß füllt, dann überläuft und hinausfließt.

Der Höhle Himmel, den die Natur erschuf
Aus den Tropfen und dem verteilten und ausgebrochenen Frost,
Hat tausend verschiedene launische Formen,
Als sei er von einem rechtschaffenen Künstler gemacht.
Eiförmige Stümpfe und schwammige Pyramiden
Hängen hier und sind den Tropfen eine Leitung;
Und es hat eine Anordnung, daß es auch der Bildhauer
Nicht anmutiger, nicht schöner könnte machen.[29]

Das Verweilen des Übersetzers bei der außergewöhnlichen natürlichen Architektur der Grotte mußte Tizian auffallen. Aus den Versen des Anguillara bezog er nicht nur die Idee des natürlichen mit Wasser angefüllten »Beckens«, sondern zweifellos auch die Eingebung, jene Architektur als gotisch zu charakterisieren. »Tausend verschiedene launische Formen«, »eiförmige Stümpfe und schwammige Pyramiden«; hatte der anonyme Autor (man hat an Raffael gedacht) des Berichts über die römische Architektur, die 1515 an Leo X. geschickt wurde, etwa nicht behauptet, daß die Spitzbogen der Gotik aus den noch nicht behauenen Bäumen entstanden seien, deren »Äste umgebogen und wieder zusammengebunden« worden sind? Und hatte Vasari nicht die gotische Architektur als »einen Fluch von Nischchen, eins über dem anderen, mit so vielen Pyramiden und Spitzen und Blättern« bezeichnet, »daß, wenn sie nicht stehen könnten, es unmöglich scheint, daß sie sich tragen könnten«?[30]

Aber die italienische Übersetzung des Anguillara erweist sich als entscheidend für die Entstehung des *Aktäon* – freilich mehr im negativen als im positiven Sinn: mehr wegen der weggelassenen, als wegen der dem lateinischen Text hinzugefügten Elemente. Bereits Cavalcaselle hatte genau vermerkt, daß die Szene von *Diana und Aktäon* zwar in einem Wald spielt, »aber nicht in einem aus *Zypressen und Pinien*«, wie Ovid geschrieben hatte.[31] Nun ist es eben der Hinweis auf die Pinien und Zypressen, der in der Übersetzung ins Italienische fehlt.

7

Als letzten Fall haben wir *Perseus und Andromeda* übriggelassen, für den Panofskys Nachweis der Abhängigkeit vom lateinischen Text am stringentesten erscheint. Drei Elemente des Bildes haben keine Vorläufer in den bildlichen Darstellungen des Mythos von Andromeda: 1) die von Ovid am Schluß der Episode erwähnten Korallenriffe; 2) die Haltung des Perseus, der vom Himmel mit dem Kopf nach unten fällt (*praeceps*, sagt der Text); 3) das Schwert das Perseus, das auch hier in genauer Übereinstimmung mit den Worten Ovids gebogen anstatt gerade ist (»er gürtet sich um die gekrümmte Waffe«, ». . . versenkte in ihn den Stahl bis zum gekrümmten Bügel«, »er trifft ihn mit dem krummen Schwert«, *Met.*, IV, 666, 720, 727).[32]

Aber man sehe nun die bereits erwähnte Übertragung des Nicolò Agostini an. Darin wird der Passus über die Herkunft der Koralle nicht nur übersetzt, sondern durch einen eigens dazugesetzten Untertitel (»De coralli«) verdeutlicht. Der Ausdruck »praeceps« wird exakt wiedergegeben: »und daraus stürzte er kopfüber hinab.« Die gekrümmte Waffe, die Perseus schwingt, nennt die Übertragung gut sechs Mal, gerade um ihr mehr Gewicht im Vergleich zum Original zu geben: »nahm seinen Krummsäbel wieder auf«, »ergriff seinen Krummsäbel«, »und mit dem Krummsäbel verwundete er ihn oftmals«, »doch mit dem Krummsäbel versetzte er ihm einen Hieb«, »dann wandte er sich mit dem Krummsäbel dem Raubtier zu.«[33] Nicht nur das. Zumindest in diesem Fall bezog Tizian seine Anregung außer aus dem Text der italienischen Übersetzung auch aus den Illustrationen, die ihr beigegeben waren (auch wenn dabei das Detail des gekrümmten Schwertes fehlte). Es genügt, das Gemälde der Wallace Collection mit der Abbildung von *Perseus und Andromeda* im venezianischen Druck von 1538 (siehe Abb. 1 und 2) zu vergleichen. Die kompositorische Anlage ist identisch (man kann anmerken, daß im ersten Druck der italienischen Übersetzung von Agostini – ebenfalls in Venedig 1522 erschienen – Perseus rechts von Andromeda vom Himmel fällt, statt links davon.) Von Anfang an freilich versuchte Tizian, wie aus den Röntgenaufnahmen, die von Gould veröffentlicht wurden[34], hervorgeht, die Position Andromedas abzuändern, indem er sie mit hinter dem Kopf erhobenen Armen statt mit auf dem Rücken verschränkten malte. Zur Schlußlösung – ein Arm erhoben und der andere gesenkt – gelangte er erst hinterher.[35]

8

Auch im Fall von *Perseus und Andromeda* verläuft also die Beziehung zwischen Tizian und Ovid über eine Übertragung ins italienische. Aber um welche Art von Übertragung handelte es sich?

Die Fassung der *Metamorphosen* in Stanzen von Agostini kann als eine Art Bindeglied zwischen den mittelalterlichen Übertragungen und den genuin dem

16. Jahrhundert zugehörigen des Dolce oder des Anguillara betrachtet werden. Um das zu beweisen genügt es, einen raschen Gang rückwärts in die Zeit zu machen.

Die Fassung des Agostini in Stanzen, in die Allegoresen in Prosa eingeschoben sind, wird zum ersten Mal 1522 gedruckt. Im gleichen Jahr kommt der verlegerische Erfolg einer vorangegangenen Übertragung, die seit 1497 mehrmals veröffentlicht worden ist, zum Stillstand. Ein Vergleich zwischen den beiden Übertragungen zeigt: a) beide enthalten eine Reihe von Allegoresen in Prosa, die völlig identisch sind; b) die Illustrationen, die beiden beigegeben sind, sind im wesentlichen identisch, auch wenn die der älteren Übertragung in der Machart entschieden weniger unbeholfen sind; c) der Text der älteren Fassung in Prosa ist Grundlage für die Fassung in Stanzen von Agostini. Aber wer war der Autor der Prosafassung? Die Einleitung mit Datum vom 20. März 1370 erklärt, daß das Werk von Giovanni Bonsignori aus Città di Castello »verfaßt, übersetzt und mit Allegoresen versehen« worden ist.[36] Nun, die Allegoresen wie die Übertragung Bonsignoris ahmten weitgehend die Allegoresen und Paraphrasen der *Metamorphosen* Giovanni del Virgilios, des Meisters und Zeitgenossen Dantes aus Bologna, nach.[37] Ein winziges Detail, das Giovanni del Virgilio in seine Paraphrasen Ovids einführte, erlaubt uns, rasch die Textübertragung, die wir eben nachgezeichnet haben, zu rekapitulieren. Giovanni del Virgilio löst sich von der vorausgehenden Tradition los und präzisiert dabei, daß Jupiter »sich in verflüssigtes Gold verwandelte und sich in Danaës Schoß ergoß, als er dort *eine Öffnung* sah« (»cum videret *unum foramen* ibi convertit se in aurum liquefactum et pluit in gremium Danaes«). »Er verwandelte sich in Gold, schlüpfte durch *eine Öffnung* hindurch und ergoß sich über das Bett Danaës« (»Per *uno formae* convertendose in oro se distese et piove sopra lo lecto de Danae«), übersetzt Bonsignori. »Dann verwandelte er sich rasch in Goldregen *durch eine Ritze hindurch*, die er im Dach sah, und da hindurch kam er auf ihr Bett herab . . .« (»Poi *per una fessura* che nel tetto / vide, cangiossi in pioggia d'oro presto / e per quella discese sul suo letto . . .«), dichtete Agostini.[38] Das bedeutet, daß die Übertragung der *Metamorphosen*, die Tizian las, zwei, vielleicht drei Zwischenstationen (Giovanni del Virgilio – Giovanni Bonsignori – Nicolò Agostini?) passiert hatte. Analog gingen die kompositorischen Quellen von *Perseus und Andromeda* auf die Illustrationen zurück, die der Übersetzung von Agostini (Abb. 2) bzw. der von Bonsignori (Abb. 3) beigegeben waren. (Man wird merken, daß im zweiten Fall ein Tuch schamhaft die Hüften der Andromeda umflattert; die Waffe des Perseus ist eine Art Krummsäbel; die Stellung der beiden Personen ist dennoch umgekehrt im Vergleich zum Gemälde.)

9

Die Unbekümmertheit Tizians im Gebrauch der verschiedenartigsten Bildmaterialien ist wohlbekannt. Zeitgenössische Maler, antike Statuen und sogar wie in diesem Fall mehr oder weniger primitive Illustrationen zu den Ovid-Übersetzungen wurden schließlich in die Sprache, die nur die seine war, eingegossen und umgeformt. Ebenso bekannt ist die Tatsache, daß die Anregungen zu dieser außergewöhnlichen Erfindungslust sowohl bildhafter als auch verbaler Natur sein konnten. Der vorangegangene Nachweis der ausschließlichen Beziehung Tizians zu übersetzten Texten gibt uns dennoch ein ziemlich anderes Bild seiner Kultur als das gemeinhin angenommene.

Aber, wird man einwenden, was hat das alles mit der Frage zu tun, von der wir ausgegangen sind, nämlich die Frage nach den erotischen Abbildungen des 16. Jahrhunderts? Um darauf zu antworten, wird es nötig sein, zu der bereits genannten Unterscheidung zwischen den beiden eikonischen Bereichen, dem öffentlichen und dem privaten, zurückzukehren – ausgedehnt und sozial undifferenziert der erste, begrenzt und sozial gehoben der zweite. Wie wir bemerkt haben, handelt es sich um einen globalen Gegensatz; daß er durcheinanderkam, verdankte sich der aufkommenden Verbreitung des Buchdrucks. Aufgrund dessen kam ein Publikum mit für uns noch unbestimmten Umrissen, das jedenfalls aber soziale Unterschichten (Handwerker und sogar Bauern) umfaßte, nicht nur mit dem gedruckten Text, sondern auch mit den Bildern, die ihm oft beigegeben waren, in Kontakt. Das Vorhandensein von Büchern zu relativ niedrigem Preis, die gewöhnlich illustriert waren, vermehrte mit einem Schlag in quantitativem wie qualitativem Sinn den Wort- und Bildschatz dieser sozialen Klassen. Die vermutlich gewaltigen Auswirkungen dieses Vorgangs werden erst jetzt allmählich untersucht.[39] Was unser Problem betrifft, können wir nur vermuten, daß sich die erotische Vorstellungskraft bereicherte, die durch Bilder wie dem der nackten Andromeda angeregt wurde, das die Übersetzungen der *Metamorphosen* illustrierte. Diese Aussage wird vielleicht paradox klingen, da es sich oft um primitive und ungeschlachte Bilder handelt. Dennoch sind es Bilder, die die Phantasie eines Tizian beflügelten. Die erotische Füllung dieser oft von unerfahrener Hand gezeichneten Abbildungen wird übrigens durch ein Indiz am Rande, das aber nicht zu übergehen ist, bestätigt. Die Nackten, die die in unseren Bibliotheken aufbewahrten Bücher aus dem 16. Jahrhundert illustrieren – vielleicht zufällig nackt wie die WAHRHEIT oder die FORTUNA auf den Druckerzeichen – erscheinen nicht selten von der Feder weit entfernter Leser verunstaltet. Wenn sie die männlichen oder weiblichen Sexualorgane der Gestalten, die sich ihnen darboten, löschten oder überdeckten, ließen jene Leser einer vielleicht vorübergehenden seelischen (oder körperlichen) Bewegung freien Lauf und bewiesen damit, daß jene Bilder sie keineswegs gleichgültig ließen. Gegenreformatorischer Eifer – wird man sagen. Und wenn schon. Was aber verbirgt sich hinter diesem abgedroschenen Ausdruck, den wir dennoch gebrauchen müssen?

Eine leider erst eingeleitete Sichtung der Handbücher für Beichtväter und Beichtkinder, die in Italien zwischen dem Ende des 15. und dem Ende des 16. Jahrhunderts gedruckt wurden, liefert uns ein erstes, nicht unerwartetes Ergebnis. Bis ungefähr 1540 ist die Habgier die am ausführlichsten behandelte Sünde; danach ist es die Unzucht. Um dieses Datum herum begann jener Prozeß feinmaschiger Kontrolle und Repression des sexuellen Lebens Gestalt anzunehmen, den wir gewöhnlich, soweit es sich um katholische Länder handelt, der Gegenreformation zuschreiben. Aber weshalb mußten die typischen Widersprüche einer Gesellschaft, in der der Handel einen so wichtigen (wenn auch nicht vorherrschenden) Anteil hatte, auf die zweite Stelle hinüberwechseln – zugunsten der mit dem sexuellen Leben zusammenhängenden Widersprüche? Und weshalb zeigten sich während der mehr oder weniger gleichen Zeitepoche analoge Formen der Kontrolle auch in den protestantischen Ländern – angefangen beim Genf Calvins?[40] Wahrscheinlich kann dies alles in letzter Instanz mit den demographischen Spannungen erklärt werden, die in den europäischen Gesellschaften langsam aufkamen[41] – auch wenn die von der weltlichen oder kirchlichen Obrigkeit ausgeübte Kontrolle je nach politischer und religiöser Situation verschiedene Formen annahm.

Aber die Sichtung der Beichtbücher liefert uns einen anderen und weniger offensichtlichen Grund zum Nachdenken. Die peinlich genauen Analysen der Sünde der Unzucht kreisten bis zum Ende des 16. Jahrhunderts um den Tast- und Gehörssin. Das Sehen wird beinahe nicht erwähnt. Die sozialen Anlässe, die das Übertreten des Gebots »Du sollst nicht ehebrechen« begünstigten, waren vor allem die Tänze und die Lieder. »Liedersingen oder Instrumentenspiel . . ., schimpfliche und schändliche Unzüchtigkeiten, die aufreizen sollen«, sind Todsünde, schrieb Bartolomeo Caimi in seinem Beichtspiegel.[42] Er warnte nicht vor unsittlichen Bildern – einfach weil ihre Verbreitung sehr gering oder gleich null war – mit Ausnahme der gehobenen Schichten. Erst im Laufe des 16. Jahrhunderts kam das Sehen langsam als privilegierter erotischer Sinn ins Blickfeld – unmittelbar nach dem Tasten. In der noch nicht geschriebenen Geschichte der Sinne[43] wird diese größere Erotisierung des Sehens gegenüber dem Hören, die an historisch spezifische Umstände wie die Verbreitung des Buchdrucks und den vermehrten Umlauf der Bilder geknüpft war, einen gewichtigen Platz einnehmen.

Nackte Dianen und Venen, Nymphen und Bacchantinnen wurden also – wenn auch in begrenztem Ausmaß – den Blicken eines viel breiteren Publikums als des aus Prälaten und Adligen bestehenden zugänglich, die von Politi gegen die Mitte des Jahrhunderts so heftig verflucht wurden. Zeit mußte vergehen, bevor die erotischen Abbildungen die kulturell hohe, mythologische Kodierung durch jene mittlere, realistische oder komische der Genreabbildung ersetzten. Unterdessen wurde die ausgesuchte und komplexe Welt der heidnischen Gottheiten, die von den Humanisten wieder geschaffen wurde, von den Illustratoren der gedruckten Bücher in oftmals anspruchslose und primitive Formen übersezt – es sei denn, es wurde dann die Kehrtrichtung eingeschlagen, wie im Fall der *Andromeda* Tizians. Aber der Kreislauf der erotischen Bilder im 16. Jahrhundert ist noch zu erforschen. Das ist gewiß: nicht nur Philipp II. in seinem Privatgemach, sondern viele Leser der *Metamorphosen* auf italienisch werden – genauso wie die Person eines Terenz – ihre eigenen allergeheimsten Phantasien in die Liebeshandlungen der antiken Götter projiziert haben.

Anmerkungen

Dieser Aufsatz stellt die leicht erweiterte Fassung eines Beitrags dar, der bei einem Rundgespräch über »Tizian, die Frauen und die Liebe« im Rahmen eines von der Universität Venedig organisierten Kongresses verlesen wurde (September 1976).

1 Terenz, *Eunuchus*, III, 5 (Übersetzung: Viktor von Marwitz, Stuttgart 1960).

2 Vgl. D. Freedberg, *Johannes Molannes on Provocative Paintings*. De historia sanctarum imaginum et picturarum, *Book* II, Chapter 42, in: »Journal of the Warburg and Courtauld Institutes«, XXXIV, 1971, S. 242, Anm. 24. Auf den Passus von Augustinus spielt in einem anderen Zusammenhang F. Orlando, *Su teoria della letteratura e divisione del lavoro intellettuale*, in: »Strumenti critici«, 29. Februar 1976, S. 115, an.

3 Vgl. J. L. Connolly jr., in: *Woman as Sex Object. Studies in Erotic Art, 1730-1970*, Hg. von Th. B. Hess und L. Nochlin, New York 1972 (»Art News Annual«, XXXVIII), S. 17 und den Aufsatz von L. Nochlin, ebd., S. 9 und ff. Das Problem der explizit homosexuellen Bilder oder an ein homosexuelles Publikum gerichteten Bilder sollte getrennt diskutiert werden.

4 Vgl. I. Calvino, *Considerazioni sul sesso e sul riso*, in: »Il Caffè«, XVII, 1970, Nr. 2, S. 3-5. Die klassische und mittelalterliche Unterscheidung zwischen den verschiedenen stilistischen Ebenen wird hier mit der Akzentuierung von E. Auerbach (*Mimesis. Dargestellte Wirklichkeit in der abendländischen Literatur*, Bern 1959, 2. Aufl.) wiederaufgenommen.

5 Vgl. das Fresko aus Pompeji, das von W. S. Heckscher, *Recorded from Dark Recollection*, in: *De artibus opuscula* XL. *Essays in Honor of Erwin Panofsky*, hg von M. Meiss, New York 1961, in Abb. 5 des Auszugs reproduziert worden ist.

6 Wir bezeichnen dagegen die Darstellungen als »pornographisch«, die in *ausschließlicher* Weise die sexuelle Erregung des Beschauers beabsichtigen.

7 Vgl. D. Freedberg, op. cit., S. 233.

8 Diese Unterscheidung beruht weitgehend auf P. Burke, *Culture and Society in Renaissance Italy, 1420-1540*, London 1972, S. 158, 144 und passim.

9 Vgl. Freedberg, op. cit., S. 241, Anm. 15.

10 G. Vasari, *Die Lebensbeschreibungen der berühmtesten Architekten, Bildhauer und Maler*, Bd. VI, Straßburg 1906, S. 37.

11 Vgl. P. Barocchi, *Un ›Discorso sopra l'onestà delle imagini‹ di Rinaldo Corso*, in: *Scritti . . . in onore di Mario Salmi*, III, Rom 1963, S. 173-191.

12 Vgl. J. S. Held, *Flora, Goddess and Courtesan*, in: *De artibus opuscula*, op. cit., S. 201-218.

13 Vgl. A. Catarino Politi, *Disputatio . . . de cultu et adoratione imaginum*, Romae 1552, S. 142-143.

14 Vgl. H. Tietze, *An Early Version of Titian's Danae. An Analysis of Titian's Replicas*, in: »Arte Veneta«, VIII, 1954, S. 199-208.

15 E. Panofsky, *Problems in Titian, Mostly Iconographic*, London 1969 (ab hier als *Problems* zitiert).

16 Vgl. *Raccolta di lettere sulla pittura, scultura ed architettura*, II, Rom 1757, S. 22.

[17] Vgl. *Raccolta*, op. cit., III, Rom 1759, S. 259-260. Das zensierte Zitat ist in R. Pallucchini, *Tiziano*, Florenz 1969, S. 140-141.

[18] Vgl. M. L. Shapiro, *Titian's ›Rape of Europa‹*, in: »Gazette des Beaux-Arts«, LXXVII, 1971, Nr. 1225, S. 109-116. Die schon früher formulierte Hypothese die dies von »such more recondite authors as Moschos« herleiten wollte, wird von Panofsky (*Problems*, S. 165) zugunsten der traditionellen Ovid-Hypothese verworfen. Zu letzterer siehe unten.

[19] Vgl. D. Stone jr., *The Source of Titian's Rape of Europa*, in: »The Art Bulletin«, LIV, 1972, S. 47-49 (Und siehe jetzt auf der gleichen interpretatorischen Linie, aber mit dem Zusatz neuer Elemente P. F. Watson, *Titian's ›Rape of Europa‹: A Bride Stripped Bare*, in: »Storia dell' Arte«, Nr. 28, 1976, S. 249-258).

[20] Vgl. M. L. Shapiro, op. cit., S. 114. Man beachte, daß Stone die von Shapiro vorgeschlagenen stoischen Implikationen (meiner Ansicht nach mit zuviel Vorsicht) nicht ausschließt.

[21] Vgl. E. Panofsky, *Problems*, S. 140 141.

[22] Es scheint mir nicht, daß alle Implikationen der Beziehung zwischen Tizian und Aretino behandelt worden sind. Über die Bedeutung von Aretinos literarischer Aussage siehe die sehr scharfsinnigen Bemerkungen von C. Dionisotti, *Geografia e storia della letteratura italiana*, Turin 1967, S. 193-194. Über die »Polyhistoren« des 16. Jahrhunderts vgl. die nützliche Untersuchung von P. F. Grendler, *Critics of the Italian World (1530-1560). Anton Francesco Doni, Nicolò Franco and Ortensio Lando*, Madison, Wisconson 1969.

[23] Vgl. G. Campori, *Tiziano e gli Estensi*, in: »Nuova Antologia«, 27, 1874, S. 587.

[24] In Vinegia, per Curtio Navo e fratelli, 1538.

[25] Vgl. E. Panofsky, *Der gefesselte Eros (Zur Genealogie von Rembrandts Danae)*, in: »Oud-Holland«, L, 1933, S. 203 ff.

[26] Ovidio, *Le Metamorphosi cioè trasmutationi tradotte dal latino diligentemente in volgar verso . . . per Nicolò di Agostini*, Venezia, Bernardino de' Bindoni 1538, Bl. p, 42 *r*.

[27] E. Panofsky, *Problems*, S. 157, 159. Das zweite Zitat spielt sowohl auf *Diana und Aktäon* als auch auf *Diana und Kallist* an.

[28] Ebd., S. 157.

[29] *Delle metamorphosi d'Ovidio libri* III . . . *di Giovanni Andrea dell' Anguillara*, in Vinegia, nella bottega d'Erasmo, appresso Vincenzo Valgrisi, 1555, Bl. 36 *r-v*.

[30] Vgl. V. Golzio, *Raffaello nei documenti nelle testimonianze dei contemporanei e nella letteratura del suo secolo*, Vatikanstadt 1936, S. 86 (der Abschnitt bezüglich des »Aktäon« wird auch von E. Panofsky, *Problems*, S. 158, Anm. 47 erwähnt) und G. Vasari, *Le vite*, hg. von G. Milanesi, I, Florenz 1879, S. 138. Wethey zufolge (*The Paintings of Titian*, III: *The Mythological and Historical Paintings*, London 1975, S. 73) liegt das Gotische am Aussehen der Grotte nur an einer Fehlinterpretation Panofskys; dennoch betont auch er, daß im Text von Ovid keine Spur von »architectural design« vorhanden ist, das von Tizian eingeführt worden ist (meiner Ansicht nach aufgrund von Anguillaras Übersetzung).

[31] Vgl. G. B. Cavalcaselle und J. A. Crowe, *Tiziano, la sua vita e i suoi tempi*, II, Florenz 1878, S. 250-251.

[32] Vgl. E. Panofsky, *Problems*, S. 167-168.

[33] *Le Methamorphosi*, op. cit., Bl. 43 *v*-44 *v*.

[34] Vgl. C. Gould, *The ›Perseus and Andromeda‹ and Titian's ›Poesie‹*, in: »The Burlington Magazine«, CV, 1963, S. 112-117.

[35] Panofsky zufolge (*Problems*, S. 167) wurde diese letzte Lösung durch die Ovid-Illustration von Bernard Salomon (Lyon 1557) eingegeben; aber Charles Hope teilt mir mit, daß *Perseus und Andromeda* sich bis 1979 in Spanien befand. Hope verdanke ich auch den Verweis auf einen Abschnitt bei Achilles Tatius, der ein Bild beschreibt, das Perseus und Andromeda in allerdings ziemlich anderer Weise als das Gemälde Tizians darstellt (*Dell' amore di Leucippe e Clitophonte*, Venedig 1551, Bl. 35 v-37 r).

[36] Zu dem allem vgl. F. Zambrini, *Le opere volgari a stampa dei secoli* XIII *e* XIV, Bologna 1884^4, S. 730-731; P. Tommasini-Mattiucci, *Fatti e figure di storia lettararia di Città di Castello*, in: »Bollettino della regia deputazione di storia patria per l'Umbria«, VII, 1901, S. 24-33; C. Marchesi, *Le allegorie ovidiane di Giovanni del Virgilio*, in: »Studi romanzi«, VI, 1909, S. 119-127, 135-145 und das Stichwort »Bonsignori, Giovanni«, in: *Dizionario Biografico degli italiani*.

[37] Vgl. F. Ghisalberti, *Giovanni del Virgilio espositore delle ›Metamorfosi‹*, Florenz 1933 (Ausz. aus »Giornale dantesco«); er veröffentlicht Teile der Paraphrasen, und im Anhang den ganzen Text der Allegorien.

[38] Vgl. Biblioteca Casanatense, ms. 1369, BL. 29 v (sie enthält die Notizen der Ovid-Paraphrasen, die von Giovanni del Virgilio im Studio bolognese diktiert wurden); Ovidio, *Methamorphoseos vulgare*, Venedig, per Christofolo de Pensa ad in stantia del nobile homo miser Lucantonio Zonta fiorentino, 1501, Bl. XXXIIII r (es ist der zweite Druck der italienischen Übersetzung von Bonsignori – Zambrini zufolge identisch mit dem ersten, der in Venedig 1497 erschien); *Le Methamorphosi*, op. cit., Bl. 41 r.

[39] Ein Versuch wurde auch vom Autor unternommen (*Der Käse und die Würmer. Die Welt eines Müllers um 1600*, Frankfurt am Main 1979).

[40] Vgl. E. W. Monter, *La sodomie à l'époque moderne en Suisse romande*, in: »Annales E. S. C.», 29, 1974, S. 1023-1033, besonders S. 1030.

[41] Interessante Überlegungen wurden diesbezüglich von D. Herlihy in seinem Beitrag zum Rundgespräch in Venedig im Jahre 1976 angestellt.

[42] B. Caimi, *Interrogatorium sive confessionale*, o. O. 1474, ohne Seitenzahlen.

[43] Man sehe die sehr beeindruckenden Hinweise von L. Febvre an (*Le problème de l'incroyance au XVIe siècle. La religion de Rabelais*, Paris 1968 (1. Aufl.: 1942). Das Thema einer »Geschichte der Sinne« war an einer berühmten Stelle der *Pariser Manuskripte* von Marx vorgegeben worden.

Anhang

Die literarischen »Quellen« zu *Bacchus und Ariadne* sind von Panofsky (*Problems*, S. 141-143) rekapituliert worden. Ich gebe im folgenden die VV. 252-266 des Gedichts LXIV von Catull und die Fassung von Dolce wieder:

»Doch von der anderen Seite naht strahlend schon Iacchus [Spitzname für Bacchus, d. Ü.] / Mit seinem Schwarm von Satyrn und nyasageborenen Silenen, / Der, Adriadne, dich sucht und zu dir in Liebe entbrannt ist, / . . . Rings umher mit schnellen Schritten, rasenden Sinnes / Tobten – euhoi!– Bacchantinnen, Kopf in den Nacken geworfen, / Und ein Teil schwang den Tyrsos mit laubumwundener Spitze, / Andere schleuderten Stücke von dem zerrissenen Stiere, / Andere gürteten ringelnde Schlangen um ihren Körper, / Andere trugen in Kästen die dunkel-heiligen Orgien, / Orgien, die Ungeweihte umsonst sich mühn zu vernehmen, / Andere schlugen das Tympanon hocherhobenen Armes / Oder entlockten hellen Klang dem blinkenden Erze / Oder bliesen das Horn mit dumpfaufdröhnendem Laute / Oder barbarische Flöten mit kreischenden, zischenden Tönen. / Die mit solchen Bildern herrlich prangende Decke / Hüllte das Brautbett ein in reich ausladender Fülle.« (ed. von Werner Eisenhut, München 1960)

Und hier die Fassung von Dolce (*Paraphrasi nella sesta satira di Giuvenale . . . Dialogo in cui si parla di che qualità si dee tor moglie . . . Lo epithalamio di Catullo nelle nozze di Peleo et di Theti*, Venedig 1538, Bl. p r-v):

»Auf anderer Seite der reichen Arbeit / Sah man Bacchus – die blonden Haare / Gekrönt und umrankt von Trauben und Blumen. / Auf einem Esel folgte Silen, / Vom Wein gequollen und feist; / Um ihn herum der vielköpfige Chor von Silenen und Satyrn. / Dieselbigen jauchzten, ein jeder nach seiner Art. / Machten Gebärden wie die Betrunknen, / Rasten dahin in heitrem Getös / Riefen dem Bacchus zu, verdrehten den Kopf. / Andere zerbrachen den Stab in der Hand; / Der war umrankt von Weinblatt und Laub / Der ihnen heiligen Reben; damit verbarg man / Die schrecklich scharfe Spitze. / Andere zeigten und hoben empor / Beidhändig die blutigen Glieder / Des Jungrinds, zerteilt in zahlreiche Stücke. /Andere halten in Händen sich windende Schlangen, / Die sie um Hals und Brust gelegt. / Andere feiern in gewölbten Höhlen / Wie es bei Bacchus' Mahl der Brauch – / Die Opfer, die vergeblich vernehmen will, / Wer ihre Regeln nicht kennt noch ihre Heilgen. / Wiederum andere spielen auf Zimbeln / Und schlagen so das harte Holz / Oder geben auf dünnem Rohr einen leisen Ton. / Aus voller Lunge blasen viele das Krummhorn; / Die Luft ist erfüllt von heisren Stimmen, / Alles endet in schrecklichem Lärm. / Sie blasen's heraus auf beiden Backen – / Von weither schmettert das Horn: / Doch nur deshalb rührt er sich, / Der allzeit junge blondschöpfige Gott, / Sich zu vermählen mit dir, dich zu erheben / Zu immerwährendem Ruhm, entflammt / Und geblendet von deiner Schöne, betrübte Frau. / Von derlei Bildern geschmückt und geziert / Umhüllte das prächtige Brautbett / die reich versehene Decke . . .«

Es würde genügen, auf den »gequollenen und feisten« Silen hinzuweisen, der bei Catull nicht erwähnt ist (aber in dem von Ovid beschriebenen Bacchusumzug, *Ars amandi*, I, 541 ff., auftaucht), um zu beweisen, daß Dolce hier nicht nur übersetzen will, sondern darüber hinaus ein literarisches Äquivalent zum Bild von Tizian geben will.